Blunck · Donausagen

Hans Friedrich Blunck

Donausagen

Zeichnungen von Reinhard Michl

Loewe

CIP-Kurztitelaufnahme der Deutschen Bibliothek

Donausagen
Hans Friedrich Blunck
Zeichn. von Reinhard Michl
1. Aufl. – Bayreuth : Loewe, 1985
ISBN 3 7855 1969 9
NE: Blunck, Hans Friedrich [Hrsg.]

ISBN 3 7855 1969 9 – 1. Auflage 1985

Schutzumschlag: Reinhard Michl und Design Team
Gesamtherstellung: Tagblatt-Druckerei, Haßfurt
Printed in Germany

Inhalt

Die schöne Lau

Reisen der Donaukönigin im bunten Schwaben

Der Vetter vom Main wirbt noch einmal um die Königin

Die Königin findet zur Donau zurück

Frau Lau gefällt es auf den bayerischen Flüssen

Was man in Oberösterreich der Königin erzählte

Der Donau Reich in Niederösterreich

Wien

Das Burgenland

Zum Schwarzen Meer

Einleitung

Die Donausagen zurechtzurücken, zu sammeln und wiederzugeben, war durchaus nicht so leicht, wie es den an Sagen gesegneten süddeutschen Lesern scheinen wird. Während etwa am Rhein die Buntheit sich überstürzt und wir bei den Gestalten des Rheinvaters und seiner Söhne von den Bergen bis zu den Niederlanden um viel Tollheit wie auch Besinnlichkeit wissen, während wir bei den Elbsagen die herrlich erdichteten Gestalten Rübezahls, Münchhausens, Eulenspiegels, Truhoveds fast fortlaufend besitzen, fehlt es Schwaben und Franken bei den Zuströmen der Donau zuweilen an Einheit, die der Liebende sucht. Freilich, die einen haben ihre wundervolle Fröhlichkeit der Sieben Schwaben, die schon in alten Handschriften geschildert werden, oder sie haben Mörikes Geschichte vom gesegneten Blautopf, in dem die schöne Lau heimlich Königin wird. Die Donau hat daneben die Gestalten der hilfreichen Vettern Main und Neckar, die als Kriegsleute der schönen Frau Zauberin folgen, danach aber von uns die Ehrfurcht vor der kaiserlichen und der königlichen Hauptstadt verlangen. Zur Sage gehört immer noch und immer noch mehr Liebe, und sie weist sich gewiß überall in Hülle und Fülle, aber für den Dichter nie genug.

So freut er sich, wenn er hier und da noch ein Tüpfelchen mehr entdeckt; er hat von der schönen Frau Lau und den Donautöchtern bis zu den großen Helden zwischen Schwarzwald und Schwarzem Meer sein weites Herz den Lesern zu öffnen.

Die schöne Lau

Im Blautopf

Die Königin der Donau hat nicht immer nur in strömenden Wassern gewohnt; sie war lange Zeit in einem See bei Blaubeuren zu Gast.

Das ist so gekommen:

Die schöne Lau, so ist ihr Name, war mit dem König der Donau, mit Ingold, einem alten Mann, verheiratet, der vom Quell bis zur Mündung seines herrlichen Stromes viele Kriege zu bestehen hatte. Als er nun einmal wieder mit den Seinen ausziehen mußte, um mit den Nachbarn im großen Meer zu kämpfen, da ließ er seine schöne Königin bei seiner Schwester zurück, der Fürstin Mirta, die in der schwäbischen Donau nahe Blaubeuren ihr Haus hatte.

Die beiden Schwägerinnen fuhren, um sich die Zeit zu vertreiben, einmal hier, einmal dort in die Nachbarschaft. Dabei entdeckten sie einen lichthellen kleinen See, zu dem unter den Bergen der Donau ein Wasserweg führte. Ein altes Kloster lag an seinem Ufer, nicht weit davon das Gasthaus „Zum Nonnenhof".

Der „Blautopf" hieß der See. Er gefiel der schönen Lau so gut, daß sie beschloß, mit ihren Zofen eine Weile auf seinem Grund zu leben, und richtete sich gleich ein. Nicht etwa, daß sie der Schwägerin nicht mehr gewogen gewesen wäre. Etwas anderes lag vor. Die Königin hatte einen guten Mann, aber sie hatte keine Kinder. Das käme davon, meinten die weisen Leute, daß sie so wenig lache. Vielleicht hatte der König sie allzuoft einsam gelassen.

Nun wohnte am Blautopf aber eine lustige Wirtin, die den alten „Nonnenhof" führte. Zu ihrer Fröhlichkeit fühlte die schöne Lau sich hingezogen.

Die Frau Seysolffin, ein frisches, munteres Weib, hatte damals den Uferrand und eine Schutthalde des Blautopfs mit Kürbissen bepflanzt. Als sie sich wieder einmal an den Blüten freute, tauchte die schöne Lau auf, redete die Wirtin an und lobte den Schmuck ihres Wassers. Darüber kamen die beiden ins Gespräch, und die Königin erzählte von diesem und jenem und auch von ihrem Leiden, daß sie nicht lachen könne.

Oho, das werde sie im Schwabenland bald wieder lernen, meinte Frau

Betha und lud die Nachbarin ein, doch einmal für eine Weile ihr Gast zu sein. Sie sagte es eigentlich scherzend; aber die Königin nahm die Einladung sogleich an und flüsterte, sie würde von Zeit zu Zeit aus einem Brunnen unten im Haus der Wirtin ganz allein und ohne ihre drei Zofen aufsteigen. Da sähen die Leute sie nicht. Und auch die Klosterherren, die unweit so ernst durch ihren Garten schritten, kämen nicht auf neugierige Gedanken.

Der Seysolffin gefiel der Einfall. Welch hoher Besuch, welche Freude, der Frau Donaukönigin ihren Hof zu zeigen – und die Enkel auch! Sie rief flink ihre Tochter Jutta, am Kellerbrunnen, am „Gumpen“, zu wachen, den Gast zu erwarten und Handtuch, Mieder und Rock für ihn bereit zu halten.

Als die schöne Lau nach einer Weile wirklich kam, führte die Junge sie gleich an ihrer Hand eine schmale Stiege hinauf bis zu ihrer eigenen

Kammer, hieß sie sich setzen und rieb sie trocken. Als sie dabei die Sohlen der Wasserfrau berührte, fuhr die zurück und geriet ins Kichern.

„Da lachte ich ja beinah«, sagte die Lau übermütig und erschrak über sich selbst.

„Das war noch kein Lachen, es war der Anfang erst!" erklärte die Wirtin; sie kam gerade aus der Küche herüber und half die Donaukönigin einkleiden. Aber Schuhe und Strümpfe mußten mit Vorsicht übergestreift werden. Das rührte wohl daher, daß die Lau in den Winkeln zwischen Fingern und Zehen zarte, winzige Schwimmhäute hatte, die empfindlich waren.

Dann gingen alle drei prüfend durch der Wirtin Haus. Die Lau hatte Schlösser und Hütten der Menschen genug gesehen, aber immer wieder freuen sich Frauen an den Einfällen der Nachbarinnen. Leise sprach der Gast dabei einen Zaubergruß:

„Die Wasserfrau ist kommen,
gekrochen und geschwommen,
durch Gänge, steinig wüst und kraus,
zur Wirtin in das Nonnenhaus.
Sie hat sich meinethalb gebückt,
das Ufer an meinem Blautopf geschmückt
mit Früchten und mit Ranken,
das muß ich billig danken!"

Alle, die bei der Frau Seysolffin wohnten, hörten die Worte mit helleren Ohren als sonst.

Es blieb nicht bei dem ersten Versuch eines Lachens. Als sich die Lau am Abend jenes Tages zur Ruhe legte – unten am Grund des Blautopfs hatte sie ein Haus mit ihrem kleinen Gefolge, Zofen und Dienern –, da war sie noch fröhlich von dem Besuch im „Nonnenhof" und träumte von dem, was sie erlebt hatte. Dabei sah sie deutlich in ihren Gespinsten, wie einer der Herren vom nahen Kloster vor die Tür trat, sich lange umschaute, als suchte er die Frau Seysolffin, und aus Versehen einer dicken alten Wasserfrau, die auf der Wirtin Bank saß, einen so heftigen Kuß gab, daß es vom Klosterturm widerscholl. Und der Turm sagte es der Kirche, und die dem Pferdestall, und der sagte es dem Fischhaus, und das Fischhaus dem Waschhaus, und dort riefen sich's Zuber und Kübel zu. Wie erschrak der Klosterherr! Der liebe Gott aber, der alles sieht, war nahe. Er hatte einen langen weißen Bart und trug einen roten Rock. Und er hob drohend den Finger, winkte und schritt mit dem Klosterbruder zur Pforte. Der Ertappte blickte sich keck noch einmal nach der Wasserfrau um. „Ach", rief die und rang ihre Hände, „ach, liebe Zeit, jetzt kommt mein guter alter Nachbar noch meinetwegen in die Prison!"

Als sie's so drollig hörte, mußte die schöne Lau laut lachen im Schlaf; ihr hüpfte noch im Erwachen die Brust so sehr, daß der Blautopf Ringlein schlug.

Was war geschehen? Hatte sie zum zweiten Male gelacht? Darüber wurde sie recht von Herzen froh. Sie möchte am liebsten gleich zur Wirtin des „Nonnenhofs" gehen und ihr von ihrem Glück erzählen. Aber als die Königin Lau zum Rand des Blautopfs emporstieg, war draußen ein Gewitter. Da wollte sie sich ihr Glück nicht stören lassen; denn vor einem Wettersturm hat das Wasservolk viel Scheu. Sie stützte den Kopf in beide Hände und wartete auf den Morgen. Dann ging sie, der Nachbarin rasch ihren Traum mitzuteilen.

Aber die Seysolffin war nicht so sicher, ob solch Lachen schon zählte. Vielleicht war sie auch im Zweifel, ob die hohe Freundin vom Kuß des Klosterherrn nur geträumt hatte. „Baut nicht auf das, was im Schlaf geschah!" warnte die Wirtin. „Es zählt nicht, der Teufel ist ein Schelm. Aber gebt Euch weiter Mühe; es wird wohl richtig sein, was Eure Schwägerin Euch sagt, daß Ihr erst ein Kindlein kriegt, wenn Euch das Lachen wieder hell und klingend aus dem Herzen kommt!"

Auf die Antwort ließ die Lau den Mund hängen.

Die Fürstin Mirta

Dennoch, einige schöne Wochen verlebte die Königin im Blautopf und „Nonnenhof". Sie lachte wirklich mehrere Male. Ihr gelehrter, geisterhafter Nachbar, Doktor Veylland, war die Ursache. Er war um einiges zu ernst für die Schwaben, und wenn er einst ein bewährter Amtmann gewesen, war er immer noch zu strebsam und allzu bedacht. Das trieb die anderen zu Scherz und Ausgelassenheit.

Ein schneller Bote der Schwägerin brachte der schönen Lau eines Tages einen Brief. Frau Mirta mußte etwas von ihrem Lachen erfahren haben; vielleicht hatte schon eine der Zofen ihr Nachricht geschickt?

Die Fürstin schrieb der Königin, doch bald zu ihr zurückzukehren, sie hätte allerhand Neuigkeiten. Das Wichtigste sei, daß einige tapfere Schwaben geladen seien, um Nachschau zu halten. Es gehe um etwas Trauriges: Zwei Flüßlein wüßten ihre Namen nicht mehr. Und noch etwas Unerhörtes: Die obere Donau werde um ihr Wasser bestohlen! Da müsse die Königin sich einmal selbst zeigen.

Was sonst? Die Vettern Neckar und Main seien frech, und da sei überhaupt noch viel anderes, was sie ihr mitzuteilen hätte! Die Königin dürfe jedenfalls nicht länger müßig im Blautopf weilen.

Dann folgte eine Nachschrift: Ob sie übrigens den gelehrten Doktor Veylland mit dem Krakenzahn mitbringen wolle? Man erzähle sich viel von ihm und brauche Weisheit auf der geplanten Reise. Er könne ja auch nachkommen.

Hauptmann Potz Blitz und die Aufgebotenen

So war die Schwägerin Mirta! Allen anderen gleich ihre Sorgen aufbürden. Wo die schöne Lau eben noch so froh über ihr erstes Lachen gewesen war! Seufzend ließ die Königin ihr Schiff rüsten, mit dem sie unter den Bergen zur Donau hinüberfahren sollte, hieß ihre Zofen packen und nahm für eine Weile Abschied vom „Nonnenhof". Sie war nur verblüfft, daß auch der lange Kurt, der angenommene Sohn des Doktor Veylland, der gegenüber vom Gasthof wohnte, sich an Bord ihres Schiffes zeigte, um mitzureisen.

„Was tust du hier?" fragte sie und wunderte sich, daß er die Luft im Wassergang ertrug.

„Ja, wißt Ihr denn nicht, Frau Lau", sagte der Lange und reckte sich gerade, wie es sich vor Königinnen gehört, „wißt Ihr nicht, daß eine Menge tapferer Schwaben aufgeboten sind, sich zu rüsten und allen Feinden unserer Donau zu Leibe zu gehen? Ich hatte mich schon vor langem gemeldet. Nun hab' ich Befehl, mich beim Hauptmann Potz Blitz zu stellen und gleich mit Euch zu fahren, es sei eilig!"

Es war indes wohl zu sehen, daß es dem armen Kurt recht unheimlich war, in der Tiefe zu reisen; er war ja auch erst ein Rekrut und der Härte von Feldzügen ungewohnt. Die schöne Lau aber war freundlich, sie rüttelte ein wenig an seiner Halsbinde, so daß ihm die Luft leichter einging, und sah ihn mit ihren dunkelblauen Augen dankbar an. „Das ist gut, Kurt, daß du einer Wasserfürstin und dem Donaukönig helfen willst", sagte sie sanft. Sie dachte zugleich traurig, daß es wohl eine Zeitlang dauern würde, bis sie zum Blautopf zurückkäme. Dabei fiel ihr ein, wie weihevoll der Pater Emmeran drüben im Kloster die Orgel gespielt hatte, so daß sie, die Lau, oft mit dem halben Leib aus dem Wasser des Blautopfs hochgekommen war, nur um zu horchen. Schade, daß alles vorbei war!

Frau Lau hatte ein schönes Stromschiff, „Liebfreude" mit Namen, groß und grün, das ziemlich schnell fuhr und dabei allen Menschen unsichtbar blieb und nicht verriet, was an Bord war. Ihre Schwägerin Mirta hatte ein kleineres Zauberboot, das in einer schneeweißen Wolke über die Berge schwebte. Aber auch Frau Lau vermochte ihr großes Schiff bei Regen in die Luft zu erheben und alles, was sie an Gästen hatte, mit sich zu führen.

Jetzt, unterm Berg, gab es freilich keinen Regen; man fuhr ganz still durch eine große Höhle, die nicht die Menschen, wohl aber die Wasserleute der Donau kannten. Ein alter Nöck stand auf der Brücke, der lange Kurt half ihm wie ein Steuermann am Rad.

Als das Schiff „Liebfreude" vorm Schloß der Fürstin Mirta landete, das, wiederum für die Menschen unsichtbar, halb über, halb unter Wasser lag, da sah die schöne Lau noch ein Dutzend Aufgebotener. Sie waren lustig und guter Dinge, hatten Armbrüste und Spieße bei sich und schienen auf einen Befehl zu warten.

Aber ehe Frau Lau fragen konnte, stand die kleine Schwägerin im Torhof. Sie umarmte die Königin, die mit ihren leuchtenden Augen und dem aufrechten Gang wirklich wie eine Herrin aussah, und führte sie in das Fürstinnenzimmer ihrer Wasserburg.

Die drei Zofen der Lau mußten zurückbleiben. Gleich neckten sich die Schelminnen mit dem Hauptmann Potz Blitz und fragten bei den Dienern an, gegen wen und wo denn der Krieg losbersten wollte und wohin sie um Himmels willen flüchten sollten, wenn geschossen würde. Die schönste der drei Zofen war Aleila – ihr Name wird neben dem der Königin in der Chronik jener Zeit ausdrücklich festgehalten. Sie gefiel auch dem Hauptmann am besten. Hätte er gewußt, sagte er, daß es so feine Mädchen im Gefolge der Königin gäbe, hätte er keinen Dienst als Soldat genommen. Ach, es tue ihm schon jetzt leid um sein junges Blut!

Die gestohlenen Namen der Donauquellen

Während so an der Anlegestelle des Schiffes „Liebfreude“ die Aufgebotenen ihren Scherz mit den Nixen trieben – die Kriegsknechte etwas zerstreut, sie hatten sich noch nicht an die neue Umwelt gewöhnt –, saßen in der Halle der Fürstin die Schwägerinnen beisammen, und Frau Mirta rang die Hände und verlangte Rat. Nicht nur, daß viel Donauwasser sich in die Höhlen verliefe, es seien noch andere Dinge geschehen. Auf einmal, so sagte sie, hätten die beiden Flüßlein, aus denen die Donau zusammenströmte, ihre Namen verloren. Kein Mensch könne sich darauf besinnen, nicht einmal das Wasservolk. Gestohlen seien die Namen; die Flüßchen würden sich jetzt Breg und Brigach nennen und wüßten nicht mehr, die Armen, wie sie früher geheißen hätten. Es müsse doch mit der Donau zu tun gehabt haben, zu der sie zusammenwuchsen!

Sie, Frau Mirta, habe jedenfalls rasch einige tapfere Schwaben aufgeboten und ihnen befohlen, nach den Dieben zu forschen. Irgendwo müßten sie ja die gestohlenen Namen verborgen haben. Oho, man werde die Kerle in Ketten schlagen, bis sie für die beiden oberen Quellen die Worte wieder hergäben!

Die Königin, Frau Lau, war etwas benommen vom Vorschlag der Schwägerin. Ob es nicht so gewesen sein könnte, wandte sie ein, daß die oberen Zipfel des großen Stromes schon früher Breg und Brigach geheißen hätten?

Da sähe man, daß auch sie von den Dieben verwirrt worden sei, erwiderte die Fürstin Mirta. Dann klatschte sie in die Hände und befahl den Dienerinnen, gleich etwas Gebackenes für die schöne Lau zu bringen. Und den Heurigen von Donaueschingen müsse sie kosten. Inzwischen sei es gut, einige Schwaben an den Ufern vorauszuschicken, die anderen aber auf dem Schiff „Liebfreude“ an Bord zu nehmen.

Sie betrachte den Diebstahl als Aufruhr, fuhr die Fürstin Mirta fort. Ihrem Bruder, dem König, der in der Donaumündung kämpfe, habe sie schon Bescheid geschickt.

Ob sie am Ende schon einen Verdacht habe, fragte Frau Lau die Schwägerin.

Gegen zwei Zauberer hege sie Verdacht, die wie harmlose Besucher gekommen seien und sich Faust und Treuhaupt nennen würden. Sie hätte die Herren gleich in ihren tiefsten Keller gesperrt.

Hoher Besuch der Zauberer

Als die Fürstin Mirta aber die Namen nannte, saßen auf einmal zwei reich gekleidete Herren den beiden Frauen gegenüber, lächelten freundlich und fragten, ob sie helfen dürften, den Donauwein zu kosten. Denn sie seien zu Gast gekommen und wären irrtümlich von einigen Knechten in ein Verlies gesperrt worden. Nun, es sei für ihresgleichen nicht schwer, sich daraus zu befreien; aber sie hätten doch gern erfahren, warum sie einen so umständlichen Weg nötig hatten, um der schönen Königin der Donau ihre Aufwartung zu machen.

Die Fürstin Mirta sperrte den Mund auf. Wie hatten die beiden nur den Zugang zu ihrer Halle gefunden?

Frau Lau aber lachte leise vor sich hin, winkte und hieß die Herren an dem kleinen Tisch Platz nehmen. Es tat ihr leid, welch Unheil die Schwägerin mit ihrer gutgemeinten Sorge angerichtet hatte, sie suchte eilig nach einer Versöhnung.

„Die beiden großen Magier“, sagte sie rasch zu Mirta, „habe ich gebeten, uns zu helfen!“ Erklärend und vorstellend fuhr sie fort: „Es sind alte Freunde meines Mannes; du kennst Faust, der dem Teufel siebenmal ein Schnippchen schlug, und den Zauberer“ – sie dachte einen Augenblick nach –, „den Zauberer Treuhaupt, wie er bei uns heißt.“

„Ganz recht“, warf Mirta ein. „Und die Herren werden uns suchen helfen?“

Treuhaupt sagte nichts zu, er stand auf und küßte der Königin die Hand. „Natürlich sind wir bereit, den Fürstinnen zu helfen. Zum Herbst hat uns freilich der Kaiser nach Wien bestellt!“

„Da könnten wir die Herren mitnehmen“, schlug Frau Mirta vor, „wir reisen doch auch späterhin die Donau hinab!“

„Mein Freund“, erklärte Faust, „der in seiner kimbrischen Heimat Truhoved heißt“ – er wartete ab, ob den Frauen der Name des berühmten Magus einfiele –, „mein Freund Truhoved muß noch einige Schwyzer Freunde besuchen, und ich begleite ihn hier und da. Aber wir kommen wieder und reisen gern mit euch, soweit ihr es erlaubt. Wenn ihr danach dem König unsere Hilfe melden wollt?“

„Es wird ihm eine Freude sein“, antwortete Mirta rasch, „es wird ihm eine große Freude sein, wenn ihr Bundesgenossen werdet!“

So vornehme Männer, dachte sie, die bald Gäste des Kaisers sein werden. Ihr Blick fiel trüb und unzufrieden auf die grünhaarigen Nöcke, die zum Aufwarten und Helfen bereitstanden; sie genügten ihr heute nicht.

Dann saß zu ihrer Freude sichtbarlich der Doktor Veylland hinter den Gelehrten und lächelte. Gerade zur rechten Zeit war er nachgekommen! Sie begrüßte auch ihn und wollte ihn vorstellen. Aber die Herren kannten einander schon.

Die Schwaben wollen keine Kiemen

Noch während dieser Vorgänge hörte man von Bord des grünen Schiffes einen schreienden Lärm. Der Hauptmann Potz Blitz hatte sich über einen Wasserknecht geärgert, der einigen seiner Schwaben Kiemen schneiden wollte. War das etwas für ehrliche Krieger? Er hatte seinen Säbel gezogen und drohte nach rechts und links. Sogar die schönen Nixen mußten flüchten. Erst als die Königin kam, vergaß der Hauptmann seinen Zorn und versuchte zu erklären, was ihn verärgert hatte.

„Wenn ihr keine Kiemen wollt, werdet ihr es umständlicher haben!" mahnte die Frau Lau.

Aber die Schwaben behielten ihr Mißtrauen gegen das Wasservolk, nur einige ließen sich aus Neugier Kiemen anbringen. Es ging ja im Handumdrehen.

Nötig wäre es nicht gewesen. Auf dem Schiff der Frau Lau brauchte man, wenn es auch bequemer war, unter Wasser zu fahren, diesmal nicht viel Mannschaft. Mochten sie, die keine Kiemen wollten, am Ufer kletternd nach den Dieben suchen.

Es kam der Frau Lau dabei gar nicht so sehr auf die Schalksnarren an, die angeblich die Namen gestohlen hatten. Sie hatte ganz andere Dinge im Sinn. Ihr waren nämlich die Geschichten an dem großen Donaustrom am wichtigsten. König und Königin hatten ihr Werk geteilt. Mochte Ingold sich im Kampf um sein Reich bewähren, seiner Frau Aufgabe war es, Lieder zu hören und die Sagen wie Früchte des Stroms von den Gestaden zu sammeln. Alles, was sie je vernommen hatte, behielt die Königin im Gedächtnis.

Meister Ulrichs Bild zu Ulm

Es war noch nicht die Stunde zur Abfahrt, Gäste und Aufgebotene meldeten sich. Da war der kluge alte Markgraf von Württemberg, wohlbeleibt und bei den Frauen beliebt, weil er immer freundlich und gütig war und sich auch zu Lande unsichtbar zu machen verstand. Er hatte sich gleich dem Doktor Veylland den Zahn eines Kraken aus dem Roten Meer statt des linken Eckzahns einsetzen lassen, da konnte er sichtbar oder unsichtbar tun und lassen, was er wollte. Jetzt war er, ein Freund der Frau Mirta, an Bord gekommen, um zu sehen, wie schwäbische Landsknechte sich unter Wasser hielten. Es sollten übrigens noch einige aus dem Allgäu kommen, die zu jeder Stunde erwartet wurden. Frau Mirta befahl, ihnen auf einen Sprung entgegenzufahren; man soll Geworbenen Mut machen.

Es wurde dunkel. Aus der Ferne tauchte der Turm des Ulmer Münsters auf und reckte sich höher und höher. Das grüne Schiff des Wasservolks hielt unsichtbar vor der Stadt. Als die Gäste von Bord aus zu ihr hinüberblickten, wurden sie ehrfürchtig, die beiden Magier wie auch der Markgraf. Dunkelblaue Schatten stiegen auf, vom Wasser mit späten Rosen geschmückt.

„Ist es wahr“, fragte der Doktor Veylland plötzlich den Markgrafen, „daß ein Gewölbe im Münster kein Glas verträgt?“

„Warum wäre das?“

„Weil der Teufel den Baumeister Ulrich draus hinausgeholt hat!“

„Daß der Böse Euch den Kragen zause“, schalt die Fürstin Mirta. „Noch ist kein Teufel ins Münster eingedrungen!“

Veylland wies zur Höhe: „Schaut Ihr aber steiler auf, so seht Ihr ein halbrundes Fenster – wartet, ich öffne Euch die Augen –, da werdet Ihr Meister Ulrich finden, wie er nach draußen blickt. Just eben bis dorthin hat er den Bau ausgeführt für alle heiligen Frauen und auch die eigene. Dann ist er mit dem Bösen in Streit geraten und hat mit ihm gerungen.“

„Ehrt ihn dennoch“, fügte Frau Mirta hinzu. „Man soll nicht nur rühmen, wer gegen den Teufel gewann, sondern auch, wer gegen ihn verlor!“

Der Markgraf von Württemberg rückte den Hut in Andacht und sah erstaunt der Fürstin Mirta auf den Mund. Heute gefiel sie ihm.

Streit um Jörg Syrlin

„Ich will euch noch ein anderes erzählen“, begann der Doktor Veylland wieder, „solange wir den Allgäuern entgegenwarten. Hörtet ihr vom Bildschnitzer Jörg? Er hat die Chorstühle im Ulmer Münster geschnitzt und war der Beste seiner Zeit. Aber die Mönche in Blaubeuren wurden eifersüchtig und baten ihn, daß er ihren Hochaltar mit Schnitzwerk umgebe.

Und er hat es herrlich getan, und sie umringten ihn beim Wein und lobten sein Werk aufs höchste, aber sie verlangten, daß er zukünftig kein Bild mehr schneide. Denn sie wollten das schönste im Donautal behalten. Da sagte Jörg Syrlin, trunken von Lob und Schaffensfreude: ‚Hätte ich des Heilands Bild schon fertig, das ich den Ulmern versprach, würde ich's euch schwören!‘ Die Eifersüchtigen merkten also, daß Jörgs Arbeit weitergehen würde, und der Teufel, der vor der Tür horchte, gab ihnen solche Habsucht ins Herz, daß sie den Bildhauer überfielen und ihn blendeten.“

Der Gast aus dem kimbrischen Land schüttelte den Kopf. „So reden viele! Bei uns geht das gleiche Gerücht um den Holzschneider Brüggemann. Herr Veylland, ich nehm's Euch nicht ab!“

„Und dennoch“, sagte die Königin plötzlich, „und dennoch wollen wir alles erfahren, damit wir glauben und zweifeln dürfen nach unserem Gewissen!“

Da schwiegen die anderen und dachten an die Worte der Königin, daß kein Reich von Bestand sei, in dem nicht Recht und hohe Künste zugleich herrschten.

Faust wiederholte spöttisch die Worte, er blieb unbekehrt. „Aber nun erzählt von Euren Nixen, hohe Herrin, ich habe sie gern, oder sprecht vorerst von den Waldfrauen, weil wir just auf die Allgäuer warten – wie's Euch einfällt! Faust hört zu!“

Von den Waldfrauen an der Donau

Da begann die Fürstin Mirta, während sie alle vertraut beisammensaßen:

„Recht habt Ihr, Faustus! Es sind ja nicht nur die grünhaarigen Nixen der schönen Königin Lau, die sich auf der Donau und ihren Flüssen im Tanz drehen. Fragt die Schwaben nach den weißen Waldfrauen, die sich um ihre Häuser treiben! Zu den Bergbauern und Sennern kommen sie und helfen wohl einen ganzen Tag und verstecken sich, wenn die Sonne untergeht. Auch zum Spinnen dringen sie in die Hütten, und es ist gutes Linnen, das aus ihren Fäden wird.

Einmal hat eine sogar den letzten Bauern in Hindelang geheiratet und den Hof hochgebracht, obwohl der Mann nicht tüchtig war. Nach Jahren kommt ein uraltes Weiblein vorbei und ruft der Waldmaid, während sie beim Jäten ist, vom Zaun aus zu: ‚O mei liabs Gertrudle, wia fresset dia Würmle dei Krütle z'sämme!' Die junge Frau erschrickt und beginnt zu weinen. Gertrud war ihr Name; jetzt, da jemand ihn genannt hatte, durfte sie nicht mehr bei ihrem Mann bleiben, und alle Liebe war aus.

Ein anderes Wildfräulein war als Magd gegangen, und es war keine bessere zu finden, weit und breit. Das Vieh gedieh, und der Bauer dachte schon, er dürfe sie heiraten: Warum hatte ein guter Geist sie ihm sonst geschickt – dies Mädchen mit so viel Segen? Da kam eines Tages ein alter schrumpeliger Wanderer vorüber, den er schon einige Male gesehen hatte, und hielt des Bauern Wagen beim Einfahren an. ‚Bestell deiner Magd, die Mutta sei g'storba!' Dann drückte er den Hut tief ins Gesicht und lief fort. Die Magd aber, die oben vom Wagen alles gehört hatte, begann zu weinen und sagte, jetzt müsse sie für den Vater sorgen, ließ alles stehen, wie es stand, und wurde nicht wieder gesehen."

Einer der horchenden Aufgebotenen fügte hinzu: „Arm sind die Waldfräulein nicht. Bei uns ist einmal eine Arbeiterfrau mit ihrem Kind beim Beerensuchen an einer ihrer Höhlen vorübergekommen, und die Jungfern – die drei weißen Jungfrauen – haben sich so sehr über das Knäblein gefreut, sie haben die Mutter und den Kleinen zu sich eingeladen. Das war ein Reichtum an Schmuck und Steinen rundum, nie hatte das Weib dergleichen gesehen.

Sie solle ruhig mitnehmen, soviel sie wolle, sagte eines der Fräulein zu ihr. Da füllte die Erstaunte sich die ganze Schürze voll Gold und den Beerentopf dazu, dann lief sie mit ihrem schlechten Gewissen hinaus. Erst als das Tor hinter ihr zuschlug, merkte die Frau, daß sie ihr Kind vergessen hatte, und jammerte und ließ alles Gold fallen und suchte und suchte vergeblich nach dem Knaben.

Als sie nach Jahresfrist vorüberkam, stand die Höhle erneut offen. Sie trat ein, da spielte ihr Kind lachend mit den drei Schwestern, und die gaben ihr den Kleinen wieder mit. Und auch das Gold, das die Arme beim Suchen verloren hatte, war da; gern hat sie es mitgenommen."

Das Schrättele

Der Doktor Veylland fuhr fort:

„Wollten die Wilden Frauen nicht, daß man ihren Namen erfuhr, so wußten sie selbst oft nicht mehr, wo sie herkamen.

Da ist in meiner Amtszeit in Oberstdorf ein junger Bursche gewesen, den besuchte häufig eine Nachtmahr oder ein Schrättele, wie man sie auch

nennt. Er war aber darauf aus, sie zu fangen, und fand ein Astloch in der Tür. Durch solche Löcher schlüpfen die Schelminnen ja oft zu den Schläfern. Als die Mahr ihm eben einen schlimmen Traum eingegeben hatte – hui, schrak er auf, sprang aus dem Bett, verstopfte das Astloch mit Werg, das er sich bereitgelegt hatte, und warf ein Kissen auf den Boden, damit die arme Gefangene es weich habe.

Als er in der nächsten Frühe – es ging auf einen Sonntag – erwachte, sah er wirklich ein schönes Mädchen auf dem Kissen; das schien in allem ein Mensch und führte auch seine Sprache, aber es wußte durchaus nicht mehr, wie es in die Kammer gekommen war. Der Oberstdorfer brachte sie zu seinen Eltern. Sie half bald von morgens bis abends fleißig in der Wirtschaft, und er heiratete sie schließlich; es wurde eine gute Ehe.

Endlich fragte die junge Frau immer drängender, ob der Mann wirklich nicht wisse, wie sie zu ihm geraten war und wer ihre Eltern seien. Weil ihr Leid auch ihm Kummer machte, zeigte der Gutmütige ihr endlich das verstopfte Astloch, durch das sie einst hereingekommen. Und er zog den Wergpfropfen heraus – husch, da fuhr ihm sein Schrättele wie ein Windzug von dannen. Niemals kehrte die Frau zurück."

Schimmel und Rappen

„Ob die Mahrfrauen mit den Schimmelpferden zu tun haben, die unsere Burschen entführen?" fragte einer der Horcher, der von der Iller kam. „Bei uns in Sigmansgund weidete solch Tier, das keinem Bauern gehörte. Es sah gutherzig aus, und wer vorüberging, den schien es einzuladen, ein wenig hin und her zu traben. Saß jedoch einer auf, hob das Roß sich wie ein Drache und fuhr über die Wolken hinaus. Niemand hat je einen der Männer wiedergesehen, die den Fuß von der Erde ließen. Für wen der Schimmel die jungen Burschen raubte, für ein Frauenvolk hinter den Wolken oder in den Höhen, weiß man nicht, weil keiner zurückkehrte!"

Während nun jeder noch seine eigene Geschichte hinzusetzen wollte, die schöne Lau aber lächelte, denn sie kannte deren gewiß an viele tausend, da begann am Ufer ein fröhlicher Lärm. Die Allgäuer Aufgebotenen waren gekommen und fielen den Freunden um den Hals. Und es gab ein munteres Begrüßen, bis der Hauptmann Potz Blitz Zucht unter die Geworbenen brachte.

Aber als er danach befahl, alle Aufgebotenen sollten fortan am Ufer der Donau das Schiff begleiten, wurde die Fürstin Mirta doch ungeduldig. Viel zu lange würd's dauern! Wollten die Burschen sich keine Kiemen schneiden lassen, gab's immer noch einen anderen Zauberweg. Sie hob den Arm. Da wuchs eine Brücke zum Ufer hinüber. Dann hexte sie seufzend eine Treppe in das Schiff „Liebfreude" hinab und befahl den Allgäuern, in den großen Mannschaftsraum des grünen durchsichtigen Fahrzeugs hinabzusteigen. Die ersten zögerten, der Hauptmann Potz Blitz mußte das Vorbild geben. Dann, auf einmal, hatte die Königin an die zwanzig tapfere Landsknechte bei sich. Nun konnte das Schiff ausfahren, um die Diebe zu fangen, die den Flüßchen an der oberen Donau den Namen gestohlen hatten.

Unterwegs erzählten die Neugeworbenen wie auch die alte Mannschaft einander unaufhörlich von den Städten und Burgen, an denen sie vorüberfuhren oder die hinter ihnen lagen – so viele Geschichten, man glaubt es kaum. Und Frau Lau gab acht, sie vermochte durch alle Wände zu horchen. Sie rief sogar den Doktor Veylland zu Hilfe und drückte ihm ihre Feder in die Hand, die von selbst aufzeichnete, was sie hörte.

Es läßt sich nicht bestreiten, daß der Gelehrte Veylland den Stoff ein wenig ordnete, das war zuweilen sogar nötig. Die schöne Lau achtete nur darauf, daß nichts verlorenging.

Wer erzählte vom Lauinger Rappen? Der war doppelt so lang und so hoch wie ein gewöhnliches Roß. Man weiß nicht, war er ein Tier der Überirdischen gewesen? Als der Bürgermeister von Lauingen krank wurde, kannte man nur noch ein Mittel, ihn zu heilen, das hatte der große Arzt, Pater Severin, in Donauwörth. Ein verkrüppelter Knecht, der den Rappen pflegte, erbot sich, zur Stadt hinabzureiten. Und er gab dem Tier die Sporen, setzte über die Stadtmauer von Lauingen, war in einer Stunde vor dem Haus Pater Severins und bat ihn, hinter ihm auf den Riesenhengst zu steigen. Sie sind wirklich rechtzeitig gekommen und haben dem Bürgermeister das Leben erhalten. Dafür ließ er das Bild des Zauberrosses auf eines der Stadttore malen.

Riesen an der Donau

Als das Schiff nun, halb über Wasser, halb unter Wasser, aber immer unsichtbar für die Menschen, die nicht aufgeboten waren, die Donau weiter hinauffuhr, erhoben sich Hügel am Ufer. Einer von den Knechten, es war der junge Kurt Veylland, verlor seine Scheu und erzählte:

„Es haben auch lange Zeit Riesen an unserem Strom oder in seiner Nähe gewohnt, und es sind gute Männer unter ihnen gewesen, die den Menschen beistanden. Vielleicht lag es mehr an den Fehlern der Irdischen, daß die Freundschaft nicht blieb.

Bei Laichingen, noch dicht bei Blaubeuren, lebte einer der Hünen. Der begegnete eines Tages zwei Holzfällern, die sehr traurig dreinblickten. Als er sie fragte, was sie denn hätten, klagten sie ihm, sie hätten ihre Beile im Wald verloren.

Oh, meinte der Riese, er habe deren mehr, sie sollten sich nur einige aussuchen. Dann führte er die Männer an eine Bergwand und klopfte an. Als ein Fensterladen klappte, rief er: ‚Der Waldgraf!‘

Gleich öffnete sich vor den dreien ein Saal, der schimmerte von blanken Gesteinen. Der Hüne fragte, ob sie davon brauchten; aber die beiden Holzfäller sahen einige neue Beile an der Wand, die schienen ihnen wichtiger. Da lobte sie der Waldgraf und ließ jeden eines wählen. Und er folgte ihnen nach draußen und trug selbst ein Beil, um ihnen bei der Holzarbeit zu helfen. Ja, er versprach, Tag um Tag zu kommen, wenn die Männer nur schweigen und nicht verraten wollten, daß sie mit ihm zusammen waren.

Die beiden schafften jetzt doppelt soviel wie vorher und blieben gut Freund mit dem Riesen. War es Feierabend, stampfte er nur eben auf den Boden, gleich öffnete sich die Erde, und man hörte, wie der Fremde brausend durch eine Höhle nach seiner Felswand fuhr.

Schließlich hat doch einer der Holzfäller verraten, wer ihm half, da hat der Hüne sich nicht wieder gezeigt."

Burg Zollern

Sehr schnell fuhr das Schiff mit den Landsknechten, den Gästen und den beiden Fürstinnen den Fluß hinauf. Die Landsknechte rieben sich zuweilen wohl noch die Augen, und eine Hand schlug die andere, um zu sehen und zu fühlen, ob alles wirklich sei. Aber es blieb dabei, daß sie in dem durchsichtigen Schiff „Liebfreude“ mitunter tief in der Donau, mitunter, wenn der Strom Untiefen hatte, oben auf dem Wasser flink und behend unter ihrem Hauptmann Potz Blitz auf Sigmaringen und Donaueschingen reisten. An Deck neben dem Steuermann standen zwei Uralte, der Markgraf Konrad von Württemberg und sein Freund Doktor Veylland aus Blaubeuren. Und neben ihnen standen zuweilen zwei Weise in hohen Hüten und zwei wunderschöne Fürstinnen, deren Namen jeder von ihnen kannte, ohne daß er je an ihre Wirklichkeit geglaubt hatte.

„Bruder“, meinte einer der Allgäuer aus Hindelang, „nun wir mit den Waldfrauen kein Glück gehabt haben, könnten wir es einmal mit den Meerminnen versuchen!“ Kaum hatte er es ausgesprochen, da hing ihm ein Schloß in den Lippen. Er jammerte gewaltig, und sein Hauptmann, der einst auf Hammer und Amboß gelernt hatte, mußte sich lange mühen, bis er ihn wieder bei rechter Laune hatte.

Währenddessen kam das Schiff „Liebfreude“ den Burgen an der oberen Donau näher, und der Doktor Veylland begann zu erzählen:

„Einst war ein Graf von Zollern, der unter seinem Kaiser ins Morgenland zog, in türkische Gefangenschaft geraten. Da hat er sich nicht anders zu helfen gewußt, als dem Teufel nachzugeben. Der versprach ihm ein Roß für zeitlebens. Es würde ihn ohne Gefahr für Leib und Seele in großer Eile tragen, wohin er wolle, auch nach Schwaben; der Herr müsse es nur jeden Tag selbst bei Sonnenuntergang abzäumen und absatteln. Sonst habe er, der Teufel, seine Seele gewonnen.

Der Graf ist wirklich mit dem Roß aus der Gefangenschaft entkommen und ist nach mehreren Monaten auf seiner Burg angelangt. Viel Freude hat es über seine Heimkehr gegeben; seine Kinder waren groß und ausgestattet, und seine Gemahlin hat ihn mit der gleichen Innigkeit empfangen, aus der sie ihn einst hatte ziehen lassen.

Vor lauter Freude über die Wiederbegegnung hat der Graf sich an jenem Abend nicht weiter um sein Roß gekümmert. Die Diener haben ihm nur gemeldet, daß es auf einmal verschwunden sei. Er hat seinen Leuten keine Vorwürfe gemacht, sondern seufzend die Worte fallenlassen: ‚Wohlan, ich trag' die Schuld, ich hab' vergessen, für mein Tier zu sorgen! Mag Gott mir gnädig sein und alles zum Rechten fügen, auch für mein Roß!'

Nun war es aber an dem, daß sogar der Teufel nicht achtgegeben und die rechte Stunde versäumt hatte, an der ihm des Grafen Seele verfiel. Es ist niemand gekommen, den Zoller in die Hölle zu holen.

Viele meinen freilich, der Böse habe aus einem anderen Grund die Stunde versäumt. In der Nacht nach seiner Rückkehr pochte eine schöne Jungfrau ans Tor der Burg Zollern und verlangte den Grafen zu sprechen. Und sie sagte ihm, sie sei verzaubert und jenes Roß gewesen, das ihn getragen habe. Nun, nach des Zollern Heimkehr, sei der Fluch von ihr genommen, und sie sei glücklich, daß sie wieder dem Ewigen dienen dürfe. Weil der Graf aber immer so freundlich gegen sie gewesen sei, habe sie ihm danken wollen. Und sie würde den Ewigen bitten, auch dem Zoller nichts mehr nachzutragen. Dann war die Jungfrau spurlos verschwunden.

Es ist ihr wohl geglückt, dem lieben Gott ihre Bitte vorzutragen; der Teufel ist nicht auf das Schloß gekommen.

Der Graf hat vielmehr auf Erden ein hohes Alter erreicht, die Gräfin und er sind nach der Chronik im Jahr 1259 gestorben.

Streit zwischen Zollern und Württemberg

Einer der Zollern hatte dem Markgrafen von Württemberg getreu gedient. Aber er hat es dabei nicht leicht gehabt; die Markgräfin liebte ihn und haßte ihn, weil er ihre Liebe nicht erwiderte.

Als dann sein Lehnsherr starb und der Zoller hörte, die Witwe werde an seiner Stelle den Befehl führen, bis ihre Söhne aufgewachsen seien, kehrte er zu seiner Burg heim und ließ zurück, er wolle keiner Frau gehorchen. Und sie würde ihn wohl nicht verschlingen.

Der Württembergerin aber waren seine Worte zugetragen, und sie hieß ihm sagen, sie habe freilich vor, ihn zu verschlingen, da er sie nicht verschlungen habe. Schon einige Tage danach lagen ihre Reisigen um seine Feste. Von Ulm aber kamen andere Feinde; es waren Knechte des Städtebundes, der auch gerade mit dem Zoller abrechnen wollte. Kurz, die in der Burg, die der Graf tapfer verteidigte, wurden bald müde; alle

Ausfälle halfen wenig. Als er sich schließlich den Knechten der Stadt Ulm ergab, lieferten die ihn gleich seiner Erzfeindin, der Witwe des Markgrafen, aus.

Sie ließ ihn vor sich führen: ‚Dein Land und deine Burg habe ich gefressen, nun soll der Tod auch dich verschlingen!' Und sie befahl, den Zoller in den tiefsten Keller ihrer Burg Mömpelgard zu werfen, dort mußte er bei Wasser und Brot seine Tage verbringen.

Als der Gefangene nun schon so krank war, daß er nachgeben und die Markgräfin von Württemberg um Gnade bitten wollte, da öffnete sich die Kerkertür. Seine Feindin war gestorben, die eigenen Lehnsleute holten ihn aus dem Verlies. Der Zoller aber glaubte, Gott für das Wunder danken zu sollen. Er führte die Seinen nicht gegen Württemberg, sondern mietete ein Schiff und brach mit den Männern, die ihn befreit hatten, zum Heiligen Land auf, um am Kreuzzug teilzunehmen. Und er spottete über die Gräfin, die ihn hatte verschlingen wollen, und wurde von hohen Kreuzherren freundlich begrüßt und empfangen.

Als der Zoller vom Hafen zur Burg der Christen hinaufritt, verließen ihn indes die Kräfte. „Nun verschlingt sie mich doch!" sagte er lächelnd zu den Seinen, dann sank er vom Roß.

Kloster Beuron

Von der Kirche Maria-Zell und vom Kloster Beuron erzählt man sich:

Einmal beschlossen die Bauern der Dörfer, die am Fuße des Berges lagen, auf dem sich Maria-Zell erhebt, ihre Kirche abzubrechen und im Tal neu zu bauen, damit das wundertätige Marienbild auch den Gebrechlichen, die Berge nicht mehr besteigen konnten, Freude bringe. Schon hatte man die Glocke und die heiligen Bilder und alle Mauersteine von der Höhe ins Tal geschafft.

In der Nacht aber sah ein Hirt, wie himmlische Frauen aus den Wolken stiegen und alle Steine wieder zur Höhe trugen. Das war nicht leicht, denn für schwere Lasten waren ihre Flügel ja nicht groß genug. Es muß ihnen dennoch gelungen sein. Am Morgen stand die Kirche wieder oben im Blau unter den segelnden Wolken. Sogar die Glocke war auf dem Fels und läutete.

Warum das Kloster Beuron zu Füßen der dunklen Berge der Donau erbaut wurde, hat einen anderen Grund. Ein Graf Gerold jagte einst in den Klippen über dem Strom. Da brach ein Wetter nieder, ein Blitz warf ihn aus dem Sattel, und das Roß schleifte ihn, dessen linker Fuß im Bügel hängengeblieben war, von Stein zu Stein. Schon glaubte der Reiter, er würde mit dem Hengst in die Donau stürzen, da erblickte er mitten in einem wilden Sprung seines Tieres über sich, silberglänzend, die herrlichen Umrisse eines Klosters.

Im gleichen Augenblick verharrte das Roß, als hätte es dasselbe Gesicht gehabt und sei vor einem Bauwerk erschrocken. Es gelang dem Unglücklichen, sich freizumachen.

An der Stelle, wo die Rettung geschah, ließ der Graf ein Kloster bauen. Es ist von jener Stätte viel fruchtbare christliche Kunst ausgegangen.

Der Schuß auf des Heilands Bild

Ein Graf von Zollern ließ einmal von weit her Ritter zu einem Armbrustschießen einladen; sein Töchterchen sollte dem Sieger selbst mit einem Kuß den Preis überreichen.

Nun war ein Junker von Mildenstein so sehr verliebt in das schöne Kind des Zollern, er hätte gar zu gern den Sieg davongetragen. Aber er war kein guter Schütze, die Harfe war seine Waffe.

Als er nun durch den Wald seinen Weg suchte, schritt auf einmal ein Rotmantel neben ihm und sagte tröstend: ‚Ich weiß um dein Herz Bescheid, Junker! Nimm meinen Rat an und begib dich mit deiner Armbrust zur Heiligenkreuzlinde am Fuß eurer Berge und schieße dreimal auf den Bildstock. Der Bolzen wird zu dir zurückkehren und von da an das fernste Ziel treffen. Du wirst auch das große Schießen gewinnen und den Dank der jungen Gräfin von Zollern finden!‘

Da schlug dem Junker das Herz, er schlich sich zur Mitternacht von der Burg, suchte das Kruzifix und hob die Armbrust. Und obwohl ihn einige der kleinen Wichtelleute anhalten wollten – denn zwischen Gott und Teufel sind sie des Bösen Widerpart –, schüttelte er sie ab und traf mit dem ersten Schuß das Abbild des Heilands am Haupt, mit dem zweiten an den Füßen und mit dem dritten in die Seitenwunde. Aber im ganzen Wald und bis zu den Wassern der Donau scholl es vom Zorn der Halbschichtigen.

Als der Mildensteiner danach die Bolzen aufsammelte, öffnete das Bild die Augen und blickte ihn schmerzvoll an. Blut floß aus den Wunden.

Da entsetzte sich der Junker. Hinter ihm erhob sich der Rotmantel aus einer Schlucht, lobte ihn und lachte, er werde ihn brauchen können. Aber vom Wettstreit auf der Burg Zollern war keine Rede; der Dunkle riß den Schützen zu einer Treppe, die tief und immer heller in die abgründige Erde führte.

Mehr weiß man nicht von seinem Los.

Die Jungfern auf dem Schalksberg

Nicht weit von der Feste Zollern liegt in Trümmern die Burg Schalksberg. Zwei weiße Jungfern wohnten dort und warteten seit langem hochmütig, daß ein Prinz als Freier käme.

Sie sehnten sich aber zugleich so sehr nach einem Kindlein, daß sie eines Abends den Knaben einer armen Beerensucherin einfingen und den anderen Tag mit ihm spielten. Als die Mutter, die lange nach ihm gesucht hatte, ihr Kind zum Dämmern wiederfand, trug es eine weiße Rose. Die glänzte, als sei sie von Elfenbein, und duftete, daß man schon jenseits der Erde zu sein glaubte. Am Morgen des dritten Tages aber begann sie zu welken, und am Abend verlor sie die meisten ihrer Blütenblätter. Mit ihr starb der Knabe.

Die Mutter begrub ihr Kind und legte die Blume in den Sarg. Im Frühling sproß ein Strauch mit weißen Rosen aus dem Grab.

Die Jungfern lebten weiter im Schalksberg, und niemand vermochte sie zu erlösen. Als wieder hundert Jahre vergangen waren, kamen eines Tages junge Wanderer an den Trümmern vorüber. Die Verwunschenen fragten jetzt nicht mehr danach, ob es Prinzen seien, sie freuten sich an den Besuchern. Und die wunderten sich, zwei weißen Jungfrauen zu begegnen, und scherzten mit ihnen. Wer sie denn seien, forschten die Burschen.

Ach, sie seien Verwunschene und warteten auf zwei tapfere Männer.

Was sie denn zu tun hätten?

Drunten im Tal stehe ein Ahornbaum, den müßten sie fällen. Und sie müßten aus dem besten Teil des Stammes eine Wiege schnitzen und in die ein neugetauftes Kindlein legen.

Dann flehten die Jungfern die Wanderer unter Tränen an, ihnen doch beizustehen.

Den Burschen gefielen die beiden, sie taten, wie ihnen geheißen war. Sie blieben im Dorf, kauften und fällten den Ahorn, höhlten die Wiege aus und warteten, bis ein Kindlein getauft wurde. Dann baten sie, ihnen das Kindlein zu reichen, und schenkten ihm die Wiege und halfen der Mutter, es zu betten.

Im Augenblick aber, wo es geschah, sah man oben die Trümmer der alten Burg in Strahlen aufleuchten, als wollten Unbekannte Dank sagen. Dann flogen unter den Wolken zwei schneeweiße Jungfrauen dahin, immer ferner, bis sie ins Unsichtbare glitten."

Der Wassermann aus dem Neckar will die Königin begrüßen

Die Donaufahrer kamen an Tuttlingen vorüber, und das gläserne Schiff, das jetzt der Doktor Veylland führte, glitt immer noch flink das Bett des jungen Stromes bergauf.

Dann aber, bei Immendingen, war es einige Male, als versickerte die Flut unterm Kiel. Veylland hob winkend seine Arme zur schönen Lau hinüber. Es sei etwas nicht recht, meinte er und lief vom Steuerbord zum Backbord des Zauberschiffes und wieder zurück. „Hier ist man dabei, dem Fluß das Wasser zu stehlen", schrie er, „laßt uns anhalten!"

„Hab' ich's nicht gesagt!" kreischte die Fürstin Mirta.

„Hier wird gestohlen!" brüllte Potz Blitz und blickte grimmig an den Ufern des Stromes hinauf.

Nun aber war ein Vetter der schönen Frau Lau, der Wassermann aus dem Neckar, gar nicht fern. Er war ihr auf die Kunde, daß die Donaukönigin komme, mit einem Wagen nach Immendingen entgegengefahren.

Als der vom Neckar hörte, wie jemand in den friedlichen Tag schrie, hier werde gestohlen, und sah, daß ein einfacher, federgeschmückter Hauptmann der Landsknechte sich vom Deck des Schiffes der Königin solche Redensart herausnahm, sprang er von seinem Wagen, brach einen Baum, streifte die Zweige ab und hieb mit furchtbarer Kraft nach dem Schreier auf dem gläsernen Boot. Glücklicherweise fuhr es rascher, als er gedacht hatte, so daß er vorbeischlug.

Es hätte ja auch, selbst wenn er das Schiff getroffen, nichts ausgemacht, weil alles Körperliche, weder Stein noch Holz, der Donaukönigin und ihrem Fahrzeug und Geleitern nichts antat. Aber es war doch sehr grob gehandelt. Der Hauptmann Potz Blitz, der zeigen wollte, wie wacker er zu streiten vermochte, hieb gleich mit seinem ellenlangen Spieß zurück und traf den Nöck auf den Finger. Das tat weh; voll Zorn rannte der Kurzbeinige neben dem Schiff her. Die Fürstin Mirta aber, die den Vetter aus dem Neckar erkannte und seinen Grimm fürchtete, schrie Veylland zu, die „Liebfreude" mit höchster Geschwindigkeit laufen zu lassen.

Gerichtstag in Donaueschingen

In Donaueschingen unterm Schloß, so bestimmte die Fürstin Mirta, sollte die Königin Gerichtstag halten. Ihr schien es falsch, daß die schöne Lau immer noch nicht zum Krieg aufgerufen hatte. Da die Schwägerin nun einmal Königin war und ihr hoher Gemahl mit seinen Wassermännern schon viele siegreiche Schlachten auf der Donau geschlagen hatte, schien es ihr wünschenswert, daß auch die Lau ihren Mut erweise, statt den Flutstand zu messen oder zu warten, bis ihr die Schwaben das Lachen beibrächten. Hätte die schöne Frau Lau erst Kinder, sie, die Mirta, wollte wohl dafür sorgen, daß die Knaben gleich den rechten Zorn kriegten, wo es nötig würde.

Als man nun das gläserne Schiff verankert hatte in einem hinteren Hafen von Donaueschingen, den die Menschen nicht kannten und auch nicht zu entdecken brauchten, da stiegen alle Fahrgäste aus. Hauptmann Potz Blitz sammelte seine Knechte, der von Württemberg lud die beiden Flüßlein vor, die sich noch oberhalb der Stadt wie Würmlein in die Berge krümmten. Er nahm ihre Nixen gefangen und verhörte sie unter viel Wettern und Poltern. Aber die Wasserfräulein wußten wirklich nicht mehr auszusagen als andere auch und vermochten nicht zu erklären, warum die zwei Kleinen solch absonderliche Namen führten, da sie doch Quellflüsse der Donau waren. Die Schwestern gaben zwar zu, daß die beiden zur Donau gehörten, die bis zur Unendlichkeit ihrer Mündungsgewässer den Namen führte, mit dem alle Menschen und Geister sie nannten. Früher hätten sie vielleicht ähnlich geheißen, und dann, wer weiß es, hätte ihnen wohl jemand den Namen gestohlen.

Hauptmann Potz Blitz möchte zwischendurch das Höllental erobern

Noch vor der Verhandlung bat der Hauptmann Potz Blitz, mit seinen Schwaben die Ufer der Kleinen absuchen zu dürfen, um Verdächtige anzuhalten. Und er machte so viel Lärm und untersuchte Bäche und Waldweiblein und fing sogar einige Wolkenfrauen, die er mit listigen Liebesanerbieten auf die Erde lockte, daß sich viele gute Bürger unbehaglich fühlten. Als man ihm aber sagte, daß er das Höllental vor sich habe, zog der Hauptmann bei dem Namen sein Beiderhandschwert, schrie, jetzt wisse man, wo die Diebe steckten, und schwor allen Teufeln ewiges Verderben, wenn sie das Diebesgut nicht herausgäben.

Er hat jedoch bis zum Rhein hinab keine Antwort erhalten, das ärgerte ihn.

So ist Potz Blitz nach Donaueschingen zurückgekehrt. Er hat mit den Knechten seinen Monatssold von der Frau Mirta erhalten, dazu eine kleine Überziehung, weil es im Höllental schon sehr heiß gewesen war. Viel kühlen Wein hat er sich dafür gekauft.

Dann wurde die große Gerichtsverhandlung abgehalten, und auch Faust und Truhoved, die sich vor den schönen Frauen über alles köstlich belustigt hatten, wurden zu Richtern der Königin über die Brigach und Breg ernannt. Die schöne Lau aber mußte, da es doch um ein Staatsverbrechen ging, den Vorsitz des Gerichts über die Flüßlein führen. Und sie hat sich feierlich niedergelassen und die beiden Schwestern noch einmal ernst gefragt, wie sie zu ihren neuen Namen kämen. Als sie eine Weile nachgedacht, da sagte die ältere, die Brigach, sie glaube gar, man habe die Namen schon immer gehabt. Warum sie das nicht gleich gesagt hätten, fragte die Lau die beiden Schüchternen.

Weil die Leute immer geschrien hätten, die richtigen Namen seien ihnen gestohlen, wären sie gar nicht zum Nachdenken gekommen.

Da hat die Königin über die Gesichter der Beschuldigten und über das Grinsen des Markgrafen von Württemberg und des Doktor Veylland so lachen müssen, daß der ganze Gerichtshof eingestimmt hat. Und es war das dritte Mal, daß die schöne Lau wieder von Herzen gelacht hat.

Das abgezapfte Wasser der Donau

Danach wandte man sich anderen Dingen zu und beriet. Da war zum Beispiel die Geschichte mit dem abgezapften Wasser. War es möglich, daß von dem, was die fleißigen Bäche und Flüsse, darunter auch die kleinen Brigach und Breg, an gutem Naß sammelten, so vieles gestohlen wurde, daß die Donau Untiefen bekam?

Der Hauptmann Potz Blitz hörte eine Weile zu. Er war kein Mann gelehrter Gespräche und machte sich schließlich allein auf den Weg – allein ist man immer der Klügste, sagte er sich. Irgendwo am Ufer sah er zwei Wasserfrauen miteinander spielen und fing sie, geschickt wie er war. Da lösten sie sich aus, indem sie ihm das Geheimnis der schwindenden Flut verrieten. Sie trugen ihn flink bis Geisingen und zeigten ihm, wie die Wichtelleute, die im löcherigen Gestein wohnten, das Wasser zu sich zogen und von dort weiter in ein unterirdisches Flüßlein lenkten, die bestochenen Schlingel. Erst bei Engen ließen sie es wieder ans Licht, um es dem Bodensee zuzuleiten.

Potz Blitz zog sein Beiderhandschwert; die Augen liefen ihm rot an, er suchte nach den unterirdischen Feinden. Aber er fand keine. Da sagten ihm die Nixen, er müsse bis zum Dunkelwerden warten, und fragten, ob sie ihn bis dahin unterhalten dürften.

Der Hauptmann ließ es zu, und die Wasserfräulein erwiesen ihm wirklich viel Gutes, alle seine Leibspeisen und Leibgetränke kannten oder errieten sie. Und er war so lange ihr Gast, bis er vergessen hatte, warum er das große Beiderhandschwert gezogen hatte. Als die Nixen, die ärgerlich wurden, daß der Herr so viel auf ihr Wohl trank, ihm sagten, er habe doch die Erdmännlein fangen oder ihnen den Garaus machen wollen, da taten sie ihm leid, denn er wußte nicht mehr, warum er sie erschlagen sollte. So ließ der arme Trunkene sich am Frühmorgen den Fluß wieder hinauffahren und war froh, daß niemand seine Abwesenheit bemerkt hatte.

Nur Veylland, der ja an Land unsichtbar seine Wege schreiten kann, wußte, was geschehen war; aber er verriet ihn nicht.

Der Markgraf von Württemberg hatte inzwischen einen anderen guten Einfall gehabt. Er schlug vor, neue Bundesgenossen zu werben, und schickte um Hilfe bis nach Villingen hinüber. Die starken Landsknechte alldort traten unter ihrem Hauptmann, dem berühmten Romeias, zusammen, und auch sie entrüsteten sich sehr über den Wasserdiebstahl aus der

Donau. Romeias war ein Mann von riesenhafter Gestalt, der, wenn er durch die Straßen von Villingen schritt, nimmermehr durch die Haustüren in die Bürgerwohnungen eingelassen werden konnte, sondern nur durch den ersten Stock. Als man ihm sagte, daß vielleicht sein Feind, der Nöck Jetter, das Wasser gestohlen haben könnte, war er gleich bereit, das Schiff „Liebfreude" und alle Fahrgäste von der Donau zum Neckar hinüberzutragen. Die Fürstin Mirta, die viele Geschichten vom Neckar kannte und dem Nachbarn wohl einen Gegenbesuch machen mochte, war einverstanden, wenn kein Krieg daraus entstehen würde und man den Vetter vorerst nur zu einem freundlichen Gespräch, gutem Wein und weißem Kuchen aufsuchen wollte.

Als der Riese Romaias bei Rottweil das gläserne Schiff der Wasserleute, das er auf den Schultern über die Berge getragen hatte, in den Neckar setzte, gefielen die schönen Ufer des Flusses allen aufs beste, und die Stimmung hob sich wieder. Dann erfuhr einer der Nöcke, die zum Spähen ausgeschickt waren, daß der Fürst Jetter sich in seine Burg unter Tübingen begeben habe, um dort mit der Hochschule zu beraten, wie man die Eindringlinge empfangen solle.

Reisen der Donaukönigin im bunten Schwaben

Der Fürst aus dem Neckar begrüßt seine Gäste

Daraufhin fuhr man im gläsernen Schiff „Liebfreude“ rasch nach Tübingen hinüber. Schon wollte der Doktor Faust nach gelehrten Herren fragen, denn er hatte Freunde auf der Universität, von der man viel Rühmenswertes hörte. Bevor Frau Lau aber ihr Schiff unter die Stadt brachte, wölbte sich ein Regenbogen über den Neckar, da konnte das Zauberboot der Königin nicht weiter. Denn solch ein Bogen steht mit beiden Füßen in zwei Schüsselchen. Solange man die nicht fand, vermochte man mit der „Liebfreude“ nicht darunterhin zu fahren. Der eine Bogenfuß schien aber nah. Faust und Truhoved sprangen nach draußen. Sie wollten wohl abwarten, bis der Regenbogen ein Bein höbe, um die Schüssel zu finden und als Kuriosum an sich zu nehmen.

Während das Schiff stillag, tauchte der Fürst Jetter plötzlich aus dem Neckar hoch. Er tat, als wüßte er um keinen Streit, sondern freute sich, die Gäste zu grüßen, und lud alle Leute in sein Heim. Aber das ging nicht an, die Königin wollte auf ihrem Schiff bleiben. Da erbot er sich, an Bord decken zu lassen und zugleich auf Bitten der Frau Lau auch für die Gäste Geschichten mitzubringen. Er wisse wohl, daß nicht nur sie darauf aus sei, zu erfahren, was man so von Neckar und Donau höre.

Als sich nun auch Faust und Truhoved eingefunden und Jetter einen guten Wein an Bord gebracht hatte, begann der Nöck nach vielen Fragen und Antworten von alten Württemberger Herzögen zu erzählen, zunächst etwa, was man vom ersten wußte und wie er zur Herrschaft gekommen war. Er sprach von ihm, obwohl ein Markgraf selbst unter den Zuhörern war, der doch vieles besser wissen mußte. Aber er wollte ja nur erzählen, was als Sage umging.

Herkunft der alten Herzöge in Stuttgart

„Einer der kühnsten Degen des letzten der schwäbischen Herzöge war der junge Graf Johann von Württemberg. Einst schickte ihn sein Herzog zum Markgrafen von Baden, der damals bei Stuttgart einen Hof und einen Stutengarten hatte, und gab ihm auf, er solle für seinen Trottel von Sohn um die Tochter des Badeners werben. Der Württemberger folgte dem Auftrag, aber er sprach so gut, daß der alte Markgraf von Baden ihn fragte, warum er nicht für sich selbst würbe. Seiner Tochter gefiele er. Der junge Graf erklärte, das dürfe er nimmermehr tun, er sei für einen anderen auf dem Wege.

Da riet der alte Herr ihm, seinen Auftrag zurückzugeben und für sich selbst zu kommen. Als der Herzog von Schwaben die Bitte des Boten vernahm, da dachte er sich, um was es ging, und sagte aufseufzend: ‚Nun wohl, wirb für dich, Johann! Weder ich noch mein Sohn dürfen dir entgegenstehen!‘ So wurden der von Württemberg und die Tochter des Markgrafen von Baden die Stammeltern der späteren Herzöge.“

Die hohen Herren an Bord redeten weiter über Vergangenes, und Jetter und Markgraf Konrad erzählten bald um die Wette, so etwa von Ulrich und seinen Getreuen. Und die Wasserfrauen horchten verliebt.

Herzog Ulrich und die Verzauberte im Urschelberg

Ob auch die Hexe Urschel aus dem Urschelberg unweit von Tübingen dem Herzog geholfen hat, weiß man nicht. Die meisten sagen, er wäre nicht entkommen, wenn er sich nicht zuweilen in ihrem Hügel verborgen hätte. Aber das sind vielleicht nur Altweibergeschichten!

Einen grünen Rock und rote Strümpfe trägt die Urschel. Sie ist eine Verzauberte, und wenn sie oft genug den Menschen hilft und den Bauern sogar das Korn vorschießt, damit sie ihre Äcker bestellen, so ist noch kein Bursch gekommen, der es vermocht hätte, ihr selbst zu helfen. Sobald ein Geselle bei ihr einkehrt, zeigt sie ihm wohl das verwunschene Schloß, in dem sie wohnt und in dem sie Schätze ohne Zahl bewacht, die in ihrer großen Hochzeitstruhe warten. Aber wenn der Werber die Schlangen sieht, die den Weg säumen, und die Eidechsen, die an ihm auf und ab gleiten, wendet er sich ab, und die Urschel bleibt wieder allein und muß weinen.

Es wird dem Herzog Ulrich nicht anders ergangen sein. Sie hat den Flüchtling in der Spinnstube eines Bauern erkannt, die sie besucht. Sobald die Hexe jedoch jemandem begegnet, der ihr gefällt, dann sind auch gleich der schwarze Pudel und das Schlangenvolk zur Hand, die sie bewachen. Dennoch, der Herzog Ulrich wäre mit seinem Mut der einzige gewesen, der sie zu erlösen vermocht hätte. Aber eine Frau hatte er schon. Es war des Herzogs von Bayern Tochter, die treu zu ihm hielt. So kam die Urschel um ihren Bräutigam.

Einmal hörte der Herzog ein Mädchen beim Beerensuchen mit glockenklarer Stimme singen. Er war sehr begeistert von dem Lied. „Stell dich an einen Baum und sing ins Tal! So weit deine Stimme reicht, soll das Land dein sein!“ Sie wußte nicht, wer zu ihr sprach, und nahm die Worte nicht ernst; aber sie freute sich, daß der Fremde ihre Stimme gern hatte. Später, als Ulrich wieder Herzog war, hielt er sein Wort.

Streit um den Sonnenstein

Während die beiden Frauen den Sagen lauschten, merkten die schöne Lau und Frau Mirta, daß der Steuermann Kurt ihr Schiff in Bewegung gebracht hatte und den Fluß abwärts fuhr. Nixen, die lautlos gekommen waren, hatten den Tisch gedeckt. Schon lud der Nöck des Neckars die Verwandtschaft ein, sich's schmecken zu lassen. Er war ein freundlicher Gastgeber, und es war keine Rede mehr davon, daß er es etwa sei, der der Donau das Wasser abzapfte. Die Königin lächelte vor sich hin und nickte dem Vetter zu.

Als die lieblichen Täler vor Stuttgart auftauchten, fragte die schöne Lau den Fürsten gerade, ob es wahr sei, daß die Fische im Neckar kein Brot fräßen, das am Sonntag gebacken werde.

Aber darüber wußte Jetter nicht Bescheid. Vielleicht auch war er ein solch rechtschaffener Mann, daß er es sündig fand, darüber zu reden.

Ob es denn wahr sei, daß fromme Leute bei Stuttgart Sonnensteine fänden, rund um die Stadt, neckte die Königin.

Da seufzten der Markgraf Konrad und der Nöck, der Herr Jetter, zu gleicher Zeit auf, und beide zogen je einen Kiesel aus der Tasche, der aussah wie ein strahlendes Gesicht. Nun wußten die Frauen, die vor ihren Tellern saßen und zuhörten, woher das Glück des Württembergers und das der Bürger von Stuttgart kam.

Die Königin ließ sich den Stein des Vetters reichen. „Wo hast du ihn gefunden?“

„Auf dem Grund des Neckars dicht vor Stuttgart.“

„Und was tust du damit?“

„Ich würde ihn dir schenken, schöne Frau aus der Donau, und hätte ich noch einen zweiten, jenen anderen deiner Schwägerin Mirta. Aber er hat nur Kraft für den, der ihn selbst findet!“

Frau Lau nickte, sie besah ihn genau. Goldgelbe Augen hatte das kleine Sonnengesicht und half dem Menschen, der es trug.

„Sag, ist es wahr, daß Gold darum wächst?“ Bei den Worten streckte sich ein Arm aus, der Steuermann Kurt griff nach dem Stein.

Aber der Nöck lachte. „Auch du möchtest ihn haben? Was hilft er dir, hast du ihn vielleicht gefunden? Wenn du willst, kauf ihn mir ab! Bring mir deine Seele, Steuermann, die könnte ich armer Wassermann brauchen!“ Auf einmal verbeugte sich Jetter vor dem alten Markgrafen. „Behalt auch du deinen Sonnenstein bei dir, hoher Fürst, damit wir etwas Brüderliches haben, wir beide!“ Als er dabei sein breites grünes Gesicht zutraulich verzog, wurde der Markgraf fast ängstlich.

„Habt ihr keine Sonnensteine in der Donau?“ fragte Jetter plötzlich die schöne Lau. „Du hast einmal einen gehabt, ich spüre es!“

„Ich habe keinen mehr“, klagte die Königin. „Ich fand einmal einen vor langer, langer Zeit bei euch und schenkte ihn meinem Mann, weil er in den Krieg zog!“

Der Fürst aus dem Neckar runzelte die Stirn, er wollte drohen und weiterfragen. Aber die Königin hatte Tränen in den Augen.

„Was hast du?“ erkundigte sich Mirta, sie war die erste, die es sah.

„Ich habe Heimweh – laßt mich zur Donau zurückkehren!“ Die Frau Lau fürchtete auf einmal, der Nöck könne von neuem nach ihrem Stein fragen.

Sie verbrachten aber den ganzen Tag im Tal. Die Landsknechte machten sich auf, um, wie sie sagten, Sonnensteine zu suchen. Sie forschten wohl auch nach verborgenen Quellen von der Donau zum Neckar. Aber niemand nahm die Geschichte noch ernst. Währenddessen erzählte der Nöck Jetter unaufhörlich von der Stadt Stuttgart und lobte sie und ihre guten Geister.

Die Stuttgarter und die Erdmännle – oder die Wichtelleute, wie sie auch heißen

„Wißt ihr, wie man sich oft verscherzt, was einem an Hilfe zugedacht ist? Wo überall haben die Menschen nicht schon die Erdmännle verjagt! Aber noch kein Schwabe hat sie mit bösem Herzen ausgetrieben, auch in Stuttgart nicht, obwohl ihrer hier viele, viele waren.

Einmal freilich ist es beinah schlecht ausgelaufen. Da war ein armer Schuhmacher, dessen Weib kam in die Wehen. Die kleinen Wichte hatten die beiden gern und beschlossen, just dieser Frau eine Freude zu machen. Und sie haben gesammelt und einen der Ihren zu der Kranken geschickt. Er hat ihr im voraus für das Kindlein einen ganzen Kessel voll Gold bringen sollen.

Das arme Weib aber hat sich beim Anblick des Wichtels so sehr erschrocken, daß es laut geschrien hat.

‚Wohlan, Frau', hat der Kleine geantwortet, ‚wollt Ihr meines Meisters Gabe und Geschenk nicht dankbar annehmen, so trag ich den Kessel wieder davon!' Und das Männlein ist mit dem großen Kessel auf dem Rücken durch die Tür verschwunden.

So hat die Frau nie erfahren, was für ein Glück ihr zugedacht gewesen war. Auch kein Stuttgarter hat mehr einen Goldtopf von den Zwergen bekommen. Aber es hat auch keinen Auszug des kleinen Volkes gegeben; man hat wohl eingesehen, daß der Gesell es ungeschickt begonnen hatte.

Dagegen haben die Wichtelleute den Künstlern in Stuttgart viel geholfen. Da war ein Bildhauer, der mit abgewandtem Gesicht die schönsten Herrgottsbilder schnitzen konnte, weil ihm ein König der Erdmännlein die Hand führte.

Die größte Freude haben die Wichtelleute aber am Singen der Nixen und der Menschenkinder gehabt. Wenn die Kleinen in den Dörfern und in der Stadt ein Lied anstimmten, sind sie oft in Mengen aus den Farren hochgekommen – einer, zwei, drei, vier, fünf, sechs, in roten und grauen Röcken. Und ein jeder mit einer drolligen Kappe auf dem Kopf wie ein Bergmann.

Viele Wichtelleute hatten Stuttgart besonders gern. Mitunter hat man sie draußen am Neckar Wäsche trocknen sehen, ein ganzer Bergabhang war weiß. Oder die Erdmännlein sind sonntags von der Stadt zum Fluß spazierengegangen – das war kein kleiner Weg für sie – und haben ihr Abendbrot mitgenommen und selbst den Mond angesungen.

Von schwäbischen Kirchenglocken

Sieben Burgen lagen einst auf den Bergen rund um Stuttgart, die waren einander freund oder feind, aber stets eines von beidem. Eine der frühesten war die Weißenburg. Die Edelfrau, die auf ihr lebte, verirrte sich eines Tages im Wald und kehrte nicht heim. Da brachte ihr Töchterchen all ihren Schmuck zum Silberschmied und ließ eine Glocke daraus gießen, mit der ging es läutend durch den Wald und suchte seine Mutter. Aber die Arme blieb verschollen.

Endlich ließ die Tochter bei ihrem Tode die Glocke in dem Turm der Stuttgarter Stiftskirche aufhängen, sie sollte mit ihrem silbern klingenden Läuten allen Verirrten dienen. Wirklich hat manch einer nach ihrem Klang den Weg in die Stadt zurückgefunden.

Von guten Glocken ist noch eine Geschichte zu berichten: Als ein Neckarbauer bei Rottenburg eine Kapelle gestiftet hatte, da reichte sein Geld nicht mehr für den Guß der Glocke. Lange überlegte der Mann hin und her, was er beginnen sollte; denn die Vollendung lag ihm sehr am Herzen. Endlich rief er den Teufel und schlug ihm vor: Wenn er eine Glocke aus Rom bringe, bevor der Geistliche mit der ersten Messe in der Kirche fertig sei, dann könne er sich seine, des Bauern, Seele holen oder die des Herrn Pfarrers. Zugleich aber sagte der Listige dem heiligen Petrus Bescheid, wann und zu wem der Teufel unterwegs sei.

Nun, der Dunkle gab sich viel Mühe. Eben hatte die erste Messe begonnen, da warf er sich einen Federmantel über, jagte nach Rom, stahl eine Glocke und sauste mit ihr nach Schwaben zurück. Petrus hatte sich jedoch am Bodensee auf die Lauer gelegt; er fuhr dem Teufel entgegen, so daß ihm das Diebesgut aus den Armen und in den See fiel. Gleich tauchte der Böse danach, er wollte ja zur rechten Zeit zurück sein. Und es wäre ihm beinah gelungen, aber seine Flugfedern waren naß geworden, auch hatte er eine Weile nach der Glocke suchen müssen.

Dadurch verspätete sich der Teufel. Er sah gerade noch, wie die Menschen die Kirche verließen. Da warf er voll Wut die Glocke über Rottenburg am Neckar auf die Erde. Sie hat einen Sprung bekommen, es war ja auch gestohlenes Gut. Aber sie war doch groß und schön. Wie sollten die Bauern sonst je zu einer so mächtigen Glocke gekommen sein?“

Vom Schwaben, der das Leberlein nicht gegessen haben wollte

„Hör noch eine fröhliche Geschichte, schöne Base", drängte der Nöck aus dem Neckar. Und er erzählte sogleich:

„Einmal ging der liebe Herr mit einem Schwaben über unser Land, um zu predigen, und es sind viele Menschen fromm geworden.

Dabei kamen sie zwischen zwei Dörfer. In beiden läutete die Glocke.

‚Was mag das sein?' fragte der Begleiter.

‚Nun, in einem Dorf ruft man zur Hochzeit, im anderen zur Trauer!'

‚So sieh du dir den Toten an, ich will bei der Hochzeit helfen', schlug der Schwabe vor.

Gesagt, getan. Der Herr weckte den Toten wieder auf, da bekam er von den Trauernden hundert Gulden zum Lohn. Sein Wandergeselle aber erhielt am Ende der Feier einen Kreuzer; vielleicht rechnete man ihm von seinem Lohn ab, was er vertrunken hatte.

Er war dennoch fröhlich.

Als die beiden, der Herr und der Schwabe, sich wieder begegneten, fragten sie einander, was sie denn verdient hätten. Da warf der Mann rasch seinen Kreuzer zu den hundert Gulden und sagte: ‚Halbpart, wir gehen doch auf Halbpart! Sieh, so haben wir jeder fünfzig Gulden und einen halben Kreuzer verdient!'

Der Herr ließ es gut sein und tat zufrieden. Als sie bei einem Hirten vorbeikamen, befahl er: ‚Nun kauf ein Lämmlein, Bruder, schlachte es und bereite uns von Herz, Leber und Lunge und vom Geschlinge ein Essen zu!'

‚Gern', sagte der Schwabe und tat, wie ihm geheißen. Aber die Leber schwamm oben in der Brühe, und sooft er sie hinunterstieß, kam sie wieder hoch. Das ärgerte ihn, und er verzehrte das Leberlein heimlich. Als er das Essen dann auftrug, fragte der Herr: ‚Wo ist denn des Lammes Leberlein?'

‚Es hat keins gehabt', antwortete der Schwabe.

Nun, der Herr lächelte; er tat, als glaubte er es dem anderen, und die beiden gingen weiter. Wieder schritten sie zwischen zwei Dörfern, und wieder läutete man in dem einen für einen Toten, in dem anderen zu einer Hochzeit. ‚Diesmal geh du zur Hochzeit, ich will zum Toten gehen', schlug der Schwabe vor. Als er schon ein Stück Weges hinter sich hatte, kehrte er noch einmal um. ‚Wie hast du es gemacht, den Toten aufzuerwecken?' fragte er.

‚Ganz einfach‘, erwiderte der Herr. ‚Ich habe ihn an die Hand genommen und gesagt: Steh auf im Namen des Vaters, des Sohnes und des Heiligen Geistes! Da hat er's getan.‘

Ist gut, dachte der Schwabe, das kann ich auch! Und er kam zu dem Trauergefolge und rief: ‚Halt, Leute, weint nicht mehr! Ich werde euch euren lieben Toten wieder lebendig machen, sonst dürft ihr mich henken.‘

Und er ließ sich hundert Gulden geben, dann hieß er die Erstaunten den Sarg öffnen und wiederholte feierlich, was der Herr ihm vorgesprochen hatte. Aber der Tote rührte sich nicht. Und er sagte es zum anderen und zum dritten Male.

‚Ei, so bleib liegen in tausend Teufels Namen!‘ erklärte der Schwabe, als sich nichts änderte, und wandte sich ab. Die Leute ärgerten sich jedoch zu sehr, sie ließen den Sarg im Stich und wollten erst den Prahlhans hängen.

Als der Mann nun schon oben auf der Leiter stand, sah er auf einmal den Herrn unten vorübergehen. ‚Deinetwegen muß ich sterben!‘ schrie er. ‚Warum hast du mich nicht recht gelehrt?‘

‚Ich habe dich recht gelehrt‘, antwortete der liebe Herr. ‚Und wenn du mir verrätst, wo das Leberlein hingekommen ist, dann will ich für dich auch den Toten auferwecken!‘

‚Wahrlich, das Lämmle hat kein Leberlein gehabt‘, log der Schwabe noch einmal eigensinnig und rief den Bauern zu: ‚Henkt mich nur flugs, dann komm' ich von der Plage los, daß ich immerzu nach dem Leberlein vom Lämmle gefragt werde!‘

Dem Herrn tat es um den Trotzigen leid. Er weckte den Toten auf, befreite den Genossen und zog mit ihm wieder des Weges. ‚Wir wollen jetzt teilen und uns trennen‘, sagte er bei der nächsten Rast. ‚Ich muß dich sonst auch anderwärts vom Galgen befreien!‘

Der Schwabe konnte nichts dagegen vorbringen, und der Herr nahm alle zweihundert Gulden und machte drei Teile daraus. ‚Ei, Lieber, warum machst du drei Teile, sind doch unserer nur zwei?‘ fragte der Mann.

‚Nun‘, sagte der Herr, ‚der eine ist mein, der andere ist dein, und der dritte ist für den, der das Leberlein gegessen hat!‘

Da nahm der Schwabe eilig seinen und auch den dritten Teil des Geldes. ‚So hab' ich's bei Gott und allen Heiligen selbst gegessen‘, rief er, steckte das Geld ein, grüßte den lieben Herrn und ging seines Weges.“

Die Lau reist in Mirtas schneeweißer Wolke heim

Die im Schiff lachten und fuhren hinter den Hügeln an dem schönen Stuttgart vorbei. Danach aber wurde die Königin ungeduldig und wollte zum Blautopf heim. Eilig fragte der Doktor Veylland, der sie gern weitergeführt hätte, ob sie nicht die Geschichte von der Henne hören wolle, die jeden Tag zu dem Herzog Ulrich in sein Versteck kam und ihm ein Ei legte, oder von der besonderen Art, wie Doktor Faust in Schwaben den Teufel zitierte, oder von den Hausschuhen des Paracelsus. Aber die schöne Lau wollte nicht nach Heilbronn noch nach Heidelberg, sie hatte Heimweh nach Blaubeuren.

„Nun“, sagte Veylland, „die Ihr um Euch habt, gefallen Euch nicht, das ist zu merken!“

„Gefallen mir gut“, erwiderte die Lau. „Und ich meine, daß Ihr mich fortan als Hofmarschall begleiten solltet, Doktor Veylland! Und Euern Sohn Kurt möchte ich für immer an Bord behalten, wenn er mir mein Schiff führen will. Das beste wäre, Ihr, gelehrter Veylland, hörtet Euch mit mir die Sagen an, die uns erzählt werden, und wiederholtet sie mit meinem Federhalter. Er versteht nicht immer so rasch. Da brauchte ich mich selbst nicht drum zu kümmern. Und jetzt bringt mich nach Blaubeuren!“

„Königin“, wandte der junge Veylland ein, „Euer Schiff fährt nur bei Regen über die Berge! Wir müßten später reisen, wenn Ihr es erlaubt!“

Da fürchtete die Schwägerin Mirta, daß die Königin weinen würde, und rief nach ihrem Zauberboot in der fliegenden schneeweißen Wolke – eine Elfin hatte ihr einst jenen Nebel gesponnen und geschenkt. Und die Fürstin lud ein, wem es paßte, mit ihr zu kommen. Bald ging es im Bogen über Heubach und Hohenstaufen in der Richtung auf Blaubeuren zurück.

Als sie über Heubach schwebten, scherzte der alte Markgraf: „Hier hausen die schwäbischen Hexen auf dem Hochberg. Sie reiten auf Besen wie anderswo auch; zuweilen sollen freilich auch lederne Hosen auf vielen Winden zum Berg hinüberfahren!“

Aber die Fürstinnen blieben streng und lächelten nicht, sie wollten von Hexen in Schwaben nichts gehört haben.

Die Riesenhöhlen am Hohenstaufen

Als sie nun alle zusammen – auch die beiden Magier des Kaisers waren dabei – in der Wolke am Hohenstaufen dahinfuhren, da zeigte ihnen Markgraf Konrad die Burg der alten Kaiser und die Stiftskirche von Friedrich Rotbart. Sie sahen aber Lichter aufflackern.

„Da sind zwei Riesenhöhlen, die im Innern Zugang zueinander haben", erklärte der Württemberger. „Ein Hahn, den man in die eine hineinlaufen ließ, kam bei der anderen wieder heraus.

Es heißt, daß die Tübinger Drachen, deren Versteck man nicht kennt, sich dort unten verbergen, ja, daß auch Riesen und Heiden dort ihre Beute lagern. Die Stiftskirche der Kaiser weckt ihren Zorn. Zuweilen werfen sie mit großen steinernen Kugeln nach dem Turm und haben auch einmal den oberen Teil getroffen.

Es wird noch heute ein Weg gezeigt, den der fromme Kaiser Rotbart oftmals vom Schloß Hohenstaufen zur Burgkirche hinabgewandelt ist. Er hieß das Kaiserwegle und führte durch einen besonderen Eingang ins Gotteshaus. In der Adventszeit folgten dem hohen Herrn kleine Irrwische, die einst halfen, die Gläubigen zu rufen. Dabei sind sie sich mit denen von anderen Bergen begegnet und haben sogar miteinander gerauft. Aber ein Reiter ist auf seinem Schimmel durch die Luft gekommen und hat dafür gesorgt, daß die Geister Frieden miteinander halten. Er ist als Jäger gekleidet und tut niemandem etwas zuleide, außer denen, die sich ihm in den Weg stellen."

Eine Weile schwieg der Erzähler, dann begann Markgraf Konrad noch einmal:

Die Kaisertochter und der Drache

„Von einer Tochter des Kaisers wird erzählt, daß zu einer gelegenen Stunde, als nämlich der Vater zur Kirche ging, ein Drache sie über die Alb entführte und verschleppte. Und er hat sie bei sich verborgen und warten wollen, bis er sie heiraten könnte. Inzwischen hat er ihr herrliche Sachen geschenkt, darunter auch drei goldene Kleider, eins mit dem Mond, eins mit der Sonne und eines mit den Sternen.

Ein Schneidergesell ist aber um die Zeit vorbeigekommen, der begegnete des Kaisers Tochter, als sie spazierenging. Sie durfte nämlich jeden Tag für eine Stunde das Drachennest verlassen. Dabei traf sie auf den verirrten Burschen und erzählte ihm alles. Einige Tage lang besuchte der Schneider sie immer zur gleichen Stunde, dann ist er mit ihr geflohen und hat die drei herrlichen Kleider des Drachen in seinen Rucksack getan. Auf halbem Weg zum Hohenstaufen aber packte den Schneider die Furcht vor der Liebe einer Kaisertochter. Er hat sie allein nach Hause geschickt und sich in ein Wirtshaus gesetzt.

Die Prinzessin kehrte glücklich zum Hohenstaufen heim. Sie erzählte ihrem Vater ihre Erlebnisse und war nur traurig, daß sie allein blieb. ‚Ich werde dir deinen Ungetreuen schon holen', hat der Kaiser gesagt und verkünden lassen: Wer binnen drei Monaten drei Kleider für eine edle Frau machen könne, auf denen Sonne, Mond und Sterne stünden, der solle zehntausend Gulden haben. Und der Künstler brauche jeden Monat nur eines abzuliefern und erhalte jedesmal zu Monatsbeginn tausend Gulden Vorschuß.

Der Schneidergesell wußte aber, daß niemand solch schöne Gewänder machen konnte, wie der Drache sie seiner Braut geschenkt hatte, nahm Dienst bei einem Meister in der Nähe des Hohenstaufen und beredete ihn, sich den Vorschuß geben zu lassen. Als er nach einem Monat das erste Kleid immer noch nicht fertig hatte, bekam sein Meister Furcht und stellte ihn zur Rede, daß er das Geld vertrinke, statt zu arbeiten.

‚Ich kann an solchem Zauberwerk nicht arbeiten', antwortete der Schneidergesell, ‚wenn ich keinen Rausch habe. Aber morgen sollst du das Mondgewand sehen und zum Kaiser auf den Staufen tragen!' So geschah es auch.

Der Meister wunderte sich, denn die Kaisertochter nahm entgegen, was er brachte, und sagte: ‚Das Kleid ist richtig, und der Mann ist ein Schafskopf!'

Der Geselle ließ sich wieder einen Vorschuß geben und vertrank ihn, bevor er seinen Meister mit dem zweiten Kleid schickte. Der Empfang auf der Burg war der gleiche. Der alte Mann, der tat, als könne nur er solch herrliche Sachen schneidern, überbrachte das Sonnengewand, und wieder sagte die Prinzessin zu ihrem Vater: ‚Es ist in Wirklichkeit das zweite Kleid, das mir der Drache geschenkt hat, also ist der Schneider ein Betrüger!'

Dann fragte sie ihn aus, ob er noch einen Gesellen habe oder ob er von einem Drachen bei Heilbronn etwas wisse. Den Meister überfiel ein furchtbarer Schreck. Er redete sich heraus und nahm sich vor, das nächste Mal seinen Gesellen zu schicken.

Der hatte inzwischen wieder die tausend Gulden vertrunken. Dann aber brachte der Junge im neuen Monat das dritte, das Sternenkleid, selbst auf die Burg. Da erkannte die Kaisertochter ihren Erretter, fiel ihm um den Hals und küßte ihn.

Bald danach wurde Hochzeit gefeiert. Sogar der Drache wurde dazu eingeladen; unterwegs aber bekam er Streit mit einem Heiligen, das hat ihn das Leben gekostet. Einige sagen, es sei der heilige Georg gewesen, der dem Unhold auf seinem Weg aufgelauert habe. Darüber gehen noch viele Sagen um.

Von dem Schneidergesellen hat man nichts Besonderes gehört, er wird keine Heldentaten mehr in seinem Leben vollbracht haben. Aber die Kaisertochter und er sollen eine lange Zeit glücklich miteinander gelebt und viele gute Kinder gehabt haben."

Die schöne Lau gerät nach Augsburg

Während die schöne Frau Königin nun so auf das hörte, was über den Hohenstaufen und über den einen der schwäbischen Drachen erzählt wurde, flog die weiße Zauberwolke der Frau Mirta auf einmal über Blaubeuren und Ulm hinweg. Und die Lau sah es und entrüstete sich. Aber die Schwägerin zupfte und beruhigte sie. „Komm eben noch nach Augsburg, ich hab' da zu tun, dann führe ich dich zum Blautopf zurück! Am Lech liegt die Stadt", erklärte sie. „Du kennst den Lech, er gehört einer deiner Halbschwestern und bringt der Donau viel Wasser ein. Du mußt höflich sein!"

„Ich will dir von der Stadt Augsburg erzählen", mengte sich der Markgraf ein, „weil ich sie liebhabe und sie doch nimmer mein war. Ich kann dir Verschiedenes berichten, etwa, wie sie den Werwolf erlegt haben oder was der heiligen Afra dort zugestoßen ist. Das letzte zuerst, hör zu! Da lebte im Mittelalter, ich glaube dicht vor Ägypten, einmal ein König auf einer großen Insel . . ."

„Laß mich's erzählen", bat der Lange unter den beiden Magiern. Er hatte sich bisher recht still verhalten; es war ihm indes anzusehen, daß er wohl unendlich viele Sagen wußte und vielleicht auch manches Leben hinter sich hatte. Denn der Menschen Seelen sind des Ewigen Eigentum, aber oft gibt Er sie nicht frei, zu Ihm zurückzukehren, solange sie nicht vollendet haben, was Er ihnen aufgetragen hat.

Truhoved erzählt von der heiligen Afra

„Ja“, begann jener Treuhaupt oder Truhoved, wie er in seiner Heimat genannt wurde, „ich kenne die Insel Cypern, auf der ich viele Jahre oder sogar ein Leben lang war, um Gott gehorchen zu lernen. Und ich weiß, sie ist schön, so wie ihre Königin Hylaria schön war und ihre Tochter Afra auch. Und wenn mir heute ist, als hätte ich alles nur geträumt, so habe ich dennoch mehr gesehen als andere.

Der König von Cypern wurde einst von einem persischen Feldherrn geschlagen und fiel. Da floh seine Frau mit Afra nach Rom und wollte dort bleiben. Und sie weihte sich und ihr Kind der Göttin Venus oder Frau Wilge, wie wir sie bei uns nennen, und glaubte, damit alles getan zu haben, um dem römischen Volk, in dem sie leben sollte, willkommen zu sein.

Aber Gott war unzufrieden, daß man die Königin und ihr Kind unwürdig machte, weckte beide in der Nacht und sprach zu Afra: ‚Geh in eine Stadt in den deutschen Landen, die Augsburg heißt. Da sollst du über viele Menschen Herrin werden!‘

Afra und ihre Mutter gehorchten: Sie verkauften, was sie hatten, reisten nach Augsburg und bauten zwei große Häuser, hielten es aber sonst wie einst, als sie in Rom waren.

Um die Zeit wurde der Bischof Narzissus mit seinem Diakon Felix vom Kaiser Diokletian wegen seines christlichen Glaubens geächtet, floh und versteckte sich in Augsburg. Bei Afra bekamen die beiden Quartier, weil sie Römer schienen, und erhielten dazu ein Nachtmahl, wie es bei der Göttin Venus üblich war. Bevor Narzissus die Speisen berührte, betete er jedoch zu Gott und zu dem Heiland.

Da erschrak Afra. ‚Wenn du ein Bischof der Christen bist, so bin ich nicht würdig, mit dir zu speisen!‘

Aber der Fromme sagte: ‚Wenn Gottes Sonnenschein in einen finsteren Winkel fällt, bleibt er doch Sonnenschein. Und wenn ich zu dir geriet, so ist es vielleicht Sein Wille mit unseren Herzen!‘

Da fragte die Frau: ‚Wie kann auch ich vom Sonnenschein gewinnen?‘

‚Laß dich taufen‘, antwortete Narzissus, ‚und du kannst selig werden!‘

Afra rief ihre Mägde und erzählte, was der Fremde gesagt hatte, wie auch, daß er ein Bischof der Christen sei. Und alle horchten auf das Lied, das Narzissus und sein Diakon vorsangen, in dem sie Gott lobten.

Danach blieben die beiden Vertriebenen mit den Frauen im Gebet, den ganzen Abend über. Als in der zwölften Stunde die Lichter erloschen, bat der Diakon Gott um ein Wunder, um den Frauen seine Macht zu zeigen. Und es fiel ein Schein vom Himmel und hielt die folgenden Stunden an. Erst in der Frühe verließen die Männer das Haus, denn die Büttel des Diokletian durchstreiften die Stadt nach ihnen.

Die Häscher suchten auch Afra auf, gingen aber weiter, als die Herrin sagte, sie wisse von keinen Entflohenen. Danach eilte Afra zu ihrer Mutter und erzählte, was ihr begegnet war. Sie bat Hylaria, in ihrem großen Haus eine Kammer ausfindig zu machen, in der man die Flüchtlinge verstecken könnte. Und die Mutter war bereit.

Als am Abend die beiden Männer verborgen das Haus der Hylaria betraten, segnete der Bischof auch die Mutter und lobte, daß die Frauen, ehe sie das Wort der Wahrheit gehört, die Wahrheit schon in ihrem Herzen gefunden hatten. Und zu dem Diakon sagte er: ‚Bruder, lasset uns Gott danken, daß, wo einst die Sünde übergeflossen, jetzt Seine Gnade überfließt!‘

Währenddessen trat der Teufel in die Tür, dunkler als ein Mohr, und schalt den Bischof: ‚Das Gesetz verlangt, daß niemand fremdes Gut nehme. Laß mir die Seele der Venuspriesterin, oder gib mir dafür eine andere!‘

Der Bischof lächelte und schenkte ihm einen unreinen Geist. Dann taufte er Hylaria und ihre Tochter und lehrte das Wort Gottes zu Augsburg.

Nach einiger Zeit aber erließ der Kaiser Diokletian neue Befehle gegen sie, die dem Herrn Christus anhingen. Auch Afra wurde ergriffen und, als sie den alten Göttern nicht opfern wollte, über den Lech geführt. Man band die Unglückliche an einen Pfahl und verbrannte sie. Es geschah dabei ein Wunder: Als die Ihren sich heimlich nahten, sie zu begraben, hatte die Seele sie verlassen, ihr Leib aber war unversehrt geblieben.

Das ist die Geschichte von der Königin von Cypern, die zum Lech reiste.“

Truhoved vermochte sogar die Stätte zu weisen, wo das Wunder an der schönen Afra geschehen war.

Er brachte auch eine andere Sage vor, wie nämlich einst, als Attila heranzog, eine riesengroße Frau Heidin auf einem hohen Roß den König der Hunnen gestellt hatte. Als der Eindringling mit den Seinen schon über den Lech setzen wollte, versperrte die Zauberin ihm den Weg und schrie dreimal mit furchtbarer Stimme: „Zurück, Attila!“ Der König habe sich darüber dermaßen erschrocken, daß er mit seinem ganzen Heer zurückging und auf einer falschen Stelle des Lechfeldes die Schlacht gegen Kaiser Otto annahm und elend geschlagen wurde.

Woher er das wisse, konnte Truhoved nicht sagen. Er meinte nur, daß er vor langen Jahrhunderten einmal mit den Schwaben Seite an Seite geritten sei und vieles gehört und gesehen habe. Vielleicht schon auf dem Lechfeld bei Augsburg?

Die folgende Geschichte der Stadt erzählte der Markgraf Konrad. Auch wenn sie niemals sein eigen geworden, war er doch oft und gern bei ihren Bürgern zu Gast gewesen. So begann er voll Nachdenkens:

Die Sieben Schwaben

„Zu einem Waffenmeister der Stadt Augsburg kamen sieben Freunde aus Schwaben, die hatten sich vorgenommen, das furchtbare Untier zu erlegen, das, wie es in ihrem Lande hieß, am Bodensee hauste und weithin Furcht und Schrecken verbreitete. Und sie verlangten einen Spieß, groß genug für alle, etwa einen Wiesbaum von sieben Manneslängen. Sie kauften auch ein jeder noch etwas Besonderes, der Knöpfleschwab einen Bratspieß, der Allgäuer einen Sturmhut, der Gelbfuß ein Paar Sporen für seine Stiefel, und was ihnen einfiel und gut dünkte. Der Seehaas aber, der vom Bodensee kam, ließ sich einen Harnisch zurechtmachen, und der Spiegelschwab gab ihm recht, man könnte ihn im Notfall ja auch auf dem Rücken tragen.

Dann verließen die Tapferen ihre Stadt Augsburg durch das Gögginger Tor. Und der Allgäuer stimmte sein Posthörnle an und blies. Der Blitzschwab aber sang sein Lieblingslied: ‚Es geht ein Butzemann im Reich herum, didum, bidibum!‘

Die sieben Freunde hatten bis zum Bodensee noch viele Abenteuer zu bestehen. Es sollte sie schier allen Mut kosten. Da saß als erstes eine Zigeunerin am Weg, die kochte einen Zauberbrei, und der Spiegelschwab schritt auf sie zu. ‚Alte Trampel‘, sagte er, ‚du sollst mir wahrsagen: Was wird aus unserem Abenteuer?‘ Schon wollte auch von den anderen ein jeder wissen, wie es just für ihn auslaufen würde. Die Zigeunerin aber hatte für jeden einen falschen oder spottenden Spruch; sogar dem Nestelschwab und dem Knöpfleschwab, die doch noch gar nicht gefragt hatten, verdarb sie mit ihren vorwissenden Worten die Laune.

Es war gut, daß der Spieß den Sieben Schwaben beim vielen Stehen und Zuhören zu schwer wurde und daß es Zeit schien, weiterzugehen, wollte man zur Stätte des Abenteuers gelangen. Auch der Gelbfuß war dafür, obwohl er ein echter Bopfinger war – ach, ihr wißt nicht, warum die Bopfinger Gelbfüße hießen, obschon sie Schwaben waren? Das kam davon:

Als die Bopfinger einmal ihrem Herzog die jährliche Abgabe an Eiern bringen wollten, da haben vielleicht einige in ihrer Liebe mehr hinzugetan, als sie brauchten, oder der Korbwagen, in den sie die lustige Fracht verluden, war zusammengeschrumpft. Kurz, es gingen nicht alle Abgaben in ihren Wagen. Da haben die Neunmalklugen, damit sie ehrlich blieben, die Eier mit den Füßen zusammengetreten, und da reichte er aus. Was war denn dabei? Waren es weniger geworden?

Aber ihren Namen ‚Gelbfuß' haben die Bopfinger von da an behalten, und selbst als einer der Tapfersten bereit war, an dem Feldzug gegen das Untier teilzunehmen, hat man ihn, von Augsburg bis zum Bodensee und zurück, den Gelbfuß genannt. Dafür hat er den Freunden die Geschichte von dem Ungeheuer im Waldsumpf am See immer wilder erzählt. Er glaubte es ja gesehen zu haben: Es war groß wie eine wilde Katze, und Augen hatte es im Kopf wie Goldgulden.

Als die Sieben Schwaben nun schon auf ihrer Abenteuerfahrt waren, da hatte der Knöpfleschwab noch Pfanne und Töpfe vergessen und mußte sie holen, weil er am besten kochen und braten konnte. Er hieß der Knöpfleschwab, weil er fünfmal am Tag Knöpfle oder Spätzle, wie man sie auch nennt, essen konnte. Und er erzählte seiner Frau vom Untier, groß wie ein doppelter Pudelhund, das sie, sieben Mann hoch, erlegen wollten. Nun, da mußte sie ja das Geschirr hergeben.

Danach machten die Freunde sich wieder auf den Weg, bis bei Meitingen der Blitzschwab ein Maßle weißen Gerstenbiers brauchte. Der Seehaas aber fing an zu erzählen und berichtete dem Wirt und den Gästen von ihrem Vorhaben und von dem dunklen Wald am Bodensee, in dem jenes fürchterliche Tier hause, das sie zu erlegen begehrten. Augen hätte es wie zwei Mondscheiben und sei groß wie ein doppelter Mastochs. Aber es gehe ja ein Sprichwort: Gott verläßt einen ehrlichen Schwaben nicht! Sie würden den Kampf schon bestehen.

Als die sieben Tapferen nun weiterzogen, kam eine schöne Bauerntochter vorüber. ‚Potz Donner', sagte der Blitzschwab, ‚das Mädel muß ich anreden!' Und er fragte, ob sie denn schon verheiratet sei oder ob er noch ein Schmätzle haben könne.

Eine Ohrfeige sei ihr feil, erwiderte die Bauerntochter.

Da käme er wohl zu spät, entschuldigte sich der Blitzschwab und mußte den anderen unverrichteter Dinge nachrennen.

Gerade als er sie in einem wilden Hohlpfad einholte, lag auf einmal ein großmächtiger Bär am Weg der Sieben Schwaben. Und der Allgäuer, der als erster lief, ganz vorn am Spieß, bemerkte ihn nicht, bis er fast mit der Nase auf ihn fiel. Fürchterlich schrie er auf: ‚Ein Bär, ein Bär!' und stieß den Speer mit aller Leibeskraft in das arme Tier.

Aber es regte sich nicht, denn es war mausetot. Da stellten sich die Männer um den Bären herum, überlegten, woran er wohl gestorben sein könnte, und fanden den Grund nicht. Und der eine rupfte ihn, und der andere zupfte ihn. Dann berieten sie, was sie mit dem Luder anfangen sollten, und beschlossen, ihm das Fell abzuziehen. Das sollte einst derjenige von ihnen haben, der sich am tapfersten vor dem Untier am See halten würde.

Danach gingen die Sieben Schwaben um Memmingen im Bogen herum, weil der Blitzschwab da seine böse Frau, eine rachsüchtige Runkunkel, wohnen hatte. Aber er hatte sich der Hopfengärten nicht versehen. Schon stürzte das böse Weib schreiend auf ihn zu. ‚Wo bist du so lange Zeit herumkalfaktert, du Galgenstrick?' Der Blitzschwab sprang in den nächsten Hopfengarten. Und weil ihm nichts Besseres einfiel und den anderen auch nicht, warf er das Bärenfell in Eile über den Kopf, richtete sich auf und brummte wie ein leibhaftiger Bär. Wie da das Weib aufschrie und davonrannte! Alle Sieben Schwaben konnten unangefochten ihren Weg fortsetzen.

Bei Kronberg saß damals ein Junker, der hatte vor, dem Staat ein neues Gefängnis zu schenken, in dem die Bürger wohl erzogen würden. Er hatte indes noch keine Insassen zum Auserproben.

Als der nun die sieben Landstörzer fröhlich vorbeiziehen sah, schickte er seinen Schergen mit den Bullenbeißern aus, die Unbekannten zu verhaften und vorzuführen.

Die Gefangenen erzählten dem Junker entrüstet, was sie am Bodensee für alle Schwaben zu wagen und auszurichten hätten. Er glaubte ihnen aber nicht, sah ehrliche Männer für Spitzbuben an und nahm sich vor, mit ihrer Besserung zu beginnen. Da der Kronberger jedoch ein mitleidiges Herz hatte und meinte, daß es, um Verbrechen zu verhüten, vor allem auf das gute Essen ankäme, ließ er den Gefangenen durch seinen Schergen vorerst eine riesige Pfanne voll Milchspätzle bringen.

‚Die ist wohl für dich', sagte der Blitzschwab und schob sie dem

Knöpfleschwab zu. Der Scherge aber hatte gedacht, es reiche für alle sieben.

Dann hatte der Knöpfleschwab die Pfanne so leer gegessen, daß kein Spätzle mehr lebte. Der Scherge überbrachte voll Schrecken seinem Junker, was er beobachtet hatte, und der ging in sich und sah ein, er werde sein Schloß bald verkaufen müssen, wenn er weiter so viele Fahrende ernähren wollte. Und er unterließ seine Pläne der Besserung und befahl, die Gefangenen sogleich in Freiheit zu setzen.

Als die Sieben Schwaben endlich an das große Wasser kamen, da erzählte der Seehaas wieder von dem Untier, was er wußte und was er nicht wußte. Und der Bodensee sei unergründlich und voller Riesenenten – und damit erklärte er den Freunden die Schiffe in der Ferne. Und Nixen gäbe es die Menge, und bei stillem Wetter sähe man auch ihre Schlösser und Städte in der Tiefe. Und Fische schwämmen im Bodensee, groß wie das Ulmer Münster!

Dann lugten die Sieben Schwaben sich noch einmal schier die Augen aus und zogen an Überlingen vorbei auf den Wald zu, in dem ihr Feind, das Ungeheuer, hauste.

Vorher bahnten sie sich durch eine Herde Ochs, Kühe und Kälber ihren Weg. Beim Vieh war der Allgäuer so recht zu Haus, er führte die Seinen mitten hindurch. Den gemeintlichen Stier verdrieß es, er ging brummend auf die Sieben Schwaben los. Die liefen, was sie konnten, zu dem nahen Zaun und schwangen sich hinauf, daß es aussah, als säßen Wiedehöpfe darauf. Nur der Allgäuer zeigte Mut, er ließ den Stier nahe kommen, hatte ihn bald beim Kragen, bald beim Schwanz, und die auf dem Zaun bezeugten ihre Freude an seiner Tapferkeit. Aber sie selbst zogen sich doch zurück, und auch der Allgäuer schliefte schließlich durch die Latten, sonst wäre er gewiß gespießt worden. Danach sahen er und der Stier einander lange über den Zaun an, bis das Tier der Gescheitere von beiden war und sich abdrehte. Der Seehaas aber dachte: Wenn der's allein mit solchem Glotzaug aufnimmt, kann's uns nicht fehlen, da wir unserer sieben sind!

Nach diesem Abenteuer wollten alle Tapferen noch eine Herz- und Magenstärkung zu sich nehmen und sparten nicht an Schmalz und Salz. Und sie stellten Betrachtungen über ihr Leben auf. ‚'s ist eine Sach, wenn man recht bedenkt, daß man vielleicht zum letztenmal zu Mittag ißt', meinte der Allgäuer. Und sie sangen bewegt das Lied vom Sterben:

,Wenn mei Mädle wüßt,
Daß ich schon sterben müßt,
Es tät sich grämen
Mit mir ins Grab!'

Einige aber weinten dazu. ,'s ist a Sach!' seufzte mitten im Essen der Knöpfleschwab noch einmal. Da er indes zugleich versuchte, das Maul zu stopfen, und greinen mußte, sah er aus, als wollte er Kinder schrecken.

Dann war es an der Zeit, sich in Schlachtordnung aufzustellen. Und die Sieben Schwaben gingen mit ihrem Spieß in den Kampf und stapften auf den Busch los, wo der Drache sein Lager hatte.

‚Jetzt seid stet und haltet's Maul', rief der Seehaas, ‚und lugt und lost!'

Als sie aber näher und näher gegen den großen Busch vordrangen und sich tapfer wiesen und bereit waren, alle für einen und einer für alle sich einzusetzen, da lag ein Hase im Kraut und loste auch, machte ein Männchen, erschrak fürchterlich vor den Sieben Schwaben und nahm Reißaus. Die Angreifer aber blieben stehen. ‚Hast's gesehn, das war er, hast's gesehn?' schrien sie sich zu.

‚Er war doch groß wie ein Pudelhund', sagte der erste.

‚Wie ein doppelter Mastochs', rief der zweite.

‚Wie ein Trampeltier', brüllte der dritte, und die anderen fielen ein.

‚Bei Gott, wenn das kein Hase gewesen ist!' meinte der ehrliche Allgäuer. Die Aufgeregten schrien ihn nieder: Wenn's ein Hase gewesen, so sei es eben ein Bodenseehase, der sei größer und grimmiger als ein doppelter Ochs auf der Alb und mehr als alle Hasen im heiligen Deutschen Reich!

Danach begannen sich die sieben Bundesbrüder zu zanken, wer denn nun an der Spitze gestanden habe und wie sie nunmehr ihren Sieg und ihre Heldentat nachweisen sollten. Sie beschlossen aber, da das Untier geflüchtet war – wer weiß, vielleicht über den Bodensee –, statt seiner die Bärenhaut auszustellen in der Stadt Überlingen, in deren Nähe der Kampf vor sich gegangen. Und auch den Spieß wollten sie dazu stiften. Dann gingen alle in eine Kapelle, dem Himmel für ihren Sieg zu danken, sangen ‚Viktoria im Schwabenland' und suchten ein Wirtshaus, ihren Leib mit Seewein zu laben.

Als sie am nächsten Morgen den Magen mit Kirschwasser spülten, denn die Weine vom Abend zuvor hatten ihren Bauch schier wund gefressen, da beschlossen die Sieben Schwaben auseinanderzugehen, aber ein jeder und überall den Ruhm ihrer siegreichen Tat zu verkünden. Vorerst freilich hielten sie es wie die im Schlaraffenland und fragten: ‚Maul, was willtu?'

Die Stadt Kostniets schien ihnen am nächsten zu liegen, in dem ‚Blauen Bock' kehrten sie ein.

Da erzählten sie zuerst wieder von ihrer Tat und wie der Teufel sich vorgesetzt habe, der Schwaben Mut auf die Probe zu stellen, und die Gestalt eines riesigen Untiers in Hasengestalt angenommen habe. Damit sei er zuerst bei den Welschen gewesen, um seine Macht zu erproben. Die wären aber nach allen Seiten ausgerissen. Nun auf und zu den mutigen Schwaben, habe der Teufel gedacht und sei an den Bodensee gezogen.

Als die Schwaben das Untier ausgemacht, hätten sie nach allen Gegenden Deutschlands gesandt und in des Reiches Namen von jeglichem Stamm ein Kontingent zum Kampf verlangt. Und alle seien gekommen. Vorweg aber marschierten wieder die Schwaben, sieben Mann hoch. Ja, und als die Tapferen das Untier stellten, da hätten sich die anderen Scharen verdrückt, Franken, Sachsen, Bayern und Österreicher. Die Schwaben allein wären angerückt, in voller Hitze und nur immer vorwärts. Und sie hätten, sieben Mann hoch, das Abenteuer bestanden zu ewigem Ruhm.

Als der Wirt in Kostniets nun wacker zugehört hatte, schließlich auch Bezahlung verlangte, denn es war schier der nächste Tag geworden, da wies jeder auf den Beutel des anderen. Endlich schlugen sie dem Wirt vor, er solle mit ihnen ‚Blindes Mäusle' spielen, und er möge mit verbundenen Augen einen greifen, der müsse bezahlen. Der freundliche Mann ging darauf ein, und ein jeder der Gäste nahm seine Schlarfen in die Hand und lief um den Wirt herum und aus der Tür. Es kam aber gerade die Wirtin herein, die hörte der Blinde und packte sie. ‚Du mußt bezahlen!' schrie er.

‚Ach', riet die Frau, die begriff, um was der Spaß ging, ‚laß die Schwaben laufen! Haben sie nicht uns alle von dem Untier befreit, das unsere Kinder und Kindeskinder gefressen hätte?'

So kamen die sieben Bundesbrüder um die Zahlung ihrer Siegesfeier – wem tut es leid? Sie besaßen aber kein Geld zum Heimreisen, obschon sie doch nun angesehene Männer waren und nach der vielen Anstrengung einen Batzen zu den Ihren hätten bringen müssen. Schließlich kam dem Spiegelschwab ein guter Einfall. Er fragte den Ochsenwirt in Landsberg, ob hier nicht ein Schatz vergraben läge. So wie sie das Untier bekämpften, so würden sie auch das Gold zu verdoppeln vermögen.

‚Auf dem Schloßberg soll ein Schatz verborgen sein', sagte der Wirt und spitzte die Ohren. ‚Den soll indes der Teufel finden, einem Christenmenschen ist es noch nicht gelungen!'

Er sei der Mann, der es vermöge, den Schatz hochzuzaubern, prahlte der Spiegelschwabe. Erst müsse der Fund sich jedoch verdoppeln.

Auf ein paar Kreuzer komme es ihm nicht an, meinte der Wirt, aber er wolle dabei sein.

Als nun die Sonne untergegangen, schlichen sich die beiden in Stille auf den Schloßberg. Der Spiegelschwab schritt alles ab, die rechte Stelle zu finden, begann ein Loch in die Erde zu bohren und befahl dem Wirt, seinen Kreuzer hineinzulegen. Dazu murmelte er mit Ernst: ‚Hic, haec hoc, horum, harum, horum', denn er war einmal auf die Lateinschule gegangen, schob heimlich seinen Kreuzer zu dem des anderen und deckte das Loch zu.

Mit Sonnenaufgang, sagte er danach, wolle er wiederkehren, dann würden aus einem Kreuzer des Wirts zwei geworden sein.

Die Ansage erfüllte sich auch.

Da kratzte der Wirt eifrig alles Geld zusammen, dazu das der Freunde, denen er anvertraute, der Spiegelschwab sei bereit, gegen Halbpart das Wunder zu wiederholen.

Noch einmal wurde abends vieler Leute Anteil eingegraben, dann zechten sie, die beteiligt waren, bis zur Morgenfrühe. Inzwischen war der Spiegelschwab hinausgeschlichen, hob rechtzeitig die Heckpfennige auf und ging mit der Beute davon. So fanden die Bürger in der Frühe wohl ein Loch, aber keinen doppelten Schatz und schüttelten traurig die Köpfe.

Keiner von ihnen verriet indes, daß er einem bösen Scherz aufgesessen war, sie hatten alle eine allzu große Furcht vor dem Spott der Nachbarn.

Die Sieben Schwaben aber teilten, was ihnen die Bürger an Steuern für ihre Tat bezahlt hatten, und beschlossen, ein jeder zu seinem Weib heimzukehren.

Am besten hatte es vorerst der Schwab, der einst als Bär beim Hopfengarten seinem Weib begegnet war. Die Frau hatte von der Heldentat der sieben Freunde gehört, sie umarmte den Heimkehrer und küßte ihn. ‚Grüß dich Gott, Herzensmännle', begann sie. Und dann hob sie ein Kindlein aus der Wiege. ‚Da schau, lug einmal dein Büble an!' Der Blitzschwab sah erstaunt drein, wie einer, der nachrechnen möchte; das Kindlein lächelte aber, da konnte er nicht anders, er nannte es sein liebs Büble.

Die Frau ging gleich in die Küche und machte ihm ein warmes Süppchen. ‚Männle, was magst noch?'

Und von da an war Frieden und Einigkeit zwischen den beiden, und alle Nachbarn hatten Freude daran. –

Und, so gewiß ich hier stehe", fügte der Markgraf hinzu, „es sind lauter Schwaben gewesen, und alles ist von Augsburg ausgegangen!"

Der schönen Lau war's gleichgültig, sie hatte nur Heimweh nach dem Blautopf. Statt dessen wurde sie durch die Lässigkeit der Ihren und durch den verliebten Willen des Mainfürsten nach Nürnberg entführt.

Der Vetter vom Main wirbt noch einmal um die Königin

Die Entführung der schönen Lau nach Nürnberg

Als das Wunderboot der Frau Mirta sich in Augsburg aus der Wolke zur Erde niederließ, landete es nahe dem grünen Wasserschiff der schönen Lau, das ihr die Ihren unter dem Steuermann Veylland schon nachgeführt hatten. Sie brauchten nur einige Stufen tiefer zu steigen. Dabei war es wunderschön, wie sie durch die gläsernen Wände die Stadt Augsburg mit Kirchen und Türmen und aufziehenden Wetterwolken vor sich erschauten. Bald saßen wieder alle beieinander in der Königin Schiff und lobten die Stadt und das Land.

Nur Truhoved und Faust, die sonst gern warnend nahe waren, fehlten. Markgraf Konrad von Württemberg aber, der eben noch im Wolkenschiff die Geschichte der Sieben Schwaben erzählt hatte, meinte, er habe noch viel Ernsthaftes hinzuzusetzen. Dabei blickte er sich erstaunt um. Ein Unbekannter stand auf einmal zwischen den Lauschenden und grüßte auch ihn. Aber der Markgraf kannte ihn nicht.

„Das ist ja der Vetter vom Main!" rief die schöne Lau. Im nächsten Augenblick überkam sie ein Erschrecken. Sie war unschlüssig, ob sie Haurich, so hieß der Herzog, mehr als einen dürren Gruß bieten durfte. Denn sie wußte von seiner Mutter, einer bösen Wasserfürstin im Main, und erinnerte sich, daß dieser schlanke junge Nöck sie einst gern gehabt hatte, bevor sie später dem Donaukönig bei Ingolstadt ihr Jawort gegeben.

Die schöne Lau hatte Haurich seitdem noch nicht wiedergesehen; sie war froh, daß ihre Kammerjungfer, die redliche Aleila, neben ihr stand und der Steuermann Kurt, der sich eben noch gähnend im Hintergrund gehalten, kampflustig näher trat.

„Wie kommt Ihr auf unser Schiff?" fragte die Königin den Vetter vom Main.

Der starke Haurich sah die schöne Lau seufzend an, vielleicht gingen auch ihm vergangene Tage durch den Sinn. „Ich wollte Eurem hohen Gemahl meine Hilfe anbieten, ehrenwerte Base", antwortete er geschickt und wußte, wie er sie fing. „Und ich möchte mit Euch besprechen, ob ich eine Heerschar aus meinem Strom aufrufen soll. Man hört viel von Eures Königs Kämpfen in jenen Ländern, durch die Eure Donau ins Meer fließt, und ich weiß, es geht ihm nicht aufs beste, er könnte Bundesgenossen brauchen!"

Die Fürstin Mirta berührte den Arm der Königin. Nimm's ernst, sollte es heißen; sie hatte vielleicht mehr über die Nöte ihres königlichen Bruders vernommen als die eigene Frau.

„Ich bin dabei, im Main einige Erwählte zu sammeln, die sollen aufbrechen und Eurem hohen Gemahl zur Seite stehen, in Ungarn oder im Eisernen Tor oder wo er es haben will. Ihr aber sollt meine Männer vorbeimarschieren lassen, das ist alles, was ich verlange! Ich zeige Euch dabei meinen Strom und lasse Euch einige seiner Geschichten hören, die Euch Freude machen würden."

„Geh nicht zu ihm, Königin", flüsterte der alte Markgraf von Württemberg eifersüchtig und besorgt, weil er das Schiff hier in Augsburg verließ.

„Besucht, wenn Ihr wollt, zunächst die Stadt Nürnberg", schlug der Nöck vor, „danach kommt zu mir!" Seine Blicke ließen die schöne Lau nicht los. Hatte sie ihn einst abgewiesen und sich für König Ingold entschieden, war es doch nicht zu leugnen, daß sie einander vor langen Jahren sehr gern gehabt hatten.

„Wie kämen wir nach Nürnberg?" fragte Frau Mirta; Sorgen um die Schwägerin wuchsen auf.

Aber wozu hatte man das grüne Schiff „Liebfreude"? Eben lag rosenrot das Dämmern über dem Lech, die Stadt Augsburg war wie gekrönt von Kirchen und Türmen.

„Königin", mahnte der Vetter vom Main, „seht Euch die Scharen an, die ich als Bundesgenosse für Euren Gemahl sammle! Wenn sie Euch einmal erschaut haben, werden sie doppelt so mutig kämpfen. Ihr tut Eurem Gemahl Gutes, wenn sie mit einem Wort von Euch ausfahren! Und ich weiß, daß Ihr viele Geschichten hören wollt. Selbst die vom Main werden Euch Freude machen!"

Ich werde alle Sagen, auch die des Mains, aufzeichnen, dachte Frau Lau. Was helfen dem König alle Siege, wenn wir nicht reich genug sind, die Geschichten zu behalten, die an unseren Ufern spielen?

Die Donaukönigin traute dem Herzog Haurich noch nicht, obwohl es ihr unrecht schien, die Einladung auszuschlagen. „Nürnberg möchte ich wohl sehen", sagte sie nachgiebig, „aber Mirta muß dabeisein und mit mir in meinem Boot fahren!"

Mit jenem: „Nürnberg möchte ich wohl sehen“ hatte die Lau einen Wunsch ausgesprochen, der ihr, ohne daß sie schon alles ernst genommen hätte, gleich erfüllt wurde. Im nächsten Augenblick begann ein furchtbarer Regen, da vermochte sich ihr Schiff über die Wipfel zu heben. Frau Mirta, der Hofmarschall Doktor Veylland, die Zofen und der junge Steuermann Kurt folgten mit erstaunten Gesichtern.

Es schien erst, als hätten sie es nötig, sich festzuhalten, weil das Boot sehr schwankte. Dann aber, während einige noch dem sagenumwobenen Augsburg zuwinkten, schwebten sie schon über dem Lech, fuhren die Donau hinab und die Altmühl hinauf und schwebten erneut, immer noch in furchtbarem Wetter, über einem fremden, nachbarlichen Stromland. Der Steuermann Kurt kreiste im dunklen Regen mit dem Schiff „Liebfreude“ über der Stadt Nürnberg und lenkte es langsam zum Fluß hinab, der Fürst des Mains beriet ihn. Er hatte in Nürnberg ein kleines Wasserschloß und ließ das Boot der Lau just so einsinken, daß die Gäste nur ein paar Schritte bis zum Portal zu tun brauchten.

Die schöne Lau sah sich um, ob vielleicht der Doktor Faust bei der Zauberfahrt mitgeholfen habe. Da fiel ihr ein, daß sie ihn und seinen Freund Truhoved seit Augsburg vermißt hatte; die beiden waren wohl zurückgeblieben.

Nun gut, dachte sie, die Herren werden über uns Bescheid geben können, wenn der Vetter Haurich böswillig wird und uns festhält!

„Es ist noch nicht an der Zeit zu speisen“, bemerkte der Mainherzog. „Setzen wir uns auf ein Wort, vielleicht können wir der Königin schon einige Geschichten als Geschenk bringen?“

Haurich blickte viel zur schönen Lau hinüber. „Hast du mich nicht vergessen, so hab’ auch die Meinen gern“, sagte er plötzlich zu der Königin. „Ich habe ihnen auferlegt, sieben wilde Männer aus den Bergen zu holen und zwanzig Wasserleute, alle für deinen Gemahl! Euer Hauptmann Lämmle führt schwäbisches Volk die Donau hinab, da können sie sich dann zusammentun!“

„Was haben wir mit Bergriesen zu tun?“ spottete die Lau spröde.

„Sie werden König Ingold am Ufer begleiten. Es ist gut, auch da Freunde zu haben, wo die Kraft der Wasserleute nicht hinreicht!“

Die Königin spürte, daß er recht haben könnte, und nickte dem Vetter zu. Wenn er wirklich junge Wasserleute für König Ingold aufbieten wollte, wäre es eine gute Hilfe. Zugleich aber wurde sie wieder hungrig nach Sagen, blickte zur Stadt Nürnberg und der Burg hinüber und freute sich, als ein breiter greiser Nöck, dem der Herzog winkte, näher kam. Sie wußte gleich, der Mann hieß Wurz – wo war sie ihm schon einmal begegnet? – und war Türmer einer der herrlichen Kirchen, die sie um sich sah. Zufrieden schlug sie mit den Armen einen Kreis zum Zeichen, daß alle Gäste sich rund um sie setzen möchten, und horchte selbst und gab nicht acht auf die Ungeduld Haurichs vom Main.

„Wurz, erzähle!" bat sie den Wassermann. „Erzähl von der Nürnberger Wünschelrute, erzähl vom Eppele, vom heiligen Sebaldus – ach, mir fällt selbst so vieles ein! Erzähl von der Zeit, als die Donau nicht wußte, ob sie nach Osten oder in den Main strömen sollte!"

Der Hofmarschall Veylland schraubte der Königin Feder auf, die schrieb nach seinen flüsternden Worten nieder, was sie hörte. Und der alte Wurz begann, ohne viel nachzudenken und einzuleiten:

Die Wünschelrute

„Auf dem Christkindlesmarkt der Stadt Nürnberg kamen dicht vor dem Weihnachtsfest oftmals die Kinder zusammen und durften, wenn sie sehr gehorsam gewesen waren, die Ruten verbrennen, die Knecht Ruprecht ihnen gebracht hatte. Das ist nun schon lange her, aber es war ein schöner alter Brauch.

Sogar der Teufel besuchte einmal das Fest und ging witternd umher und lächelte so recht aus falschem Herzen den Kindern zu.

Er hatte nämlich noch etwas anderes im Sinn. In Nürnberg lag irgendwo eine Zauberrute mit drei Wünschen verborgen, aber nur der Teufel wußte davon.

Eine alte Frau hatte sie zu eigen gehabt, ohne zu ahnen, was sie für einen Schatz besaß. Sie war vor einiger Zeit gestorben, und der Böse, der die Rute gern gehabt hätte, brauchte ein unschuldiges Kind, das ihm das Zauberreis aus dem verlassenen Haus holte.

Nun kannte er eines biederen Besenmachers Töchterchen; vielleicht konnte er die Kleine dazu bringen, nach der Rute zu suchen? Vorerst tat der Arge wie ein Hampelmann, zeigte allen Kindern, wie man die Reiser zusammenwarf, und fragte schließlich das Mädchen des Besenbinders, das dem Treiben zusah: ‚Hast du denn keine Rute?'

Nein, der Vater hatte keine für sie nötig gehabt, und Knecht Ruprecht hatte sie wohl auch ganz und gar vergessen.

‚Ich weiß, wo eine liegt', flüsterte der Böse wie ein freundlicher Gönner. ‚Wenn du auch keine verdienst, solltest du doch eine verbrennen helfen, wie die anderen Kinder es tun!'

Und er lächelte, wies der Kleinen das leere Haus der Verstorbenen und hatte auf einmal die Tür aufgeschlossen. ‚Drinnen liegt eine Rute mitten zwischen dem alten Gerümpel in der Diele, hole sie dir!'

Das Kind erhielt vom Teufel sogar ein Lichtlein und fand nach einigem Suchen wirklich die Reiser. Aber das kleine Mädchen war so aufgeregt, es wußte kaum, wo es das Haus betreten hatte, noch wie es herauskommen sollte. Durch ein Fenster sah es den Christkindlesmarkt, versuchte, die falsche Tür nach jener Seite zu öffnen, und fand so die Kinder wieder. Die waren gerade dabei, ihre zusammengeworfenen Ruten anzuzünden. Da wollte das Mädchen auch rasch sein Reis hinzutun.

Der Böse aber stand vor der Eingangspforte und wartete auf die Rückkehr der kleinen Tochter des Besenbinders. Er hüpfte von einem Fuß auf den andern und fror erbärmlich. Auf einmal fiel ihm ein, das Kind sei vielleicht zur hinteren Tür hinausgegangen; eilig humpelte er mit seinem Klumpfuß um die Ecke, um nachzusehen.

Währenddessen hatte das Mädchen wirklich seine Rute auf den Haufen der anderen geworfen, aber gebrannt hatte sie noch nicht. Auch der Besenbinder kam nämlich gerade zum Feuer und fand, daß es eine Sünde sei, die schönen Birkenreiser zu vernichten, die er so gut für sein Handwerk brauchen konnte.

Der Mann scharrte deshalb einige mit seinem Fuß zu sich herüber, raffte sie auf und schob sie sich unter den Arm. Dann sah er seine Tochter, nahm sie bei der Hand und zog sie mit sich nach Haus.

Nun war unter den Reisern, die der alte Mann aufgehoben hatte, auch der Zauberbesen, dem das kleine Mädchen geholfen hatte. Und das Wunderreis freute sich, daß es nicht verbrannte, und war bereit, alle Wünsche zu erfüllen, die es vernahm.

Wenn ich doch erst aus den Birkenruten schöne Besen gebunden hätte, dachte der Mann unterwegs – batz, lagen sie fertig vor seinen Füßen, er stolperte darüber.

‚Das ist ja fein', staunte er, ‚nun kann ich dem Kind doch ein Bäumchen zu Weihnachten schmücken. Wären wir nur erst daheim!'

Schwupp, war er mit der Tochter in der warmen Kammer.

Der Mann sah sich erstaunt um. Daß ihm alle Wünsche erfüllt wurden, verwunderte ihn sehr. ‚Hätte ich's immer so gut bis an mein Lebensende!' seufzte er.

Da erhob sich der Zauberbesen und verneigte sich. ‚Soll geschehen!' Dann grüßte er und ging seines Weges.

Inzwischen suchte der Teufel zwischen den Ruten der Kinder, aber die Zauberrute war nicht dabei. Da meinte er, sie sei vielleicht schon zwischen den brennenden Reisern, sprang mitten ins Feuer, warf alles auseinander, stöberte und heulte vor Schmerz und suchte vergeblich. Die Kinder lachten; sie wußten nicht, warum sich der fremde Mann Finger und Füße verbrannte, und meinten, er mache immer noch seinen Spaß mit ihnen."

Eppele von Gailingen

„Wie war's mit dem Eppele zu Nürnberg?" fragte die Königin Lau.

Wurz fuhr sich über den grauen Schädel. „Hätte ich fast vergessen!" eiferte er.

„Der Eppele von Gailingen auf seiner Burg Dramaus war der schlimmste Raubritter rings um die Stadt Nürnberg und tat mit seinen Leuten allen Kaufleuten viel Schaden an.

Eppele Gailingen von Dramaus,
Reit allezeit zu vierzehn aus!

Einmal hatten ihn die Söldner des Bischofs von Würzburg und die der Stadt Nürnberg am Main umzingelt. Da setzte der Ritter auf seinem Roß von einer Berghöhe aus in den Strom und gelangte ans andere Ufer. Aber schon hatten die Nürnberger ihn wieder in der Falle, fingen ihn, hielten in der Burg Gericht und verurteilten ihn zum Tode.

Als Eppele sich nun umschaute, sah er sein Roß und bat, als letztes vor dem Tod noch einmal in den Sattel steigen zu dürfen. Die Nürnberger berieten und meinten, daß kein Sterblicher über die hohe Mauer ihrer Burg zu setzen vermöchte. Sie gestatteten es ihm also. Und der von Gailingen zeigte allen Zuschauern die köstlichsten Reiterstücklein, so daß die Kriegsknechte ihre Wachtplätze verließen und sich näher drängten.

Auf einmal aber spornte der Reiter sein Roß an und setzte – noch heute scheint es nicht glaubhaft – über die hohe Mauer der Burg von Nürnberg und über den Graben hinweg und raste von dannen. Bis vor seine Feste gelangte er, da brach das treue Tier zusammen. Der Eppele aber lief gerade vor den Verfolgern ins Tor.

Ja, ja, die Nürnberger hängen keinen, sie hätten ihn denn!“

Der alte Wurz sann seinen Worten nach. „Warum die Kirche nach dem heiligen Sebaldus heißt? Hört zu“, fuhr er fort.

Der heilige Sebaldus

„Der heilige Sebaldus soll einst ein dänischer Königssohn gewesen sein. Er war christgläubig geworden, floh aus seiner Heimat und kam schließlich nach Nürnberg, wo er bei einem Radmacher unterschlüpfte. Aber sie waren beide so arm, daß sie, als der große Frost kam, keinen Tannenzapfen zum Feueranmachen hatten. Da nahm Sebaldus die Eiszapfen, die vom Dach niederhingen, und warf sie, Gott anflehend, in den Herd. Und siehe, schon prasselten sie in hellen Flammen und verbreiteten Wärme.

Und Sebaldus wurde der größte Prediger des Herrn weithin im Land. Er war bald überall, denn er konnte seinen Mantel wie ein Boot ins Wasser werfen und fuhr darauf, wohin er wollte, um das Wort Gottes zu verbreiten.

Als der Fromme gestorben war, hielten die Mönche abwechselnd die Totenwache im Schottenkloster. Ein junger Bruder aber, der noch keine Ehrfurcht hatte, redete den Leichnam an: ‚Da liegst du nun, Sebaldus, und wirkst kein Wunder mehr, die Gläubigen zu betrügen. Wenn ich dir jedoch mit meinen Worten Unrecht tue, so gib mir ein Zeichen!'

Kaum hatte er die Worte gesprochen, richtete sich der Tote auf und erteilte dem Mönch eine Ohrfeige, daß ihm das ganze Gesicht blutete und er blind wurde. Jammernd rief er nach den anderen Mönchen und erzählte ihnen, was geschehen war. Und alle zusammen baten den Heiligen um Vergebung des Frevels und auch um Verzeihung für ihren jungen Bruder.

Da fühlte der eine linde Berührung, und seine Augen öffneten sich wieder zum Schauen. Und er dankte dem Heiligen und wanderte singend durch die Stadt."

Ein blinder Fahrgast wird an Land gesetzt

In der nächsten Nacht schlief die schöne Lau nicht gut an Bord ihres Schiffes „Liebfreude“. Ihr war immer, als vernähme sie die Stimme des jungen Herzogs Haurich. Gegen Morgen wurde ihr so unheimlich, daß sie aufstand und die Schwägerin Mirta weckte: „Ich will bei dir ruhen, ich mag nicht allein sein!“

Dann öffnete die Königin die Tür zu dem Vorraum der Zofen und Dienerinnen, hörte auf einmal das Wasser an den gläsernen Wänden glucksen und merkte, daß das Schiff sich lautlos bewegte. Gerade wollte sie schreien und die Heimkehr verlangen. Aber Mirta, die alles ebenso schnell erfaßt hatte wie die Lau, winkte ab. „Wir sind vielleicht schon unten im Maintal“, sagte sie. „Laß uns klug sein, wir wollen nicht die Bundesgenossen deines Mannes entfremden und verlieren!“

„Ich fürchte mich. Wohin wird Haurich uns bringen?“

„Bis dicht vor den Rhein sicherlich; aber er wird uns vorher verbergen oder heimführen, weil er eifersüchtig ist auf den Rheinvater!“ Während sie redeten, kleideten sich die beiden eilig an. „Wir müssen vor allem seine Männer zur Donau bringen“, fuhr Mirta fort. „Sei klug, Königin, Frauen sind immer klüger als der Eifer der Herzöge!“ Sie trat ans Kajütenfenster und blickte hinaus. Das Schiff fuhr in schneller Fahrt an Städten und Bergen vorüber; die Sterne glänzten durch den Frühnebel, der dünn über dem Maintal lag.

Der alte Hofmarschall Veylland klopfte an die Tür. „O ihr Frauen“, schrie er, „man hatte mich gefangen über Nacht! Muß ich euch befreien?“

„Wir kommen gleich an Deck!“ Die schöne Lau öffnete die Tür, wies den Erregten zurück, ließ nach dem Vetter Haurich schicken und dachte an die Hilfe, die er versprochen hatte.

Eilig folgte der Fürst aus dem Main. Bevor er sich auf die Knie niederlassen konnte, reichte die Königin ihm die Hand und lächelte ihn an. „Du warst sehr eifrig für meinen Gemahl, ich weiß es! Und du willst, daß ich die Scharen sehe, die du meinem Herrn zusendest. Ich bin einverstanden.“

„Was legst du mir auf, Base? Ich war ungehorsam und führte euch weit!“

„Ich lege dir nur auf: Sammle sie alle, die sich für die im Donaustrom rüsten, und bringe sie zu meinem Gemahl!“

„Ich danke dir, Königin! Was soll ich weiter für dich tun?“

„Gib deinen Dichtern auf, daß sie uns von den Städten, die wir sehen, unaufhörlich weiter erzählen!"

Der junge Herzog hätte wohl gern einen anderen Vorschlag gemacht, aber es blieb ihm nichts übrig, als ja zu sagen. Denn seine Base, die Lau, war sehr anmutig anzusehen, alles Volk auf dem Schiff stand jetzt auf und drängte heran, sich vor sie zu stellen.

Da ließ er sich auf das Knie hinab. Es wurde wirklich eine Huldigung des verliebten Vetters. Beide, er und die Königin, erinnerten sich heimlich an ihre Jugendzeit, in der sie einander ungestüm, wie ihre quellenden Ströme, begegnet waren und sogar gemeinsam hatten flüchten wollen. – Es war anders gekommen, und es war viel Zeit vergangen seither. Der Donaukönig Ingold hatte um die Base, die schönste der Wasserfürstinnen, geworben, und es war eine gute Ehe geworden. Da hatte Haurich die Frau Lau gemieden bis zum gestrigen Tag.

„Anmutig seid Ihr, Königin!" sagte der Herzog und beugte noch einmal das Knie. Mehr wagte er nicht, denn die Schwester des Donaukönigs zog ein bedenkliches Gesicht.

„Schwört, ihr zu dienen!" befahl Frau Mirta dem Herrn Haurich leise. Der Mainherzog hob die Hand. Aber niemand verstand die Worte, es war nur ein trauriges Seufzen. Gerade schickte die Sonne ihre ersten Strahlen gegen die Berge des Odenwaldes, und über Aschaffenburg leuchtete die Spitze der Stiftskirche auf. Nun konnte keiner dem anderen zürnen.

Auch stieß der Steuermann Kurt Veylland plötzlich einen verrissenen, halbertrunkenen Gefangenen vor sich her und schrie ihn an, er solle bei der Königin um Gnade bitten.

„Wer ist das und wo kommt er her?" fragte der Mainherzog streng.

„Ein Student, er sprang heimlich an Bord und wollte billig mit uns zum Rhein fahren", verkündete der Steuermann.

Da schüttelte der Arme die Hände und stampfte sich die Füße warm, um in der Herbstkühle nicht zu erfrieren. „Laßt mich aus Eurem Zauberboot", bat er.

„Wo kommst du her, du Narr", herrschte ihn der Steuermann an. „Wie erkanntest du unser Schiff?"

„Ich studierte in Erlangen, wobei der Doktor Faust mir die Augen öffnete und mir riet: Wenn ich die schönste Frau aller Ströme erleben wolle, müsse ich auf eines Eurer Fahrzeuge springen."

„Hörst du, Base", flüsterte Haurich rasch, „dem Faust muß man ausweichen, ich rat es dir!"

„So sprang ich auf Euer Schiff", fuhr der Student fort, „und bin bis nahe zum Rhein gekommen. Als ich von Bord wollte, hielt man mich fest. Darf ich dem Erzvater Rhein von Euch einen Gruß bestellen?"

„Statte ihn gut aus, Kurt, und setze ihn an Land; mich dünkt, er hat gehungert", flüsterte der Doktor Veylland und blickte zur schönen Lau hinüber, um ihre Zustimmung zu hören.

Aber der Herzog Haurich vom Main zischte den Studenten an: „Wiederhole, was hat der Doktor Faust zu dir gesagt?"

„Nichts Böses! Ich weiß nur, daß Faust die Frau Donaukönigin kennt und heimlich liebt."

„Zeig ihn mir, ich will ihm weisen, daß wir Wasservolk bei meiner Base mehr gelten als die Zauberer der Menschen!" Und der junge Fürst, dem ein Krieger jetzt einen Stirnreif reichte, glühte vor Unruhe.

„Beginnt zu erzählen, Wurz", sagte Mirta rasch, winkte alle Zuhörer auf dem Verdeck im Kreis um sich, grüßte die aufgehende Sonne und sah nicht hinüber, als der Doktor Veylland den armen Studenten ans Ufer wies und ihm einige Brocken Erde nachwarf. Die wurden freilich, als sie auseinanderfielen, zu Pferd und Satteltasche.

Vom Kloster Sankt Wolfgang

„Wollen wir tanzen?" fragte Herzog Haurich plötzlich und nahm die Hand der Lau und versuchte sie an Land zu ziehen. Aber sie schüttelte den Kopf. Mit Tanzen wolle sie warten, bis ihr Gemahl wiederkäme.

„Der Berg tanzt, spürst du es?" fragte der Vetter.

„Ich spüre es. Woher kommt das?"

„Weil hier der Main durch das lustige Hanau strömt und weil hier ein Kloster Sankt Wolfgang lag, in dem die Bettelmönche hundert Jahre Bier und Wein ausschenkten und allen Bürgern von Hanau das Tanzen beibrachten."

„Wo sind die Mönche geblieben?"

„Das Kloster wurde im großen Aufstand der Bauern zerstört. Aber die Bürger von Hanau wollten weiter tanzen lernen. Und weil jemand vortanzen muß, begannen die Berge zu singen und sich zu wiegen, denn sie wollten ihre Gäste behalten. Sie wiegten sich erst leise, doch so, daß ein jeder es spürte, bis Frankfurt hinüber. Hältst du jetzt mehr davon, mit mir zu tanzen?"

Aber die schöne Lau war zornig, daß man sie auf so einfältige Weise verlocken wollte. „Sprich von ernsten Dingen!“ verlangte sie. „Sammle dein Heer für meinen König, wie du es versprochen hast, und laß den alten Wassermann Wurz oder auch andere mir währenddessen Geschichten erzählen. Das ist, was ich von dir will, Vetter!“

„Du bist eine Königin“, seufzte der Herzog und neigte sich.

Der Wurz wartete schon. Wie er sich freute, das Wort aufzunehmen! Hofmarschall Veylland winkte der Feder zu und gab flüsternd wieder, was er hörte. Ach, der Doktor Veylland hatte von früh bis spät seiner Herrin zu dienen. Aber wer tat nicht sein Bestes für die schöne Lau, und wie sollte er nicht mit hundertfachem Eifer nach der stillen Arbeit als Amtmann in Schwaben jetzt die herrliche Aufgabe erfüllen, einer Königin Hofmarschall zu sein?

Wer auch vermochte es besser als er, der trockene, kluge, immer heimlich begeisterte Federführer der Sagen von der Donau? Ja, der liebe Gott ist mitunter gnädig und schenkt, was in einem Leben unerfüllt blieb, dem von Ihm Ausgewählten im Zwischenreich noch einmal.

Aber da begann Wurz:

Die weißen Hirsche

„In dem großen Wald, den die Menschen die ‚Brunnenstube am Main‘ nennen, gibt es viele unterirdische Gänge, die einst alle zum Schloß Hirschberg führten. Warum die Burg so hieß, konnte lange Zeit hindurch niemand recht erklären.

Oftmals wurden in den Tälern rundum Rudel weißer Hirsche gesehen; aber ein jedes wich den Menschen aus. Man wußte nur, daß die Tiere abends nach dem Ave-Maria-Läuten geheimnisvoll erschienen und nur bis zum Ave-Maria-Läuten am Morgen auf Erden blieben.

Einmal wagte ein junger Jäger, einem der Hirsche nachzustellen: Er pirschte sich in einer Mondnacht heran, verfehlte ihn und ging mit schlechtem Gewissen der Fährte nach. Da begegnete er einer schönen Jungfrau in hellem Kleid, die nahm den Jäger an die Hand, so daß er nicht flüchten konnte, und führte ihn zu einem tiefen Brunnen. Ehe er sich's versah, war er mit ihr auf dem Grund. Dort zeigte sie ihm eine weite Ebene. Weiße Jungfrauen spielten auf der Wiese und zeigten sich nicht erstaunt, als sie des Menschen gewahr wurden. Einige verwandelten sich sogar vor des Jägers Augen in weiße Hirsche und verließen die Triften der Tiefe. Nach einer Weile fragte die Jungfrau, die den Burschen geführt hatte: ‚Du kanntest unser Reich noch nicht? Ja, es ist selten genug, daß wir einander besuchen!‘ Dann schenkte sie dem Jäger eine goldene Flintenkugel. ‚Damit triffst du, was du willst; aber ziele nicht mehr auf weiße Hirsche! Gehorchst du mir, wird die Kugel immer in deine Jagdtasche zurückkehren. Ehre das Geschenk und mißbrauche es niemals! Dann wirst du dein Leben lang froh bleiben.‘

Danach führte sie ihn zum Eingang des Schachtes, durch den sie gekommen waren, und der Jäger stand wieder da, wo er die Hirsche angepirscht hatte. Und er ist wirklich in seinem Leben glücklich geworden und hat die Kugel niemals mißbraucht. Er hat auch über alles geschwiegen bis kurz vor seinem Tode.

Das Glöckchen der Mainnixe

Die Grafen von Klingenberg besaßen ein Glöckchen, das vererbte sich vom Vater auf den Sohn und vom Sohn auf den Enkel. Eine Stromnixe aus dem Main hatte es einst, als das Schloß erbaut war, den Nachbarn geschenkt; die kleine Schelle kündete an, wenn der Besitzer des Schlosses starb, einerlei, ob er nah oder meilenfern weilte.

Einmal wollte ein junger Graf von Klingenberg ins Heilige Land ziehen, ein Prediger des Kreuzzugs hatte ihn aufgerufen. Er übergab das Glöckchen seiner Frau, sagte ihr, welches Wunder daran hinge und daß sie keine Sorge um ihn zu haben brauche, solange das Glöcklein schweige. Dann brach er auf, und das junge Weib schwor ihm, daß es warten und ihm treu bleiben werde.

Jahre vergingen, die Frau harrte vergeblich auf die Rückkehr ihres Gemahls. Es kam auch niemand, der ihr Botschaft gebracht hätte. Schließlich saß die Trostlose morgens und abends am Fenster und weinte und blickte nach den Schiffen aus, die vorüberzogen, ob nicht eines ihren Gemahl heimführte. Aber es blieb alles leer und einsam um sie her.

Endlich kam ein junger Ritter vorüber, der hatte gehört, der Graf Klingenberg sei gefallen. Er lächelte über den Aberglauben vom Glöcklein der Stromnixe und warb um die Frau. Ein Jahr wartete sie, dann gab die Gräfin seinen Bitten nach, und wenn sie ihm auch nicht gleich angetraut werden durfte, so hatten sie einander doch sehr lieb.

Einige Zeit danach, als die beiden einmal, wie so oft, zum Turm hinaufsteigen wollten, um sich über das weite Maintal zu freuen, da schritten sie auch am Glöcklein vorbei, das so stumm gewesen war all die Jahre. Und obwohl kein Luftzug es rührte, klang es jäh dreimal auf, klar und silberhell.

Da wußten die beiden, daß der Klingenberger erst jetzt gestorben war, daß ihre Liebe dem Tod zuvorgekommen war. Und die Frau nahm die Glocke in die Hand, und sie und der Mann stiegen schweigend weiter. Oben auf dem Turm aber ertrug die Gräfin nicht mehr, daß sie dem Abwesenden vor seinem Tode untreu gewesen war. Sie stürzte sich in die Tiefe. Und die Stromnixe wartete auf ihre Glocke.

Die weiße Frau am Staffelstein

An vielen Stellen des Mains kommen zuweilen unirdische Frauen zu Besuch und freuen sich am Strom oder wohnen gar in seiner Nähe. Von mancherlei Felsen wird erzählt, daß man die gute Frau Holle oder Holda dort sehen könne. Zumal bei Mondschein stellt sie sich oft ein, den Wassern des Mains zuzuschauen oder auch sich zu kämmen und zu schmücken. Aber wer ungerufen näher schleicht, der verliert sein Augenlicht.

Wo die weiße Frau über Tag wohnt, ahnt keiner. Sie fährt schneller als die Wolken. Vielleicht hat sie drinnen in den Bergen Säle mit köstlicher Musik. Man hört sie zuweilen in den Fluten des Mains.

Der Staffelstein zum Beispiel ist hohl. Ein großer See liegt in seiner Tiefe, so wird behauptet, darin schwimmt ein Riesenfisch, den Schwanz im Maul. Er wächst und wächst, eines Tages wird er den Schwanz nicht mehr festhalten können. Wenn er ihn aber losläßt, wird der Berg zerspringen, das ganze Maintal wird überschwemmt werden, und viele Städte werden zugrunde gehen.

Drei weiße Jungfern wohnen im Staffelstein und im Veitsberg. Sie möchten wohl gern zum leiblichen Leben erlöst werden, und einige glauben, es sei Frau Holle, die für sie sorge und zuweilen mitleidig Menschen zu ihnen führe.

Einem Feldarbeiter im Maintal erschien eines Tages eine ganz hell gekleidete Herrin und gab ihm ein Büschel Rosmarin.

‚Du sollst eine schöne Jungfrau heiraten, denn du bist ein wackerer Bursch', sagte sie zu dem Erstaunten. ‚Nimm diesen Strauß, geh in eine Höhle, die ich dir zeigen werde, und hole dir Geld genug, ein Häuschen zu bauen! Wenn du in die Höhle kommst, findest du eine Menge Zimmer. Im ersten liegen zwei schlafende Jungfern, im zweiten steht ein Tisch mit Speisen, im dritten erblickst du an der Wand eine Geldkiste, aus der du dir nehmen darfst, soviel du tragen kannst. Dort sieh dich auch nach der Braut um!'

Und es war alles, wie die weiße Frau es angekündigt hatte. Aber als der Mann sich die Taschen vollgestopft hatte, wurde ihm unheimlich, und er lief zur Tür zurück. Da sah er die dritte Jungfer; sie winkte ihm und flehte und wies auf sein Sträußchen. Der Bursch dachte indes nur noch daran, wie er mit all seinem Geld heil aus der Höhle kommen könnte. Erst als er draußen die Taschen geleert hatte, besann er sich und wollte zurückeilen und das Mädchen holen. Aber die Höhle im Staffelstein hatte sich wieder geschlossen.

Der heilige Kilian in Würzburg

Von Irland kam der heilige Kilian herüber, um den wilden Franken den rechten Glauben zu predigen. Und seine Freunde liebten ihn über alles. Auch der Herzog Gozbert, der von Würzburg aus über das Land herrschte, wurde ein Anhänger Kilians.

Nun war Gozbert vermählt mit Gailana, der Witwe seines Bruders, und nach dem altchristlichen Glauben war die Ehe mit einer Schwägerin verboten. Die beiden hatten sich aber über alles gern. Kilian zerbrach sich vergeblich den Kopf, wie er helfen könnte; schließlich gab auch er dem Gesetz nach und legte dem Herzog Gozbert auf, seine Gemahlin zu verstoßen.

Die Herzogin hörte von dem Rat Kilians. Und sie, die bis dahin dem Christentum nah und vertraut gewesen war, glaubte sich von Gott geschlagen und wurde von einem wilden Zorn gegen den unduldsamen Heiligen erfaßt. Als Gozbert einmal zu seinem König auszog und Gailana allein für ihn herrschte, fragte sie Kilian, ob er wirklich wolle, daß sie und der Herzog auseinandergingen. Als er es bejahte, ließ die entrüstete Frau dem irischen Apostel wie auch seinen beiden Gefährten, die sich zu ihm stellten, das Haupt abschlagen. Und sie hieß die Toten heimlich begraben und legte alle Heiligtümer zu ihnen in die Grube. –

Der Herzog hatte seine Angelegenheiten mit dem König abgewickelt und war guten Mutes, als er heimkam. Er grüßte sein Weib und ließ gleich nach Kilian senden, um mit ihm alles zu beraten.

Die Mörder des Heiligen hörten davon und gerieten in Angst. Noch schlimmer stand es um die Herzogin, die meinte, sie werde von Kilian gepeinigt; sie starb unter furchtbaren Schreien.

So erfuhr Herzog Gozbert alles. Und er wurde traurig und einsam. Er hatte jetzt seine Liebe und seine Freunde verloren und wartete sehnsüchtig, daß auch ihn der Tod erreiche.

An der Stätte aber, wo die drei Iren ihr Leben ließen, wurde die Stiftskirche der Stadt erbaut."

Alle dankten dem alten Wurz für seine so anschaulichen Erzählungen.

Die Königin findet zur Donau zurück

Die Lau wieder an ihrem Strom

Als der Mainherzog seine tapferen Wassermänner, die er dem König der Donau als Bundesgenossen schicken wollte, beisammen hatte, da ließ er sie erst einmal nach Ingolstadt aufbrechen. Man weiß nicht genau, wie viele es waren. Es blieb indes, auch wenn man die Waldläufer abzog – sie wollten nicht so weit reisen –, immer noch eine gute Kernschar.

Wie sie damals vom Main nach Ingolstadt kam, ist nicht mehr bekannt.

Es gibt Leute, die wollen wissen, aus den Bergwerken der Venediger hätte ein Wasserweg unter dem Gebirge entlang zur Donau geführt. Andere behaupten, daß es nicht die Venediger gewesen seien, die jene unterirdischen Bauten angelegt hätten, sondern die Musiker, die sich unter den Bergen von Bayreuth begegnen. Wahrscheinlich habe die Heerschar auf Zureden der Fürstin Mirta einen Schacht unter der Erde benutzt.

Noch andere behaupten, die Fürstin hätte, um ihrem Bruder zu helfen, ihr eigenes Schiff in der Zauberwolke hergegeben, das sei unaufhörlich mit den Mannschaften zur Donau geflogen. Aber da hätte man besser einen großen Regen abwarten und das Schiff der Königin füllen sollen.

Der Mainherzog hat jedenfalls sein Bestes für König und Königin der Donau getan. Er hat sogar nach Sagen gesucht und vielleicht noch einiges dazugelogen. Aber sooft sich die Augen der schönen Lau in Rührung füllten, sie hat immer nur an ihren Gemahl gedacht.

Auch war, sobald der Herzog die Hilfsscharen für König Ingold nach der Donau gebracht hatte, die Königin spröde geworden; der Mainherzog hat gemerkt, daß er nicht viel gewonnen hatte. Und Frau Mirta, die ihn selbst gern hatte, hat wohl darauf geachtet, daß der Herr niemals mit der Schwägerin allein war.

So kam es: Der Herzog Haurich blieb eines Tages, an einem trüben Regentag, einsam zurück. Die schöne Lau hatte ihn noch zu einem Abschied auf ihrem Schiff „Liebfreude" eingeladen, und er war gekommen, wie es die Höflichkeit gebot. Dann, in der Nacht, als er vom süßen Donauwein müde geworden war, hat ihn der alte Wurz in eine seiner Burgen gebracht. Frau Lau selbst gelangte mit ihrer Schwägerin Mirta glücklich in einem großen Gußregen vom Main nach Ingolstadt, wo die Hilfsschar schon wartete. Und der Hofmarschall Veylland und sein Sohn sorgten für die Sicherheit der Frauen.

Damals hörte die Lau von Venedigern, der König der Donau wolle auf eine kurze Zeit heimkehren, um seine Gemahlin lachen zu sehen. Bald danach kam sogar ein silbergeschmückter Wassergraf, und die schöne Königin erhielt Befehl, sie solle langsam die Donau hinabfahren, bis sie bei Wien das Feldlager ihres Königs finde.

Auf dem Weg möge Frau Lau jedoch, so wie sie sich selbst erboten, weiterhin alle erlauschten Sagen für ihre und seine Hohen Schulen sammeln. Denn die Geschichten der Menschen enthielten viele Irrtümer, so ließ ihr Herr sagen, aber er spüre wohl, daß der Ruhm der Künste und Sagen, die von seiner Königin ausgingen, ihn stärker mache als die Siege über seine Feinde.

Als die Königin sich nun in Ingolstadt ausgeruht hatte, hörte sie sich auch unter den Erdmännlein der alten Mauern um und vernahm dies und das. Und eines Tages besuchte ein Türmer der Stadt sie auf dem Schiff, der hatte nie etwas anderes bedacht, als was in der Donau und in ihren Winden lebte, kannte alle Sagen und schüttete der Königin sein Herz aus.

Er hatte in Füssen und Mitterbach gelebt und begann zuerst, von dort zu erzählen:

Sankt Georg in Füssen

„Von dem Drachen zu Füssen hat ein jeder in Bayern gehört; er war ohne den Zagel groß, wie drei Menschen lang sind, und belagerte die Stadt, niemand wagte sich vor die Tore. Endlich hat Gott den heiligen Georg bestellt, der schon weithin durch Europa gezogen war, den Drachen aufzuspüren, und er kam in blutrotem Mantel und Silberhelm. Als er ausritt, wagten die Bürger ihm nicht zu folgen, nur einige Späher versteckten sich hinter den Hügeln. Am Abend aber hatte Sankt Georg den Drachen erlegt, schleppte den Kopf des Unholds als Zeichen seines Sieges zur Stadt und wollte weiterreiten.

Der liebe Gott meinte indes, wenn Er den heiligen Georg schon aufgeboten hätte, sollte er auch bei allem, was sonst noch den frommen Füssenern drohte, aushelfen. Am nächsten Abend, als ein schlimmer

Wind über die Stadt wehte und einige Strohdächer zu brennen begannen – vielleicht hatte das Unheil erst später kommen sollen –, konnte Sankt Georg den Löschenden in seiner Weise beistehen. Er sprang vom Pferd, trat vor die brennenden Häuser und schwang seinen roten Mantel. Da sanken die Flammen zusammen und wurden zu Asche.

Wieder wollte Sankt Georg aufbrechen; er hatte sich viel zu lange aufgehalten, schon begannen die Füssener ein Festmahl für ihn zu richten. Als er aber heimlich fortritt, sah er ein Kirchlein halbfertig oben auf dem Auerberg über der Stadt. Noch einmal sprang er vom Roß, band es an einen Stein, schickte alle Arbeiter nach Hause, denn es war dunkel geworden, und blieb mit nur wenigen Steinträgern, die er sich ausgewählt hatte, die ganze Nacht über am Bau.

Als der Morgen graute, war das Kirchlein fertig. Die Arbeiter, die sich einstellten, staunten und meinten erst, es hätte jemand seine Seele dem Teufel verheißen; wer hätte sonst den Bau so rasch vollenden können? Aber dann sahen sie, wie der Heilige selbst das Kreuz auf den Turm hob. Und sie sahen auch, daß rund um das Pferd des Drachentöters der Boden aufgewühlt war. Der Teufel hatte es zu stehlen versucht, um Sankt Georg für sein Werk zu strafen. Das tapfere Roß hatte sich jedoch gut zu wehren vermocht.

Die Kirche wurde nach dem Heiligen genannt, und es ist gewiß, daß die Füssener danach ein tapferes und streitbares Volk geworden sind.

Der Schmied von Mitterbach

Da war einmal ein grober Schmied in Bayern, mit dem niemand Streit haben wollte. Nur der Teufel wagte es, mit dem Mann anzubinden, und schloß sogar einen Vertrag mit ihm. Der Schmied von Mitterbach, so hieß der Grobsack, der Geld brauchte, verschrieb ihm seine Seele auf die Zeit nach drei Jahren gegen ein lustiges Leben bis dahin.

Als der Gottseibeiuns sich nun nach der ausbedungenen Zeit einstellte, da gab der Mann seiner Frau Bescheid, sie möge ihn empfangen, und holte sich selbst währenddes bei einer alten Waldfrau Rat. Dann tat er, als käme er eben nach Hause, begrüßte den Gast mit gutem Handschlag und entschuldigte sich, er hätte die Frist fast vergessen.

Schließlich empfahl der Listige dem Teufel, er möge sich noch einige

Kirschen pflücken, so gute gäbe es in ganz Bayern nicht. Er wolle sich inzwischen für die Reise rüsten.

Der Böse ging darauf ein, auch ein Mitterbacher hat wohl das Recht dazu, sich auf die Hölle vorzubereiten. Während der Schwarze aber noch auf den Kirschbaum kletterte, zog der Schmied mit einer weißen Zauberkreide einen Ring um den Baum; da konnte der Unhold nicht heruntersteigen. Er begann zu jammern und zu quäken, als er es merkte, und versprach, in der Schmiede nicht mehr vorzusprechen, wenn der Meister ihn freiließe. Der aber wollte vor allem seine Unterschrift wiederhaben. Wirklich mußte der Böse sich ein Horn abdrehen und ein Papier herausholen – unter der Stirn hatte er den Vertrag verborgen. – Der Schmied zerriß ihn in hundert Fetzen, danach zog er einen schwarzen Kreis über die weiße Kreiderinne, und der Satan fuhr mit Gestank von dannen.

Nach einiger Zeit hatte der Mitterbacher aber wieder kein Geld mehr, er mußte sich zum anderen Male dem Teufel verschreiben. Diesmal bedang sich der Schlauberger aus, er dürfe nach den drei Jahren drei Wünsche tun. Erst nach ihrer Erfüllung sei er dem Bösen verfallen.

Als der Bote nach der Frist nun wirklich kam und den Mann mitführen und nur noch eben die drei Wünsche hören wollte, da verlangte der Schmied als erstes einen mächtigen Burgwall rund um sein Haus.

Das erfüllte der Teufel mit Leichtigkeit, in einer Nacht war der Wall vollendet.

Der Mittenbacher merkte, daß er unterliegen könnte. Er kratzte sich hinterm Ohr und schlich sich heimlich noch einmal zu der alten Waldfrau. Die riet ihm: ‚Verlang, daß er eine von deinen Locken gerade hämmert!‘

Nun, dem Teufel schien das nicht schwer, er gab sich viel Mühe. Es gelang ihm indes nicht, die Aufgabe zu erfüllen, die Locke wurde nur immer krummer. Da mußte er eingestehen, daß der Schmied gewonnen hatte.

Der Mitterbacher hatte aber dennoch kein Geld. Es blieb ihm nichts anderes übrig, als sich zum dritten Male dem Bösen zu verschreiben, und diesmal ließ der sich auf keine Bedingungen mehr ein. Als die Zeit herum war, kriegte er den Schmied beim Kragen und führte ihn trotz Schimpfens und Jammerns in die Hölle. Nur seinen Sack mit Werkzeugen durfte er mitnehmen.

Nun waren für Männer, die keinen Raub oder Totschlag begangen hatten, in der Hölle besondere Rauchkammern. Dort saßen die Trinker und Falschspieler in Gestank und Pech und vertaten, soweit sie sich nicht besserten, ihre Zeit wie vorher, sangen, rauften und vertrugen sich wieder. Kopfüber warf der Böse den Schmied in eine jener Kammern, er hatte es eilig, noch ein paar andere Sünder zu holen.

Als darauf einige der Teufelsbuben, die jene alten Rauhbärte zu bewachen und zu bedienen hatten, den Neuen anhalten wollten, er solle Platz nehmen, begann der Mitterbacher zu fluchen, ihm gefiele der Gestank nicht, und was er weiter vorbrachte. Weil aber der Herr aller Bösen, der wohl stärker als er war, gerade nicht in der Hölle weilte,

meinte der Schmied, mit den Zwieblern und Buben schon fertig zu werden. Er zog kurzerhand sein Werkzeug heraus, griff einen nach dem anderen der Diener und stopfte sie in den Sack. Über das Geschrei kehrte der Teufel zurück; auch er wollte es indes nicht auf Gewalt ankommen lassen und versprach dem Schmied, ihn fortzuschicken, wenn er ihm nur die Buben wiedergäbe. –

Der Mitterbacher ging danach geradenwegs zum Himmel und klopfte bei Petrus an. Der wollte ihn durchaus nicht einlassen, aber der Schmied schrie, es sei sein Recht, irgendwo unterzukommen. Und er drückte die Tür auf und trat vor den lieben Gott.

Der Herr wurde zornig. ‚Geh in dich, Hochfahrender', sagte Er, ‚und wandere durch die Welt, bis du dich besinnst! Du gehörst nicht in den Himmel noch in die Hölle, nicht einmal auf die Erde. Wandere in Ewigkeit zwischen den drei Welten!'

Das muß der Schmied von Mitterbach seitdem tun. Es dünkt ihn besser, er wäre oben oder unten geblieben. Denn die Ewigkeit ist ein Grauen für sie, die Gott nicht erwartet."

Zwei Riesen bei Ingolstadt

Frau Lau kam rasch auf anderes: „Turmwächter, erzähle von deinem Ingolstadt, das sich über uns im Wasser spiegelt! Es nannte sich einst nach meinem Gemahl, weil er es in die Wolken hob, bis die Hochfluten der Donau vorübergerauscht waren."

Der Türmer von Ingolstadt ermunterte sich, es war die Stunde, in der er sonst seinen Abendtrunk bestellte. Weil sich aber auch viele Horcher vom Wasservolk rund um das Schiff sammelten, begann er: „Seht Ihr drüben die Kirche von Tollbath, Königin? Sie steht noch aus der Zeit, als Riesen für die Menschen bauten. Bei Ingolstadt lebten zwei von ihnen, sie waren beide bewährte Meister, aber sehr eifersüchtig aufeinander.

Eines Tages bekam zu gleicher Zeit jeder der Hünen einen Auftrag: der eine sollte die Kirche in Tollbath, der andere die in Weißendorf bauen. Und die Riesen prahlten viel mit dem, was sie vermöchten und wer von ihnen am schönsten und raschesten arbeiten würde. Sie verschworen sich schließlich: Wer als letzter mit seinem Werk fertig würde, der solle zukünftig dem anderen dienen.

Nun gaben sich beide gewaltige Mühe, aber bald ging der von Tollbath dem Mitstreiter voran; es wurde deutlich sichtbar, daß er zumindest einen Tag früher fertig würde. Als der von Weißendorf es sah, geriet er außer sich. Er schleuderte nachts riesige Steine auf die Kirche von Tollbath und warf, als er damit nichts erreichte, seinen nie fehlenden Hammer hinüber. Da wurde der Riese von Tollbath, der sich nicht gut genug schützte, sondern erst einmal sein Werk vollenden wollte, getroffen und büßte sein Leben ein.

Die Gunst der Menschen aber wandte sich dem Toten zu; sie ließen ein großes Steinbild von ihm aushauen und mauerten es zum Dank in ihre Kirche ein."

Warnung vor Bränden in Ingolstadt

Weiter erzählte der Türmer:

„Ein großer Zauberer, der viel Gutes stiftete, war der Pfarrer Ulmer zu Ingolstadt. Er hatte sich von Gott auf dem Sterbebett erbeten, daß in seiner Gemeinde nach seinem Tode kein Haus mehr zu brennen beginne, bevor er nicht vor dem Unheil gewarnt hätte.

Zu jener Zeit hatte die Stadt nämlich viel unter schlimmen Bränden zu leiden, und weil die ganze Gemeinde den Pfarrer verehrte, wartete man, ob der Herrgott ihm seine Bitte erhörte. Es heißt, daß wirklich die Brände danach abnahmen. Der Tote warnte meist durch Klopfen an die Steinplatte seiner Gruft und sagte dann an, wo die Gefahr sich erhöbe. Es ist jedenfalls kein Feuer ausgebrochen, über das er nicht vorher Bescheid gegeben hatte." –

Die Frau Lau nahm für die Weiterfahrt einen gelehrten Wassermann aus Regensburg an Bord. Er war ein alter Lehrer ihres Steuermanns Kurt und hatte sich ausgebeten, eine Weile die Königin begleiten zu dürfen. Er blieb nicht immer im Schiff, weil er es oft darauf anlegte, dies und das auszuspähen. Als Frau Lau den Türmer in Ingolstadt zurückließ, trug der Regensburger schon alles, was er gehört hatte, in seinem Gedächtnis und hatte sogar kleine Vermerke auf Fischhäuten, damit nichts verlorenginge.

„Erzähl von Wessobrunn!" bat jemand, und der Nöck begann:

Tassilos Sohn

„Das älteste Kloster in Bayern ist, so heißt es, in Wessobrunn vom Herzog Tassilo gegründet, drei Meilen über Regensburg an der Donau. Ein wilder Eber hatte dort in den Wäldern Tassilos einzigen Sohn niedergeworfen und getötet. Da zog der Vater selbst aus, eine Stätte zu finden, an der er zum Gedenken des Toten ein Kloster gründen könnte. Als er sich dabei mit seinem Knecht Wesso verirrte und sie durstig und ungelabt durch die Wälder streiften, war der Herzog schließlich so müde, daß er nicht weiter wußte und sich ausruhte, um neue Kräfte zu sammeln. Dabei träumte ihm, daß Engel herniederstiegen und aus einem Brunnen unweit seiner Schlafstätte reines Wasser schöpften.

Es rauschte wirklich, als Tassilo erwachte. Er befahl seinem jungen Knecht, sich zu erheben und vom Quell zu holen. Der Bursch, der vorher nichts wahrgenommen hatte, sah aus einem Felsspalt einen starken Brunnen springen, und er brachte seinem Herrn von dem Wunder.

‚Wesso, hier werde ich bauen lassen', sagte der Bayernherzog, ‚und weil du als erster aus dem Quell getrunken hast, soll das Kloster Wessobrunn heißen!'

Die Kelheimer Wichtel

Vieles wissen die Umwohner von Kelheim von den Zwergen und Wichtlein zu erzählen, die den Menschen als wahrhaft gute Geister hilfreich und nützlich waren. Mancher Knecht, der abends müde vom halbbestellten Acker heimfuhr, fand am Morgen das Feld fertigbestellt; die Wichtlein hatten des Nachts für ihn gepflügt, geeggt und gesät. Manch ein Bauer, der morgens zum Mähen ging, fand das Gras auf seiner Wiese schon in langen Schwaden liegend. Die Wichtlein hatten die Arbeit erledigt. Wurden die Frauen und Mädchen einmal mit ihren Arbeiten im Hause nicht fertig, dann brauchten sie sich nicht zu sorgen; flink machten sich die Wichtelmänner ans Werk. Sie wuschen und spülten, fegten und putzten die ganze Nacht; blitzblank und sauber glänzten am Morgen Geschirr und Schränke, Stube und Küche.

Manchmal sahen die Leute unter den Bäumen winzige Tischlein zum Essen gedeckt; Braten, Fisch und Wein standen darauf. Arme Leute sind von den Wichteln gar mit Goldmünzen beschenkt worden.

Besonders freundlich, so erzählt man, sind sie zu den Fischern und Schiffern gewesen. ‚Hol über', hörte einmal ein Fährmann am Donauufer bei Weltenburg rufen. Er fuhr mit seinem Kahn über den Strom, um den Rufer zu holen. Ein einziges Zwerglein stieg ein, aber am anderen Ufer verließen Hunderte den Kahn, und jeder Zwerg bezahlte dem Fährmann das richtige Fahrgeld.

Die Wichtlein müssen eine besondere Freude daran gehabt haben, den Menschen Gutes und Liebes zu erweisen."

(Verfasser unbekannt)

Der rote Peter

„Früher drohten die Abensberger ihren unfolgsamen Kindern nicht mit dem Nikolaus, sondern mit dem roten Peter. Wer war nun dieser gefürchtete Mann?

Heute ist der rote Peter nur noch ein Flurname für die Felder westlich vom Galgenberg. Dort stand vor ein paar hundert Jahren ein stattlicher Bauernhof mit vielen, vielen Tagwerk Grund. Dieser Hof wurde im Schwedenkrieg niedergebrannt. Nur eine alte Scheune blieb stehen. Die Bauersfamilie wurde ermordet bis auf den kleinen Peter. Der hatte sich in der Hundshütte verkrochen und war so dem Tode entgangen. Er trieb sich als Bettler herum, bis er von den kaiserlichen Soldaten aufgegriffen wurde und sie ihn mitführten. Er wuchs sich im Laufe der Jahre zu einem Riesen aus, und sein Gemüt verwilderte durch das lange unstete Leben. Sein langer roter Bart und die bis auf die Schultern herabfallenden roten Haupthaare gaben ihm ein wildes Aussehen.

Nach langen Jahren fand er seine alte Heimat wieder. Er brach in Tränen aus, als er sie so verwüstet sah. Er nahm den zerstörten Hof wieder in Besitz und brachte ihn unter großer Mühe in die Höhe. Dabei half ihm seine treue Lebensgefährtin. Bald belebten Buben und Mädel die neue Heimat, die Buben rothaarig wie der Vater, die Dirndl flachsgelb wie die Mutter, von den Eltern in strenger Zucht gehalten.

Wenn Abensberger Buben beim Holzsammeln in der Kellnau den Bauern sahen, hänselten sie ihn und schrien:

‚Roter, roter Peter,
Schenk uns deine dürren Bretter.
Wennst net magst, du roter Mo,
Hau ma deine Bama o!‘

Da riß dem roten Peter oft die Geduld, und er jagte die Abensberger Jugend mit einem Stecken heimwärts. Bis auf die heutige Zeit fürchten sich die Abensberger Kinder vor dem roten Peter.“

(Alexander Schöppner)

Das Zuserl

„Es ist schon viele Jahre her, da lebte in Schierling ein uraltes, einschichtiges Weiblein, das Zuserl (Susanne). Es plagte sich jahraus, jahrein mit einem Stoffballen und einer Kufern, hausierte allerlei Tuche, Bänder, Knöpfe, Nadelzeug, wie es die Bäuerin halt braucht. Unverständlich war, wie das verhutzelte Wesen die schwere Last schleppen konnte.

In Dünzling kehrte das Zuserl oft ein. Schon im Flur meldete es sich meist mit kräftigem Niesen, und die dünne Nase tröpfelte stets.

In einem kalten Winter mühte sich das Zuserl wieder einmal durch den Schnee über den Weilhof heimwärts. Schlief es vor Ermüdung ein? Man fand das Weiblein anderntags tot, rotbackig, mit einem glücklichen Gesicht. Selten hatte ein Großbauer eine solche Leich' wie das Zuserl.

Wo man sie schlafend fand, steht heute ein verwittertes Marterl. Wer ohne Sorge bedächtig vorüberkommt und an das Zuserl denkt, hört manchmal ein lautes Niesen, ein kräftiges ‚Hatzi'!"

(F. Kürschner)

Die zwei redenden Steine

„Wenn man vom Kloster Biburg nach Percha hinausgeht und die buschbewachsene Anhöhe erreicht hat, steht man, linker Hand, vor zwei Steinen, ähnlich Feld-Grenzsteinen, nur etwas schlanker, kaum einen Meter voneinander entfernt. Auf einem dieser Steine liegt ein etwa faustgroßer Kieselstein. Wenn die Einheimischen hier vorbeikommen, halten sie ein und klopfen mit dem Kieselstein erst auf den rechten, dann auf den linken Stein. Und sie horchen den Tönen nach, die beide Steine von sich geben: der rechtsstehende einen dunklen, murmelnden Ton, der linksstehende aber mit einer hellen, heiteren Stimme.

Hier, an diesem Platz, hat sich nachts einmal ein junger Knecht mit einer jungen Magd getroffen, die sich beide sehr gern hatten. Aber da kam noch ein Knecht, der auch ein Auge auf die schöne Magd geworfen hatte. Es ist zwischen den zwei jungen Männern zu einem Kampf gekommen. Am Ende lagen beide tot hier an dieser Stelle.

Und die da jetzt auf die zwei Steine klopfen, glauben, nochmals die zwei Stimmen zu hören: die des Knechts und seines schönen Mädchens.“

(Hans Haller)

Glocken zu Regensburg

„Viel wird von den Glocken an der Donau berichtet. Auch die von Sankt Emmeran in Regensburg hatte einen wundersamen Klang. Er war so schön, daß Kaiser Otto sich die Glocke für seine Kapelle zu Magdeburg erbat. Und die geistlichen Herren freuten sich, dem Kaiser, den sie gern hatten, ihre Freundschaft bekunden zu können.

Aber als man die Glocke an der neuen Stätte läutete, war ihr Klang dumpf und ohne Widerhall und wurde immer schwächer, als sei sie von einer Krankheit erfaßt. Da verstand der Kaiser, daß auch Glocken Heimweh haben können, und schickte sie den Regensburgern zurück. Vom ersten Tag an genas die Glocke zu ihrem alten süßen Laut. Der Kaiser besuchte sie. Die Menschen freuten sich, als er in die Stadt kam, und vielleicht wußten auch die Engel um ihre neugewonnene Schönheit.

Das reiche Geschlecht

Als Kaiser Heinrich Grafen und Fürsten zu einem Reichstag nach Regensburg gerufen hatte, da lud er seine Herren ein, zwischen Donau und Abensberg eine Jagd abzuhalten. Aber es durfte niemand mehr als *einen* Diener mitbringen.

Als er nun die Gäste erwartete, nahte auf einmal eine stattliche Schar, fast ein kleiner Heerzug war es. ‚Wer ist denn das?' fragte der Kaiser.

‚Graf Babo, der Abensberger', kam die Antwort. Aber bevor man ihm noch mehr erklären konnte, rief er selbst den Grafen an.

‚Weißt du nicht', winkte er ihn zu sich, ‚weißt du nicht, was an Begleitung ich erlaubt habe?'

‚Herr Kaiser', antwortete Babo, ‚Ihr habt mir wie den anderen Gästen erlaubt, mit Söhnen und je einem Diener zu kommen.'

‚Du kommst mit sechzig Mann', fuhr der Kaiser auf.

‚Es sind sechsundsechzig', berichtete Graf Babo bescheiden. ‚Seht, Herr, ich habe von zwei Frauen zweiunddreißig Söhne, die mir Gott schenkte, und jeder kam mit einem Knecht. Ich erzog die Knaben zu Eurem Dienst und führe sie Euch zu!'

Der Kaiser schwieg eine Weile und seufzte tief. ‚Bei dem einen ist der Schicksalbringende freigebig, bei dem anderen karg. Sind es deine Söhne, so sollen es auch die meinen sein, Graf Babo!' Und Heinrich befahl dem vor ihm Knienden, sich zu erheben, und wies den Hofschreiber an, die jungen Abensberger in die Lehenslisten aufzunehmen. Denn er wußte, sie würden ihm getreu sein wie der Vater, alle zweiunddreißig."

Agnes Bernauer

Nach einigem Zögern begann der gelehrte Nöck wieder:

„Als der junge Albrecht, der Sohn des Bayernherzogs Ernst, einst durch Augsburg ritt, begegnete er einem sehr schönen Mädchen, der Agnes Bernauer. Er war von ihr so eingenommen, daß er beschloß, sie zu heiraten. Schon nach kurzer Zeit ließ er sich mit ihr durch einen Priester trauen.

Aber sein Vater erkannte die Ehe nicht an, er fürchtete Nachfolgekriege für das bayerische Land. Als sein Sohn nach Regensburg zu einem Turnier einlud, hieß er die Schranke vor ihm schließen, weil er sich mit einer Jungfer aus dem Volk verbunden hatte.

Der junge Albrecht warf sich auf, er setzte das Weib in sein eignes Lehen ein und gab ihm Straubing als Fürstensitz.

Danach, als der Herzog Straubing für einige Zeit verließ, hieß der Vater Agnes Bernauer gefangennehmen und beschuldigte sie, eine Hexe zu sein, die seinen Sohn verzaubert habe und Bayern verderben würde. Und die Richter schlossen sich dem an und verurteilten die Herzogin zum Tode durch Ertränken. Bevor der junge Albrecht zurückkehrte, stieß der Henker Agnes Bernauer von der Donaubrücke. Noch wollte ein gnädiger und guter Geist aus dem Wasser ihr helfen und sie zum Ufer retten. Der Henker aber hat mit all seinen Knechten die größere Macht besessen und die Bernauerin noch einmal tief in den Strudel gestoßen, so daß sie ertrank."

Alle schwiegen lange; keiner der Horcher wagte zu sprechen, nur die schöne Lau weinte leise. Dann schien sie sich aus einem Traum zu wecken.

Der Teufel will heiraten

„Mehr will ich hören, aber erzählt wieder Lustiges!" bat Frau Lau.

Ohne zu zaudern, setzte der Hauptmann Lämmle die Geschichten fort. Lämmle war ein Nöck aus der Gegend von Stuttgart, der dem Donaukönig von Schwaben her Wasservolk nachzuführen hatte. Aber die Sagen gefielen ihm nicht weniger als der Dienst. Er hatte seine Schar rund um das Schiff der Königin gelagert, war an Bord gestiegen und begann zu erzählen:

„Auch der Teufel war – so habe ich gehört – einstmals des ehelosen Lebens müde. Er versuchte es zuerst mit einer Schwäbin, aber die durchschaute ihn bald. Dann wählte er eine Bayerin, eine Rothenburger oder Regensburger Zunftmeisterstochter, die ihm besonders gefiel. Sie aber hatte einen anderen und wollte nichts von ihm wissen.

Der Teufel gab nicht auf. Er stattete sich aus wie ein fremder Edelmann, der mit zwei Knechten ritt, tat vor der Domkirche, als sei er überrascht von der Schönheit einer Jungfer, die ihm begegnete, blieb in

der Stadt und ließ sich in das Haus des Vaters einführen. Viel Geld ließ er springen, sorgte dafür, daß man ihn und sein Geschlecht pries, bis schließlich der Bürger Zunftmeister auf Drängen der Mutter seinen Segen gab. Eine große Hochzeit wurde eingeleitet.

Die kleine Schwester der Braut aber, der das Weinen der Älteren leid tat, folgte dem Bräutigam. Und sie sah, daß er den linken Fuß vor ihr verbarg – vor Kindern fürchtete sich der Böse. Auch machten seine beiden Diener eine so verrückte Musik, daß alle Gäste tanzen mußten, ob sie wollten oder nicht. Nur die Kleine hatte ja keinen Tänzer; sie wandte sich, weil niemand sich um sie kümmerte, an den geistlichen Herrn und sagte ihm, daß ein Schuh des Bräutigams klappere.

Da wurde der Ehrwürdige mißtrauisch und zog den falschen Edelmann in ein Gespräch über die Heilige Schrift. Und der Hausvater, der sich heimlich über die Eitelkeit seiner Frau ärgerte, einen reichen Ritter in das Haus zu holen, versuchte, den Bräutigam nach dem Heiligen Land zu fragen, in dem der Bürger gefochten hatte. Da verwechselte der Gast alle Stätten und Namen und geriet so sehr in Bedrängnis – auf einmal fuhr er mit seinen Dienern von dannen, schräg zum Fenster hinaus. Nur der Gestank blieb nach.

Der andere aber, den das Fräulein liebhatte, war ein Dichter. Der hat später auf die Teufelshochzeit ein Lied gemacht und es drucken lassen.

Ein Maß Dukaten

Wie der Dichter dazu gekommen ist, sein Lied drucken zu lassen? Das war nicht so einfach. Er hatte erst bei allen Freunden angefragt; wer gäbe indes etwas dafür, Lieder und Bücher zu setzen? Dann hatte er sich an die Schönen aus dem Wasser gewandt, die ja viele zarte Weisen singen. Aber was der Poet auf ihrem Schiff an Gold bekam, war, wie es oftmals zugeht, Dreck und Spott bei den Menschen. Auch sahen ihn die Wasserjungfern so freundlich an, daß er Mühe hatte, an seine Braut zu denken.

Schließlich kümmerte sich der Teufel um ihn. Er wollte an der Braut und ihrem Schwesterchen seine Rache kühlen und zugleich verhindern, daß das Spottlied auf seine mißglückte Hochzeit bekannt wurde. Er erschien eines Nachts in des Bräutigams Kammer, bedauerte die Ungerechtigkeit der Welt, die dem Poeten nichts zu brocken und zu beißen gäbe, und schlug vor, ihm ein gehäuftes Maß Dukaten zu besorgen. Er verlange gar nichts dafür, sagte der Dunkle, außer daß der Herr Poet es ihm vor Ablauf eines Jahres gestrichen zurückbringe.

Nun, der Dichter war nicht so dumpf, wie sich manche seiner Art geben; er schloß wirklich den Vertrag mit dem Teufel. Schon flog der Böse grinsend von dannen und kam mit einem gehäuften Maß zurück.

Auch der Dichter grinste und schielte den Gottseibeiuns an. Er besah sich das Maß von allen Seiten, als wolle er es auf Hohlheit oder doppelte Wände prüfen. Aber der Teufel lächelte, diesmal hatte er ein reines Gewissen. Dann nahm der Bursch sein Messer und strich oben das Maß glatt, wie man den Schaum vom Bier abstreift, so daß die Dukaten auf den Tisch fielen. Sorgfältig füllte er sie in seine Taschen.

Das fängt gut an, dachte der Teufel gierig. Im nächsten Augenblick überreichte der Dichter ihm mit schönem Dank das gestrichene Maß und ließ bestätigen, daß er eben dieses Maß vor Ablauf eines Jahres zurückgebracht habe.

Da begriff der Böse, daß er nach dem Vertrag verspielt hatte, nahm das Maß und fuhr mit Fluch und Gestank durchs Fenster. Der Bursch aber heiratete das schöne Mädchen, das er wollte, und sie lebten sehr glücklich zusammen. Denn es gibt Leute, die meinen, die Frau eines Dichters gebe besser acht als andere und wittere den Lasterhaften aus der Hölle schon von fern."

Frau Lau gefällt es auf den bayerischen Flüssen

Reise nach München und Oberbayern

Während der Regensburger und der Stuttgarter um die Wette erzählten und sich schier heiser redeten – denn mancher von den Gästen an Bord brummte und meinte es anders, als die Geschichten vorgetragen wurden –, waren zuweilen auch der Doktor Faust und sein Freund Truhoved horchen gekommen. Sie strebten bald weiter; vielleicht hatte ihnen nicht genügt, was sie gehört hatten. Die vom Wasservolk wollen ja alles mit Philosophie klären und wissen und beweisen, während Truhoved alles Irdische als Gleichnis oder Prüfung nimmt, die wir Menschen vorm Himmel zu bestehen haben. Vielleicht auch waren sie abgerufen worden, wer weiß zu wessen Hilfe? Sie sind ja beide immer bereit, Truhoved mit dem Mitleid der Weisheit, Faust mit dem heimlichen Spott des Gelehrten über die Schwäche der Menschen.

Dann fuhr das schöne grüne Schiff der Frau Lau die Donau hinab unterm Bayerischen Wald entlang. Der dicke Hauptmann Mühlwieser, der die bayerischen Wasserleute herangeführt hatte, zeigte, wie der Strom früher geflossen und wie geschickt der Graben angelegt war, den Faust einst mit einem Riesenpflug für die Donau gezogen hatte – nicht des Paracelsus', sondern Faustens Werk war es gewesen, ließ die Königin noch einmal wiederholen, denn sie hatte Faust gern, wie die zu Wien Paracelsus lieber hatten.

Dann rauschte die Isar in die Donau, und Frau Lau fand, daß sie viel zu lange im Blautopf gewesen war und schier vergessen hatte, wie München aussah. Bis unter die Zugspitze war sie das letzte Mal geraten. Aber da war noch kein Aufruhr gewesen, und König Ingold hatte sie geführt und behütet, und sie hatten sich schon auf ein Kindlein gefreut – ach, der Knabe war tot zur Welt gekommen! Sie hätte eben mehr lächeln müssen, hatte des Königs Ratgeber gesagt.

Als die Lau nun mit viel Freude das schöne Isartal hinauffuhr und manche Geister und Fürsten sich aufmachten, um sie zu begrüßen, da war auch der Wittelsbacher Herzog Albrecht unter ihnen. Und die edle Frau Jakoba von Bayern kam aus Holland, um der Donaukönigin Ehre zu erweisen. Es wurde sogar ein großes Feldlager für die Diener der Gäste vor dem Tor von München eingerichtet. Hauptmann Potz Blitz, der sich mit Lämmles Schar verbunden hatte und, ganz und gar nüchtern, um ein neues Amt einkam, erhielt den Auftrag, es zu überwachen. An Bord wagte man es noch nicht wieder mit ihm. Er hatte nun einmal den Jähzorn und die Freude am Wein, die sich nicht stillen ließen.

Die anderen Herren blieben auf der „Liebfreude“. Es war gar nicht schwer. Die schöne Lau wünschte sich einfach einige Kajüten hinzu und verlangte, daß die Halle in der Schiffsmitte sich dehnte.

Dann nahm Frau Lau die Huldigung vieler hoher Herrschaften entgegen und sprach im Namen ihres Gemahls, des Donaukönigs, die Grüße aller Gewässer und aller Ströme aus. Und sie sagte, daß sie mit Hilfstruppen zu ihrem lieben Mann unterwegs sei, daß sie aber nicht die schönste Stadt versäumen wolle, in der sie einst auf ihrer Hochzeitsreise mit dem König geweilt hatte. Habe man ihr damals nicht erzählt, daß hier Karl der Große geboren sei und daß er oder ein anderer Kaiser im nahen Untersberg wohne?

Als die Lau so von Karl dem Großen sprach, da zogen einige Herren verwunderte Gesichter. Aber ein alter Wassermann aus der Isar, Kaup mit Namen, der den Herzog Albrecht begleitete, hob den Arm und erklärte: Freilich gehe die Sage dahin, und die Bayern sollten sich's nicht nehmen lassen, daß der Gewaltige bei München zur Welt gekommen sei!

Wie es bei den Wasserleuten ist, gleich mußte er anfangen zu berichten. Während die Gäste sich an den langen Tisch setzten und Bier oder Wein einschenken ließen und die Königin Lau flink auf ihrem Hochsessel Platz nahm, begann Kaup schon. Er hatte die ältesten Sagen am liebsten:

Kaiser Karls Geburt

„Der Frankenkönig Pippin wohnte eine lange Weile auf der Burg Weihenstephan bei Freising. Er wollte sich dort mit einer noch unbekannten Braut aus Schwaben, Bertha mit Namen, vermählen und schickte seinen Hofmeister aus, die Erkorene abzuholen. Zum Zeichen dessen gab er ihm den Ring mit.

Der Hofmeister aber wünschte die eigene Tochter als Königin zu sehen und führte Bertha in den tiefen Wald zwischen Würm- und Ammersee. Er behauptete schließlich, er habe sich verirrt, richtete ein Nachtquartier ein und befahl zwei Knechten, die schöne Schwäbin zu töten. Die beiden hatten jedoch Mitleid, und als Bertha ihnen versprach, nie etwas zu verraten, ließen sie die Arme im Dickicht und brachten nur das blutige Oberkleid Berthas zum Hofmeister. Da führte der die eigene Tochter als ‚Braut aus Schwaben' zu Pippin, und die Hochzeit mit der Falschen wurde prahlend gefeiert.

Die wirkliche Prinzessin irrte lange durch den Wald. Ein armer Köhler brachte sie zum Müller von Gauting, bei dem sie sich als Magd verdang. Sie diente ihm über Tag, nachts aber wirkte sie herrliche Webereien, die der Müller zu Augsburg verkaufte. Sieben Jahre gingen darüber hin; die Braut aus Schwaben wagte sich nicht aus dem Dickicht der Wälder, sie wollte nicht verraten, daß man ihr das Leben geschenkt hatte.

Eines Tages kam Pippin wieder mit seinen Knechten, mit Jäger und Sterndeuter nach Bayern und wurde wohl empfangen. Als er bei der Jagd mit den Seinen sich im Weg irrte, geriet er zu dem Müller von Gauting und mußte dort übernachten. Der Sterndeuter, der ihm gefolgt war und die klare Sternennacht vor der Tür beobachtete, sagte auf einmal: ‚Wie ist es möglich, Herr? Am Himmel geht um, daß Ihr in dieser Nacht von Eurer Hausfrau einen Sohn gewinnt, vor dem Christen und Heiden sich neigen werden.'

‚Es ist weit bis zum Weihenstephan', spottete Pippin, ‚und mein Weib hat mich bis heute ohne Kind belassen!' Dann aber stieg ein alter Verdacht in ihm auf; er packte den Müller an der Brust. ‚Wen hast du an Frauen im Haus?' fragte er.

‚Nur mein eigenes Weib und eine Magd, die vor Jahren zu uns geriet!'

Pippin befahl, die Fremde zu holen, und erkannte an ihrer Sprache, daß es keine Magd aus dem Tal war. Da drang er in sie und sagte ihr, in den Sternen stünde, sie sei sein eheliches Weib. Woher sie denn komme?

Bertha wollte ihm lange Zeit nicht verraten, wer sie sei, sie hatte ja den Kriegsknechten geschworen zu schweigen. Dann aber sah Pippin den Brautring, den er ihr einst zugesandt, an ihrem Finger, geriet außer sich vor Freude, denn er liebte seine Frau, des Hofmeisters Tochter, nicht, und zwang Bertha, ihm alles zu erklären. Als der König dabei den Betrug begriff, grüßte er die echte Herzogstochter zärtlich als sein Weib, gebot den Seinen Schweigen und ritt nach zwei Tagen über Tal zur Burg Weihenstephan. Dort richtete Pippin über den Hofmeister und schickte die falsche Königin vom Hofe. Danach aber mußte er eilig aufbrechen, um mit Bayern und Franken gegen die Sachsen zu ziehen.

Als Pippin nach einem Jahr vom Feldzug heimkehrte, suchte er vor allem anderen zuerst den Müller in Gauting auf. Und der begrüßte ihn freudig und sagte, die schöne Bertha, die er damals bei ihm erkannt, habe inzwischen einen Sohn geboren.

Pippin war hocherfreut. Er führte die Fürsten, die ihn begleiteten, durch das arme Kämmerlein seiner Frau, zeigte ihr Lager von Moos und ließ Bertha dann an der Spitze seines ganzen Heeres mit ihrem Knäblein nach Weihenstephan reiten, damit alle Bayern erführen, was geschehen sei. Und er reiste bald mit seinem jungen Weib ins Frankenreich und ließ den Sohn auf den Namen Carolus taufen, so sagt die Überlieferung.

Kloster Tegernsee

Von bayerischen Herzögen ist das berühmte Kloster Tegernsee gegründet worden.

Zwei von ihnen, Adalbert und Otkar, lebten lange am bayerischen Hof König Pippins, ihres Blutsverwandten. Eines Tages erschlug der Sohn Pippins im Spiel oder im Jähzorn den Sohn Otkars. Der König fürchtete, der alte Streit zwischen den bayerischen und den fränkischen Geschlechtern würde wieder aufflammen, und versuchte dem vorzubeugen.

Er versammelte alle seine Großen um sich in der Königshalle und fragte, selbst von Trauer zerrissen: ‚Wie soll man einem Übel begegnen, dem man in keinem Fall mehr abhelfen kann?‘

Herzog Otkar, sein Gast, der Vater des Erschlagenen, wußte noch nichts von der Mordtat, er erwiderte: ‚Man muß das Übel mit Gleichmut ertragen!‘

Darauf teilte Pippin ihm mit, was geschehen war, und der unglückliche Vater verhüllte sein Haupt in unsäglicher Trauer. Aber er hatte selbst die Antwort gegeben und wollte wohl auch keine Rache.

Nach einiger Zeit beschlossen die beiden bayerischen Herzöge, die außer dem Toten keine Erben gehabt hatten, der Welt zu entsagen, und errichteten ein Kloster am Tegernsee. Der Papst kam selbst zur feierlichen Weihe, und die Begründer der Abtei erklärten ihm, daß sie die ersten Mönche sein wollten. Der eine von ihnen, Adalbert, wurde zum Abt gewählt.

Von dem Elfenvolk in Bayern

Im bayerischen Hochland, zwischen der Ebene und steilen Gebirgswänden, lebten einst mehr Elfen als heutzutage. Es sind Wesen, licht und schwebend, oft zierlich klein, oft wie Kinder, die sich in die Berge verliefen. Zuweilen sind sie auch an Größe den Menschen ähnlich. Sie haben Mildheit und fromme Sitten gebracht, haben viele verirrte Wanderer auf die rechten Wege zurückgeführt und manchen Groll bekehrt.

Sie wohnten meist in Höhlen oder zwischen den Bäumen, für die sie sorgten, groß und klein, und hielten zu den Menschen, deren Vieh sie hüteten, von denen sie sich freilich auch gern ein weniges an Milch und Fleisch erbaten.

Dann hat es sich vor langen Zeiten begeben – aber vielleicht ist es noch gar nicht so lange her –, daß ein Knecht, der als wilder Totschläger bekannt war, sich wieder einmal vergangen hatte und über die Berge flüchten mußte. Auf seinem Weg kam er an einer Sennhütte vorbei und sah, daß ein elfenhaftes Wesen gerade dabei war, eine Kuh zu melken. Es war eine Frau, die nicht ganz zu den Elfen gehörte, sondern die als Kind zu dem Nachbarvolk gelaufen war. Sie wurde bei den Holden besonders gern gehalten, konnte sich indes nicht verwandeln noch auch, wie die anderen es vermochten, als Mondschein über die Almen huschen.

Als der Knecht nun sah, daß eine schöne Elfin Milch stahl, packte ihn die alte Wut gegen alles, was zart und freundlich war. Er lief auf die Arme zu, und weil sie ihn nur anlachte und ihm zuwinken wollte, geriet der Mann wieder in Raserei und schlug sie mit dem Bergstock, daß sie zu Boden sank und ihr Blut das Gras färbte.

Dann rannte der Knecht weiter.

Über den Bergen aber ballte sich Gewölk und suchte ihn. Die Vögel erwachten; die Sonne stieg blutrot auf, und eine Angst breitete sich über alles, auch über den Flüchtling, der sich schließlich in einer Höhle versteckte, wo Stürme und Vögel ihn nicht finden konnten. Als am Abend das Unwetter sich gelegt hatte, da versammelten sich die Elfen alle und trauerten um sie, die ein Mörder erschlagen hatte. Und sie suchten die Berge ab, entdeckten den Knecht endlich und folgten ihm von allen Seiten und schrien und jagten ihn, bis er sich in den Ammersee stürzte.

Die Elfen am Alpenrand sind seitdem nicht mehr so nachbarlich, wie sie es einst waren. Mehr Unglück als früher fällt deshalb über die Menschen, es fehlen die guten Helfenden.

Der Mann mit den drei Gesichtern

Als lange Zeit danach München von Heinrich dem Löwen erbaut wurde, hat man noch oft Spuren heidnischer Götter gefunden. In der Zöllnerstube hat ein Kopf mit drei Gesichtern gehangen, einem roten, einem weißen und einem schwarzen. Man erzählt, ein alter Tempel habe dort gestanden, wo jetzt der Torwart wohnt, noch bevor die Stadt erbaut wurde, und der dreigesichtige wilde Mann sei in vielen Teilen des Landes nachgebildet und verehrt worden.

Andere behaupten, es sei der Kopf des Teufels, den man nachgebildet habe. Aber der Böse scheint sich noch länger in München aufgehalten zu haben. Woher er kam, wußte keiner, er hatte verschiedene Gesichter und lebte als Advocatus in einem Turm der Stadt. Als er starb und man ihn christlich beisetzen wollte, sind zwei Krähen herbeigeflattert und haben an das Fenster geklopft, um ihn zu holen. Sie haben so ungeduldig mit dem Schnabel gepocht, daß schließlich das Glas zersprungen ist. Da hat sie von drinnen ein dritter schwarzer Vogel begrüßt und hat sich mit ihnen aufgemacht – wer weiß, wohin? Im Totenzimmer aber waren alle Lichter erloschen und das Kreuz mit dem Heiland umgestürzt.

Die Dohle stahl den Ring

Es geschieht oft, daß Elstern, Dohlen und andere Vögel goldenen Schmuck stehlen und daß dann unschuldige Menschen deswegen in Verdacht geraten.

Gegenüber dem Gebäude der Thurn- und Taxisschen Post in München schwebt als Windfahne eine Dohle, die einen Ring im Schnabel trägt. Über sie erzählt man folgende Geschichte:

Als einmal ein schönes Gärtnermädchen die Münchner Festkönigin zu werden schien, da wurde die Arme mitten in der Feier von Gerichtsknechten in Haft genommen. Es fehlte nämlich einem hohen Hofbeamten, bei dem sie und die Ihren arbeiteten, ein Goldring, und der Sohn, der von der Gärtnerin abgewiesen war, hatte die Unschuldige verdächtigt.

Nun war aber ein Domherr, der gegenüber der Gärtnerei wohnte, bei jenem Fest zugegen und war sehr betrübt über die Unterbrechung. Als er heimging und traurig aus dem Fenster schaute, sah er einen Maurer unten an der Straße seinen Mörtel bereiten, um ein schadhaftes Dach auszubessern. Auf einmal fiel dem Mann ein blinkendes Geldstück in die Mulde. Er blickte sich verdutzt um und dankte dem Domherrn.

Der Geistliche wunderte sich noch, da flog ein schwarzer Vogel aus einem Nachbarfenster, ein blankes Geldstück im Schnabel.

Der Domherr ließ zum Richter senden und ihm mitteilen, was er beobachtet hatte; schon kam der, um zu prüfen, woher und wohin der Vogel flöge. Er und der geistliche Herr wurden so eifrig, daß sie selbst die Leiter anlegten und in die Krone der Esche kletterten, in der die Dohle hauste. Da fanden sie im Nest den vermißten Ring und sieben glänzende Pfennige.

Die Unschuld des Mädchens war damit erwiesen. Die Münchner aber haben eine Wetterfahne wie eine Dohle herstellen lassen und sie öffentlich aufgehängt, um alle Richter der Stadt immer daran zu erinnern, wie leicht der Menschen Geist sich irren und wie eines Tieres Putzsucht zum Verhängnis werden kann."

Sänger und Malersleute

Als der Wasserkerl Kaup bis dahin erzählt hatte, hielt er es für gut, der Königin Lau Zeit zu geben, über die Schicksale nachzusinnen, von denen er berichtet hatte. Er war ein gerecht denkender alter Mann und wollte, daß sie, die einst viele Urteile zu hören bekäme, vorher aus seiner Weisheit lernte. Die Geschichte mit der Dohle aber hatte er allen Wasserleuten erzählt, die von ihm mehr von der Welt erfahren wollten. Er sah mit Freuden, wie die schöne Lau ihrer Zofe Aleila winkte und ihr aufgab, für den Besuch Münchens die Dohle in der Wetterfahne vorzumerken.

Plötzlich hatte die Königin wieder etwas anderes im Sinn. Ob es noch Drachen in den Brunnen Münchens gäbe?

Nein, die seien damals im Kampf mit den Bürgern zu Tode gekommen.

Ob es noch Dichter gäbe?

„Das wohl, und auch Sänger und Malersleute, die wachsen immer wieder neu", antwortete der grasköpfige Wassermann.

Da lachte die schöne Lau und rief den Hauptmann der Bayern, Mühlwieser. Er möge sie zum Abend begleiten, sie wolle durch München wandern. Und er möge ihr die Stätten zeigen, die eben in den Geschichten genannt wären, und für den anderen Tag helles Wetter besorgen, wenn sie einen der Seen durchführe.

Ihre Schwägerin Mirta wollte dabeisein. „Gib du acht, daß die Zauberer uns erreichen", befahl ihr Frau Lau. „Ich möchte, daß sie nicht nur den Kaiser in Wien besuchen, ich möchte wohl, daß sie sich auch vor meinem Gemahl verneigen, wenn er heimkommt."

„Es ist noch immer Krieg, Königin!"

Frau Lau seufzte; dann sah sie zum Himmel auf, es war noch Zeit genug, eine Geschichte zu hören. „Sagt mir doch, Mühlwieser, wie hieß die schöne Herzogin von Bayern, die zu lange allein blieb?"

„Sie hieß Maria von Brabant und war mit Herzog Ludwig verheiratet, der an den Rhein zog."

Die schöne Lau blickte zu Frau Mirta hinüber. „Ich mag nicht, daß mein Gemahl und ich zu lange getrennt bleiben, nun ich das Lachen gelernt habe! Wann werde ich den König wiedersehen?"

„Wir wissen es nicht, Königin! Es hieß ja schon zu Ingolstadt, daß er für einige Tage heimkehren würde. Er wird Euch vielleicht in Wien erwarten."

„Mühlwieser, erzählt mir von Maria von Brabant!"

Maria von Brabant

Da nahm der Hauptmann Mühlwieser das Wort. Er war erst befangen, weil er vor der Königin noch nicht viel gesprochen hatte.

„Maria von Brabant folgte dem Herzog nicht, als er am Rhein für den Kaiser kämpfte. Sie sehnte sich aber nach seinem Lachen und schrieb ihm in einem rotgesiegelten Brief, er möge bald nach München heimkehren. Zugleich schickte sie, schwarzgesiegelt, einen Gruß an den Ritter von Hirschau, ihres Mannes Freund, der die Herzogin beim Schachspiel gefragt hatte, ob sie nicht du zu ihm sagen wolle, wie zu allen Herren bei Hofe. Sie erwähnte nichts von seiner Frage und scherzte nur, sie werde gewähren, um was er sie gebeten.

Der Bote aber wußte nicht mehr, für wen das eine und für wen das andere Schreiben bestimmt war. So las der Herzog die Zeilen an Hirschau, daß ihm gewährt würde, um was er gebeten.

Herzog Ludwig von Bayern mißverstand die Worte, er erstach in seiner Eifersucht den Freund, ritt heim und ließ Maria von Brabant und vier ihrer Hoffräulein wegen Untreue enthaupten. Erst als es geschehen, erwachte er aus seinem blinden Zorn."

Die Königin der Donau starrte lange vor sich hin. Dann befahl sie erschrocken, die Fahrt zu den Seen in die Nacht zu legen, um alles im Mondschein zu besehen.

Was es sonst gäbe? Ach, es sei Zeit, daß ihr Gemahl heimkehre, sie sage es noch einmal und müsse weinen über die arme Maria von Brabant. Danach verabschiedete sich die schöne Lau von ihren hohen Gästen und sprach lange Zeit mit niemandem.

Herrenchiemsee und Frauenchiemsee

Am anderen Tag wurde ein Wassermann aus dem Inn gerufen, er möge erzählen, was die Königin von seinem Reich erfahren solle. Aber er hatte Bier getrunken und brachte vieles durcheinander. Da nahm Mühlwieser wieder das Wort, er wußte mehr als der Dummkopf und versteckte den Nöck rasch, denn die schöne Lau war ohne Verzeihen, wenn jemand in ihrer Nähe des Guten zuviel tat.

„Wißt Ihr“, fragte er, als sie den Chiemsee erreichten, „wie es mit den Klöstern Herrenchiemsee und Frauenchiemsee stand?

Es liegt eine kleine Insel zwischen beiden, und die Mönche und Nonnen schwammen oft hinüber und begegneten sich dort. Zur Strafe blieb das Eiland unfruchtbar und kahl.

Schließlich mischte sich der Teufel ein, er verlangte die Seelen der Schuldigen, die des Klosters Regel gebrochen hatten, für sich.

Aber Gott hatte Erbarmen. Er sandte sie in den Kaisersberg, der im Süden des großen Sees liegt. Mitunter versuchen die Verwunschenen auszubrechen, dann fahren warnende Stürme über die Flut, mehr als auf anderen Seen. Aber es sind nur Böen, die das Wasser aufwühlen. Denen am Ufer tun sie nichts, weder den Holzweiblein noch all denen, die der Böse für sich gewonnen hat.“

Rasch schloß der Hauptmann Mühlwieser weitere Betrachtungen an die erste Sage an:

Wunder in Starnberg und Wolfratshausen

„Da wir just von den Seen sprechen: Drüben auf der Roseninsel bei Starnberg haben drei Fräulein gelebt. Die Jüngste war blind. Als kein Freier kam und die drei verarmten und ihr Schloß verkauften, wurde die Blinde bei der Teilung von den anderen betrogen. Sie merkte es und warnte die Schwestern: ‚Wenn ich selbst es auch nicht sehe, der Herrgott könnte es sehen und euch strafen!‘

Die beiden leugneten: Steinblind wollten sie werden, wenn sie die Schwester betrogen hätten!

Kaum hatten sie die Worte ausgesprochen, da hatten sie ihr Augenlicht verloren. Die dritte aber war sehend geworden.

Die beiden Älteren klagten sehr, knieten nieder und gelobten, Gott eine Kapelle zu bauen, wenn Er ihnen das Augenlicht wiedergäbe. Wirklich wurden sie bei Einweihung der Kirche geheilt.

Die dritte Schwester aber hatte gebetet: ‚Wenn Du ihnen hilfst, Herr, so will ich gerne ins Dunkel heimkehren!‘

Der liebe Gott hat ihr Opfer nicht angenommen, sie ist sehend geblieben.

Walchensee

Vom Walchensee wird einst eine neue Sintflut über Bayern ausbrechen, sagen einige, die viel darüber nachdenken. Es scheint ihnen gewiß, daß der See mit dem Weltmeer in Verbindung steht und daß von dort die Flut kommt, die bis München hinab alles Land überschwemmen wird.

Man hat immer wieder versucht, die Tiefe des Walchensees zu ergründen, hat Menschen in Kästen hinabgelassen, von deren Fenstern sie, wenn sie den Grund erreicht hätten, die ausgespannten Felle fortziehen sollten. Aber jeder hat schon vorher ein Zeichen gegeben, ihn wieder hinaufzuholen.

In der Tiefe haust nämlich ein Untier, das sieht greulich aus und schnappt alles fort, was man nach drunten schickt. Es soll auf einen Wink Gottes warten, daß Er die Reulosigkeit und den demutlosen Willen der Menschen nicht mehr ertrage. Eines Tages wird der Unhold aufsteigen, und es wird schlimm um das Land stehen."

Die schöne „Schneeweiß"

„Dort", sagte Frau Lau plötzlich und wies nach draußen, „dort ist auch viel Unrecht geschehen, ich fühle es, erzählt mir davon. Sind wir noch auf dem Inn?"

„Wir sind in der Traun, Königin, und von jenem Schloß Trostberg aus plünderte der Ritter und Räuber, der Herr von Stein, wer von den Alpentälern mit Wagen und Pferd niederstieg. Er peinigte die Gefangenen auch und trieb Mädchen in den Tod. Und die Seinen lachten zu allem, was er verbrach.

Nur einer, sein junger Knecht Gebsattel, versuchte ihn anzuhalten und drohte, seinen Dienst zu verlassen. Gerade ihn aber zog der Raubritter enger zu sich, als wollte er sich selbst in ihm noch einmal finden. Der Knecht war sein Sohn, niemand als der Arge wußte davon.

Nun lebte in dem Städtchen Trostberg, das unter der Burg des Herrn von Stein lag, ein schönes Mädchen im Maierhof des Herzogs, das hieß ‚Schneeweiß', und der junge Siegfried Gebsattel hatte es gern. Aber auch der Raubritter verfolgte es. Um niemandes Zorn zu wecken, ließ er einen

Gang von der Burg bis unter den Maierhof graben; er tat vor den Seinen, als brauche er ihn, wenn der Herzog komme. In Wirklichkeit hatte er andere Ziele. Obwohl die Bürger von Trostberg gut achtgaben und die Schöne vor dem Verfolger zu bewahren suchten, brach er zu seiner Stunde unter ihrem Hof aus der Erde und ergriff das Mädchen.

Der junge Gebsattel erfuhr von der Gefangennahme. Er mußte die schöne ‚Schneeweiß' sogar selbst zum Ritter von Stein führen. Der gab ihr ein Ei in die Hand: ‚Trägst du es zum Abend noch heil bei dir, werde ich dich freilassen! Sonst bist du mir verfallen!' Und er hieß sie in ein Verlies ohne Bank und Fenster bringen und befahl Gebsattel, sie zu bewachen.

Als die beiden allein waren, küßte der junge Bursch die Gefangene, wobei, wie der Ritter erwartet hatte, das Ei zerbrach. Gleich fiel Gebsattel ein, daß der von Stein wohl damit gerechnet hatte, um auch über ihn Gericht halten zu können. Er lauerte an der Tür, daß sein arger Auftraggeber käme, und als die Tür sich öffnete, verhandelte er nicht, sondern warf sich über ihn.

‚Sohn', schrie der Ritter, ‚wie gehst du mit deinem Vater um!' Aber da war geschehen, was nicht hatte geschehen dürfen: Gebsattel hatte dem Herrn von Stein den Dolch in die Brust gestoßen. Er hätte es wohl auch getan, wenn er schon gewußt hätte, wer der andere war. Er trug ‚Schneeweiß' durch den heimlichen Gang zum Maierhof hinab, sattelte zwei Pferde und sprengte davon. Nie hat man wieder von den beiden gehört."

Der Hauptmann Mühlwieser hatte leidenschaftlich gesprochen – es war, als sei er selbst ein Nachfahr jenes Gebsattel –, verneigte sich vor der Königin und wollte sich zurückziehen. Aber die hohe Frau winkte ihm fortzufahren. „Erzähl auch vom Quellgebiet meiner Flüsse!"

Mühlwieser brauchte nicht lange nachzudenken und fuhr fort:

Wie die Spiele von Oberammergau entstanden

„Zu der Zeit, als über ganz Bayern die Pest dahinfuhr und manches Dorf schier aussterben ließ, da versuchten einige Ortschaften sich ganz von allen Nachbarn abzusperren, um so zu verhindern, daß die Seuche bei ihnen einfiel. Auch die Oberammergauer beschlossen, niemand aus den Dörfern jenseits der Ettaler Berge dürfe sie besuchen noch einer hinübergehen.

Eine lange Zeit half es. Dann hatte sich aber doch ein Bursch auf den Weg gemacht, der sein Mädchen drüben wohnen hatte. Er besuchte es heimlich und schleppte die Pest in sein Dorf; bald hob das Sterben in allen Höfen an.

Die Oberammergauer wußten sich nicht zu helfen. Da riet ihnen eine fremde weiße Frau, dem Herrgott zu versprechen, man werde alle zehn Jahre die Passion des Heilands aufführen, wenn Er die Seuche nur wieder von ihnen nehmen wollte.

Als sie es geschworen hatten, da verließ die Pest wirklich das Dorf. Aber die Oberammergauer haben auch ihr Wort gehalten, sie spielen noch heutzutage alle zehn Jahre das Leiden Christi.

Der Untersberg

Der Untersberg liegt zwischen Reichenhall und Salzburg und ist reich an Sagen. Er ist im Inneren ganz ausgehöhlt. Gärten und Wiesen breiten sich in seinen gewaltigen Hallen, und gute Früchte reifen dort. Die Zwerge, die für den Felsen sorgen, decken oft genug die Hänge und Almen auf, damit das Licht von draußen einfallen kann.

Man kann den Untersberg in seiner Zauberstunde ohne Mühe betreten; aber die Wichtelleute und die Toten, und was da noch an Halbschichtigen im Innern haust, lassen nicht gerne viel Neugierige in Höhlen und Tore ein.

Mitunter sind freilich auch große Kaiser gekommen, die durch Salzburg ritten. Sie sind im Untersberg abgestiegen und haben von dort dem Gottesdienst in der Domkirche Salzburgs andächtig gelauscht oder sind zur Stadt hinübergeritten, um zur Mitternachtsstunde die Mette zu hören. Viele unterirdische Gänge verbinden die Höhlen im Untersberg mit den heiligen Stätten im Land, sie führen oft tief unter den Seen dahin.

Mancher der alten Kaiser blieb lange im Untersberg oder weilt da sogar noch heute mit den Seinen.

Einige Besucher meinen, Karl den Großen oder Friedrich Barbarossa dort erkannt zu haben, andere auch Karl den Fünften. Die Ritter tummeln zur Nacht wohl einmal ihre brandroten Rosse vor den Toren, weichen aber den Menschen aus und kehren in der Frühe rechtzeitig in die Hallen zurück.

Wem es über Tag gelingt, in den Untersberg einzudringen – und es führen viele Schächte in sein Inneres –, dem kann es sogar zustoßen, daß er von drei Kaisertöchtern freundlich empfangen wird.

Vom Untersberg, so sagen manche, soll einst das Heer aufbrechen, das die große Schlacht für die Gerechtigkeit unseres Volkes schlagen und das ein Kaiser führen wird. Bei einem wilden Birnbaum soll er stehen und befehlen, und die Guten und Tapferen werden den Tag überleben, und die Dunklen werden von der Erde verdrängt, so viele Hilfsvölker der Teufel auch geworben haben mag.

Abseits der Hallen wohnen die Wichtelleute im Untersberg. Wenn sie nichts zu räumen und zu schaffen haben, gehen sie zu den Bauern auf Arbeit. Aber sie lassen sich nur mit Essen und Trinken bezahlen. Die Knirpse haben sogar vom Dienst am Heiland einiges gesehen und erlauscht und halten ihre eigene Andacht ab, meist um Mitternacht. Sie singen, fast wie die Menschen und Wasserleute, mit kräftigen vollen Stimmen, lassen es jedoch Dritte nicht gerne hören, und dem, der das Ohr ans Schlüsselloch legt, verbrennen sie die Muschel."

Watzmann

Als der Hauptmann Mühlwieser soweit berichtet hatte, wandte sich die schöne Lau heftig um. „Du redest wie mein Mann, der König; er war immer so ernst, daß ich das Lachen verlor! Du sollst uns nicht von kommenden Zeiten predigen, du sollst von den Bergen erzählen und vor wem man sich hier zu hüten hat. Sieh den Watzmann da drüben und erzähle von ihm!"

Da begann der Hauptmann des Wasservolks gehorsam:

„Einst, aber es war in vordenklichen Zeiten, wohnte ein grausamer Riesenkönig im Berchtesgadener Land. Er hetzte auf seinem Jagdzug Hirsche und Gemsen, fing Menschen und Tiere und brüllte vor Lachen, wenn sie von seinen Hunden zerrissen wurden. Weib und Kinder des Königs hielten es nicht anders, und die Menschen, die schon Höfe bauten und Almen einzäunten, riefen vergeblich zum Himmel.

Einmal aber, als der Riese bei seinem Jagdzug eine alte Frau mit ihren Enkeln vor einer Hütte traf und sein wildes Gefolge über sie und die Kleinen herfallen ließ, wurde es Gott zuviel. Als das Mütterchen sterbend den König erkannte und sein Weib und die Kinder nahen sah, verwünschte es die Grausamen und warnte, daß der Ewige sie versteinern lassen würde. Kaum hatte die Alte es gesagt, erstarb plötzlich aller Lärm. Feuer barst aus der Erde und umfing des Riesen Knie; sein Haupt wurde zu Fels und seine Augen blind. Ebenso erging es den Seinen.

So steht der Watzmann mit Frau und sieben Kindern als Erweis von Gottes Strafe im milden Berchtesgadener Land. Kein Frühling, kein Lied und kein Gebet wird ihm helfen. Oder glaubt jemand, daß die Unholden Gott ablösen werden?"

Die Zuhörer schwiegen; auch das Wasservolk will ja keine Worte gegen die Macht des Ewigen einwerfen.

So fuhr der Hauptmann Mühlwieser fort:

Reichenhall

„Nahe dabei liegt Reichenhall. Dort wohnen im Berg über der Stadt drei weiße Frauen, die wunderschön singen und zuweilen sogar zu den Hochzeiten der Menschen kommen. Sie wissen mehr vom Wetter, als man glaubt. Wenn sie die Wäsche zum Bleichen auslegen, kann man sich auf guten Sonnenschein verlassen.

Eine von ihnen besucht auch die Kranken und bringt ihnen heilende Säfte aus Pflanzen, die auf den Bergen rundum wachsen. Währenddessen zieht die andere Stolperseile quer über die irdische Welt, so vom Karlstein bei Reichenhall bis zu dem Berg in Böhmen, der den gleichen Namen trägt.

Die dritte Schwester aber sucht Bauern und Burschen für ihre Abenteuer und schreckt dabei nicht vor den schlimmsten Zaubern zurück. Einst gab sie einem Mann, den sie gewonnen hatte und bei sich behalten wollte, einen Gürtel für seine Frau mit. Der Beschenkte war so vorsichtig, den Gürtel an einem Baum zu erproben. Da wurde der eingeschnürt, immer fester und enger, so daß er schließlich umstürzte. Das gleiche wäre seinem Weib geschehen.

Man soll sich eben vorsehen, auch wenn die fremden Frauen noch so gütig tun!"

Sohn der Wasserfrau

Während der Hauptmann der bayerischen Wassermänner, der es nicht lassen konnte, immer wieder vor den Frauen zu warnen, bei seinen Worten erschrocken einhielt, tat die Königin, als habe sie nicht verstanden und an ganz andere Dinge gedacht.

„Wie heißt der Strom?“ fragte sie und wies mit den Händen vor den grünen Schiffsbug. Am Ufer gingen Menschen vorüber. Frau Lau wußte, daß die Schiffsborde wie auch sie und ihre Helfer unsichtbar waren, und freute sich über das arglose Lachen der Kinder und über das zärtliche Gerede junger Knechte mit ihren Mädchen. „Wie heißt der Fluß?“

„Es ist der Inn“, erklärte der alte Doktor Veylland, der nicht weit von der schönen Lau an die Reling trat. „Wenn wir uns beeilen, zur Donau zurückzukehren, sehen wir vielleicht die Aufgebotenen aus dem Main, die der Mainherzog Eurem Herrn schickt.“

Aber die Königin schien es wenig anzugehen. „Erzähl weiter, Mühlwieser! Denk, wieviel ich noch wissen muß, bis ich mit meinem Gemahl wieder den Thron teile! Wie soll man richten, ohne alle sieben Schichten der Welt zu kennen?“

„Darf ich auch eine Geschichte von der Hochzeit einer Wasserfrau mit einem Menschen bringen?“

„Nein“, sagte Frau Lau halblaut, „aber ich selbst will dir eine Geschichte von einem jungen Ritter erzählen, aus der du lernen kannst. Denn es ist so: Manche vom Wasservolk meinen, sie brauchten nur einen Menschen zum Ehegemahl zu gewinnen, dann hätten sie auch schon eine unsterbliche Seele. Hör zu:

Einem Ritter an der Donau war einmal eine wunderschöne Frau im Traum erschienen, mit weißen Händen und Knien und schmalen, zierlichen Füßen, wie man sie bei Menschen kaum findet. Als sich eines Nachts sein Pferd verlaufen hatte und er am Ufer des Stroms übernachten mußte, da sah er die Fremde um Mitternacht aus der Flut hochkommen. Und sie blieb bei ihm, als sei ihnen beiden alles so bestimmt. Das Paar lebte glücklich, hatte sechs Kinder und war, weil die Frau viele Perlen und Goldschätze aus den Fluten mitgebracht hatte, ohne Not.

Beim siebenten Sohn, einem starken Knaben, überfiel die Mutter eine große Furcht, und sie sprach zu ihrem Mann davon. ‚Du hast mich nie danach gefragt, aber du weißt, daß ich eine Nixe bin. Sechs meiner Söhne gehören dir, den siebenten muß ich dem Wasser opfern; sieh, und nun geschah es, daß er mir der allerliebste ist!‘ Die Frau weinte viel und schenkte dem jüngsten Knaben all ihre Zärtlichkeit.

Als er nun zwanzig Jahre alt geworden war, da beschlossen die Eltern, ihn auf einen Berg zu schicken, wo kein Wasser war, und sie mahnten ihn, jegliche Flut überall zu meiden. Es kam aber so, daß ein anmutiges Mädchen und seine Mutter den Burschen einmal mit sich nahmen, Heu von einer Bergwiese zu holen; dabei mußten die drei über einen See, der hoch zwischen den Schroffen lag. Als das Boot halb hinübergelangt war, begannen die Wasser zu toben. Und es half nichts; der Jüngling sah, daß sie scheitern und daß auch die Frauen untergehen würden, gäbe er sich nicht selbst der Flut zum Opfer. So kehrte der Bursch zum Wasservolk zurück, für das er vom Schicksal bestimmt war.“

Und die Königin sprach vor sich hin: „Er trat später in den Dienst des Donaufürsten und hat hohe Würden bei meinem Gemahl erlangt und ist einer der Nächsten bei ihm!“

Die schöne Lau schwieg, und die Männer und Frauen, die zugehört hatten, schwiegen auch. Nur die Fürstin Mirta legte der Schwägerin den Arm um den Hals und küßte sie.

„Sein Name ist Degerli, und der König sah ihn und mich in unserer Jugend beieinander, er nahm mich dem Vertrauten und rief mich an seine Seite!“ Die Lau schien zu träumen; Mirta stieß sie an, sie wollte nicht, daß die anderen solche Bekenntnisse vernähmen. „Willst du auf der Donau bleiben, Königin, oder willst du das Land um die Flüsse vom Böhmerwald sehen? Vielleicht kennst du es?“

„Ja“, sagte die Lau halblaut, „ich erinnere mich.“ Dann winkte sie: „Erzählt mir, erzählt! Ach, es ist so schön, wenn ihr erzählt! Die törichtsten Geschichten will ich hören, alles, was ihr nur wollt. Aber laßt mich auch währenddessen nachdenken über dies und das! Der König nahm mich dem anderen und hielt Hochzeit mit mir. Der Ritter Degerli ist noch bei Hofe und führt des Königs Leibwache. Ich werde ihn sehen, wenn mein Gemahl und ich uns wiederbegegnen!“

„Ich werde dafür sorgen, daß ihr euch nicht seht“, schalt Mirta lachend.

Gerade da bog das Schiff in die Beugung der Donau ein. Die Ufer waren lieblich anzuschauen, und die Stadt Passau hob sich mit ihren Türmen darüber auf. Sonne leuchtete von den Wäldern zum grünen Wasser hinab und blitzte und funkelte.

Noch einmal hatte Mühlwieser etwas zu erzählen, er fühlte sich verantwortlich, solange man sich noch auf bayerischem Gebiet befand:

Bekehrung einer Drud

„Einmal kamen bei einem jungen Bauern hier nahe Passau zwei Druden vorbei – sie heißen auch Mahrfrauen –, die taten, als seien sie auf einer Wallfahrt, klopften an die Hoftür, baten um Unterkunft und sahen sich bald um, wen sie im Schlaf mit ihren Träumen bedrücken und bedrängen könnten.

Während die beiden – Muß und Kann hießen sie – dem Bauern, dessen Frau niederkommen sollte, erklärten, sie würden beim heiligen Hermann für die Wöchnerin beten, suchten sie sich durch das ganze Haus. Aber sogar der Hofhund trug ein Amulett; die Argen wußten nicht, wo sie sich weiter umsehen sollten. Die ‚Muß' wurde darüber ganz bösartig, und weil sie sonst niemanden fand, dem sie einen schlimmen Traum eingeben könnte, umarmte sie einen Pfosten und drückte ihn so fest an sich, daß sie selbst zu Tode kam.

Die andere Drud hatte Glück. Der Knecht wurde gleich nach dem Abendessen ausgeschickt, den Bader und den Kaplan zu holen; die junge Frau merkte, daß ihr Kindlein sich rührte. Da hockte die ‚Kann' sich hinten auf des Mannes Pferd auf und wollte das Tier und ihn jagen. Aber der Knecht war ihr über, riß sie mit einem Kreuzgriff von seinem Rücken und holte, wen er holen sollte. Als er heimkehrte, gab er acht, daß die Drud gefangenblieb. Er wollte ihr wohl noch mit Mistforke und Dreschflegel zu Leibe.

Aber der Bauer und der alte Bader waren dagegen, ihr etwas anzutun. Die junge Frau hatte inzwischen einen gesunden Knaben bekommen, da waren alle glücklich. Und als die Männer die ‚Kann' recht besahen und ihr sagten, sie möge sich davontrollen, bat sie, erst einen Griesbrei für das Kindlein kochen zu dürfen. Die Drud wandelte sich dabei aus einer alten Frau in eine schöne Magd, weil ihre Hilfe aus Liebe kam. Dann, als sie Mutter und Kind zu essen gegeben hatte, wußte sie nicht mehr, was vorher gewesen war, blieb auf dem Hof und hat der Bäuerin schließlich zehn Kindlein aufziehen geholfen.

Bis zu zweihundert Jahre hat die ‚Kann' gelebt und lernte zuletzt gar die Lieder vom heiligen Christ. Und es hat Glück und Segen über dem Hof gelegen.

Wie der Ort Greinet entstand

Von Passau bis tief nach Böhmen hinein, bis zur Stadt Winterberg, liegt viele Tage weit ein wilder Wald, der ohne Weg und Steg ist. Nur eine Straße führt seit uralten Zeiten nach drüben, sie heißt die Goldene Steige. Niemand weiß, wer sie angelegt hat, noch warum sie nicht verwächst, denn es sind nicht viele, die auf ihr fahren.

Einmal wollte ein reicher Passauer, der drüben in Prag zu tun hatte, mit Pferd und Wagen auf der Goldenen Steige reisen. Aber er verlor den Weg und fand sich nicht zurecht; drei Tage irrte er im Böhmerwald umher.

Dann gelangte der Mann zur Straße zurück, steckte vor Freude, daß er zu Stätten der Menschen gekommen war, einen Reisestab in die Erde und versprach Gott, Ihm eine Kirche zu erbauen.

Als der Passauer nach Jahresfrist wirklich mit Wagen und Steinmetzen eintraf, um sein Versprechen zu erfüllen, da war sein Wanderstab fröhlich ergrünt, als sei es des Himmels Antwort auf sein Gelöbnis. Den Steinmetzen und Bauleuten aber gefiel es so gut in der Waldmitte, es blieben viele um den wachsenden Baum. Sie bauten sogar eine Ortschaft oben im Gebirge, die sich heute noch nach dem hohen Baum nennt, bei dem einst die Kirche errichtet wurde. ‚Er groanete', das heißt, er wuchs.

Nimmerweh

Die Frau eines Bauern in der Oberpfalz glaubte, noch immer arbeiten zu müssen, obwohl sie kurz vor der Geburt eines Kindes stand.

Eines Tages, als sie gerade weit vom Dorf entfernt war, spürte sie, daß die Stunde gekommen war, und klagte. Da eilte mitleidig das Weiblein eines Unterirdischen herbei und reichte ihr eine blaue Blume. Gleich waren der jungen Mutter Schmerzen verflogen. ‚Nimmerweh' nannte sie die Blume.

Sie selbst begann danach, mit der Blume auch anderen Frauen zu helfen, so daß sie und ihr Mann schließlich wohlhabend wurden. –

Der Bauer aber war ein habsüchtiger Mensch, der keine ruhige Nacht hatte und immer nur fürchtete, daß sein Weib das Geheimnis nicht für sich behalte. Schließlich meinte er, wenn nicht seine Frau, so werde die kleine Waldfrau sicherlich anderen davon erzählen, ging in den tiefen Hagen, suchte, bis er die Unterirdische entdeckte, und erschlug sie.

Sein Weib war ihm gefolgt, fand die Sterbende und versuchte ihr zu helfen. Die aber verwünschte die heilende Blume. ‚Nimmerweh', stöhnte sie, ‚blüh nimmermehr! Werde Immerweh!'

Dann verschied sie.

Die Menschen wissen heute nicht, welche Blume es war, die einst der jungen Frau half, und wenn einige es wissen, heilt sie nicht mehr.

Der Schatz auf dem Frauenstein

Die Leute aus der Oberpfalz sind gewitzt und sollen dem Teufel manchen Streich gespielt haben. Es kommt vielleicht davon, daß Faust so lange unter ihnen geweilt und bei Passau und Straubing sogar die Donau umgeleitet hat. Bei der Gelegenheit werden sie vieles von ihm aufgeschnappt haben.

Einmal beschlossen drei Männer, dem Teufel die große Schatzkiste zu stehlen, die in dem Berg Frauenstein liegt und die er sorgsam selbst bewacht. Nur wer in der Zeit einer Messe das Gold wegzuschleppen vermag, wird Glück haben. Das wußten die drei, verabredeten sich mit dem Mesner, daß er vom Kirchturm des Orts mit einer Fahne winkte, sobald der Geistliche mit dem Gottesdienst begann, und betraten den Burghof. Wirklich saß der Teufel auf einer großen Kiste, die sich immer um jene Stunde aus der Tiefe der Erde erhob, und fragte, was sie wollten.

Nun, das in der Kiste, sagten die Männer frech, das könne er sich wohl denken!

‚Gut, von dem Schatz mögt ihr euch die Taschen vollstopfen', meinte der Teufel, ‚aber einer von euch muß mir dann gehören!'

Die Beherzten taten, als wenn das eine schlimme Bedingung sei und als sei es schwer, sich dazu zu entschließen. Den letzten von ihnen solle er haben, schlugen sie dann vor; sie müßten ja doch rennen, wenn sie das Gold einmal in den Fingern hätten. Aber zwanzigmal müßte er tief atmen, bis er sie verfolgen dürfe.

Der Böse nickte, er sah sich die drei grinsend an. Der eine von ihnen war kurzbeinig. Den würde er wohl fangen. Er wußte ja nicht, daß gerade er der Schlaueste war.

Dann stieg der Teufel von der Kiste herab, und die Männer nahmen sich so viel Gold, wie sie in den Taschen zu bergen vermochten. Danach schlug ihnen das Gewissen, sie könnten die Zeit der Messedauer versäumen, und sie fingen an zu laufen.

Und der Teufel atmete zwanzigmal, dann hetzte er hinter ihnen her.

Wie es vorauszusehen war, blieb der Kurzbeinige am weitesten zurück. Gut rennen konnten sie alle drei, der Böse mußte sich Mühe geben. Aber er holte doch den letzten ein.

Schon hatte er ihn gepackt, da sah er zu seinem Schrecken zu spät, daß sich der Kurzbeinige ein Kreuz auf den Rücken genäht hatte.

Und der Teufel hat sich so sehr die Finger verbrannt, er hat sich wütend siebenmal auf dem Absatz gedreht und in die Hände geblasen. Darüber waren die Fliehenden inzwischen zu weit voraus geraten, der Böse hat das Rennen aufgeben müssen.

Schweppermann

Kaiser Ludwig von Bayern war einer der besten Herrscher des Deutschen Reiches. Aber mehr als er bedeutete sein getreuer Feldmarschall Schweppermann, der ihm alle Schlachten schlug, auch den Kampf gegen seinen Gegenkönig Friedrich von Österreich.

Als nun die große Schlacht hinter ihm lag, hat Ludwig sich mit keinem bösen Wort gegen den Überwundenen gewandt, sondern nur gesagt: ‚Seid willkommen, Herr Vetter, wir sehen Euch gerne!'

Aber Schweppermann, der sonst immer gleich das Wort nach seinem Herrn führte, hat nur den Hut gezogen; das hat Ludwig an seinem Feldmarschall erstaunt. Es wird ihn ein Kummer plagen, hat er gedacht; denn Schweppermann war ein Riese und gewaltigen Leibes.

Er sollte den Kummer bald erkennen.

Als sie sich zur ersten Tafel nach der Schlacht zusammensetzten, hat Schweppermann tief aufgeseufzt. Und alle haben vermutet, er habe sich traurig der Gefallenen entsonnen, und habe nach ihnen geseufzt, so daß Herr Friedrich von Österreich, der mit geladen war, sich schon Sorgen gemacht hat.

Es war aber keine große Tafel, der Furier hatte nur eilig das Nötigste auf den Tisch gestellt. Ein Brötchen für jeden und ein paar Eier für alle.

Herr Ludwig zählte den Korb durch und zählte, wie viele als Gäste gekommen waren. Da war für jeden ein Ei, und nur für einen allein, dem von Bayern oder dem von Österreich, konnte ein zweites zugestanden werden.

Auch Schweppermann hatte wie der Kaiser Ludwig die Eier gezählt. Weil er jedoch fürchtete, daß sein ritterlicher Herr den Besiegten bevorzugen würde, griff er als erster in den Korb, holte sich zwei Eier heraus und lächelte: ‚Jedem ein Ei. Dem frommen Schweppermann aber zwei!'

Auf das Wort hin verloren alle Anwesenden ihre grämliche Laune, die Gesichter hellten sich auf. Und sie langten wie der Feldmarschall an dem Herzog von Österreich vorbei. ‚Nun ja', entschuldigte sich Schweppermann. ‚Wir haben halt gesiegt!'

Auf seinem Grab aber steht:

Er ist nun tot,
Ihm genate Got:
Jedem eyn ey,
Deme fromme Schweppermann zwey."

Mühlwieser schwieg ermüdet, und alle waren voll des Lobes über seine anschaulichen Erzählungen.

Hauptmann Degerli und die schöne Lau begegnen sich bei Passau

Als die schöne Lau nun in ihrem glasgrünen Schiff bei Passau vorübergekommen war, überreich von den Sagen aus dem bayerischen Land, schäumte der Strom plötzlich hoch auf. Es war, als seien, unsichtbar für das Wasservolk, andere vorbeigefahren, die keiner an Bord beachtet hatte. Nur Frau Mirta schien sie erkannt zu haben.

„Wer war es?" fragte die Königin.

„Es war der Hauptmann Degerli, der die Rekruten Schwabens und die Männer vom Mainherzog zu deinem Gemahl führt!"

Die schöne Lau blickte zur Seite; sie wußte, daß die Schwägerin sie voll Mißtrauen beobachtete, Mirta war nun einmal die Schwester König Ingolds.

„Du hättest etwas ankünden oder ihn rufen sollen", erklärte die Lau nach einer Weile. „Sag, wo sind wir jetzt?"

„Bei Passau vorbei."

„Wir hätten ihm Grüße an meinen Gemahl mitgeben können!"

Als die schöne Lau noch so sprach, stand der Hauptmann Degerli plötzlich zwischen ihnen beiden. Er hatte sich heimlich an Bord geschwungen und sah von einer zur anderen. „Der König weiß, daß Ihr ihm halft, und er weiß auch, daß Ihr wieder zu lachen vermögt, Königin! Ich war bei ihm, und er läßt Euch grüßen."

Da dankte die schöne Lau.

„Wie kamt Ihr zu ihm und zurück?"

„Weil ich halb zu den Menschen gehöre und der Zauberer Faust mich mitnahm und zurückführte. Ich hatte Befehle für das neue Hilfsheer und sollte Euch Nachricht bringen! König Taurus ist stärker, als wir gedacht hatten, und sein Hauptmann Josua ist ein heimtückischer Gegner." Degerlis Stimme klang plötzlich so tief, daß man meinte, sie käme aus einem Keller.

„Und dann soll ich hier auf dem Schiff die Leibwache ordnen und Euch zum Lauengrund führen, das ist des Königs neues Schloß vor Wien. Dort will er Euch besuchen und Euch lachen sehen!"

Jeder blickte zu Degerli hinüber, denn er war einer der Ritterlichsten, die zwischen Menschen und Wasservolk gewachsen waren. Die meisten kannten sogar die Sage, wie seine Mutter ihn fern von allen Wassern zu halten versucht und wie er sein Los hatte erfüllen müssen und danach des Donauherrschers bester Hauptmann wurde. Ein jeder wußte, daß die schöne Lau aus Schwaben auch ihm einst geneigt gewesen, daß aber der alte König sie für sich gewählt hatte.

„Erzähl selbst, Degerli, was hörtest du sonst an den Ufern der Donau? Kannst du mir noch einige Geschichten mitgeben?"

„Ich werde Euch einen Freund vom Inn schicken, dazu die Traun und die Enns und die kleine Wassernixe aus dem Mühlviertel, die wissen mehr als ich!" Scheu trat Degerli zurück.

„Du selbst sollst erzählen!" Die schöne Frau Lau sah ihn an. Wollte er doch noch eine Weile in ihrer Nähe bleiben! Aber er wandte sich ab, als überfiele ihn eine Furcht, und die Fürstin Mirta, die alles beobachtete, nickte und schien zufrieden.

„Wir möchten auch drankommen und erzählen", baten die Enns und die Mühl. Sie waren auf einmal dabei, Degerli hatte sie wohl bestellt.

„Ihr kommt nach mir, laß mich als erste erzählen", verlangte Frau

Mirta rasch und nicht ohne Eifersucht. Aber sie wartete doch, bis der Hauptmann Degerli allen, die um die Königin waren, seine Verbeugung gemacht hatte. Man hörte ihn befehlen und sah bald, wie dreißig starke Wassermänner zu einer Huldigung vor der Königin an dem Schiff entlangfuhren. Es war kein Schwimmen, kein Reiten, es war, als schritten die starken Kerle als Wellen; aber es geschah doch viel rascher, als ein Mensch sich im Wasser bewegt.

„Degerli hat anderes zu tun. Laß mich dir erzählen", bat Mirta, „hier war ich oft und weiß vieles! Siehst du die Stadt Passau hinter uns in der Sonne liegen? Hör aus ihrer Geschichte:

Johann von Passau

Johann von Passau war seines Herzogs Vogt und war ein guter Herr der Seinen. Aber er konnte das Fluchen und Schelten nicht lassen. Als seine Frau vor lauter Kummer darüber schon in jungen Jahren starb, ging er in sich, änderte sein Leben und wurde ein schweigsamer Mann.

Da kam sein Weib Elisabeth eines Nachts leiblich zu ihm und sagte, Gott habe ihr erlaubt, wieder bei ihm zu sein, weil er sich geändert habe. Johann von Passau war glücklich, er erklärte der vom Tode Erstandenen, er sei jetzt ein ganz anderer. Und dann meinte er, es wäre doch gut, alle Menschen zu überzeugen, daß er sich gebessert habe, und ihnen begreiflich zu machen, wieso die Frau, die man begraben habe, wieder zu ihm zurückgekehrt sei. Am vernünftigsten sei es, noch einmal zu heiraten.

Elisabeth fand es nicht recht; es schien ihr besser, von Gottes Gnade stillen Gebrauch zu machen, und sie führte ihre Gründe an. Aber Johann von Passau duldete ungern Einwürfe und Widerspruch. ‚Ich sag dir, wir rüsten zum Lobe des Himmels eine zweite Hochzeit', verlangte er.

‚Das tun wir nicht!' Die Heimgekehrte schüttelte den Kopf, sie fürchtete, Gott könnte ihrer beider Worte hören. ‚Vielleicht will Er gar nicht, daß wir jemanden davon wissen lassen!'

‚Himmeldonnerwetter!' widersprach der Vogt und wollte erklären, warum er anderer Meinung war.

Kaum aber hatte er den Fluch ausgesprochen, da war ein fernes Rollen wie von Gewitter zu hören. Seine Frau war verschwunden, von draußen kam ein böses, keckerndes Lachen und wollte nicht enden."

Was man in Oberösterreich der Königin erzählte

Neue Gesichter

Als das Schiff „Liebfreude“ an Passau vorüberfuhr, kamen viele neue Gesichter zu Besuch: Wasserherren und -frauen aus den Zuströmen der Donau, fröhliches Wichtelvolk, Elfen und Windische. Der Hofmarschall Veylland grüßte sie, alle wollten von ihren Schicksalen und denen der Menschen erzählen. Sie wußten längst, womit sie der hohen Königin eine Freude bereiten konnten. Viele mochten sich dabei auch ein wenig wichtig machen, aber das schadete dem Lächeln um die Augen nicht.

Dichter zog sich jetzt der Kreis um Frau Lau. Die Männer der Leibwache mußten achtgeben, daß die fröhlichen Fräulein und die alten Wasserjungfern nicht drängten, sondern geziemlich blieben. Ab und zu warfen sie einen Nöck, der zu neugierig war, einfach über Bord. Es tat ja niemandem etwas an. Aber einer redete nach dem anderen, man brauchte keinen aufzurufen. Alle wollten der Königin helfen, Reichtum zu sammeln. Als erste sprach die Nixe aus der Mühl:

Burg und Ritter Rannariedl

„Einige Meilen oberhalb derer von Haichenbach reckt sich über der Donau die Burg Rannariedl. Auf ihr wohnte einst ein hochgemuter Ritter. Er hatte für den Kaiser die Schiffe zu beschützen, die von Passau nach Wien fuhren, freute sich des Lebens, seines jungen Weibes und ihres ersten Knaben und des guten Volks der Unterirdischen, die bei ihm auf dem Burgfelsen wohnten, mit denen er sich aufs beste verstand.

Nach einer Weile aber kamen fremde Heere die Donau hinauf und verbrannten viele Burgen. Und obwohl der Ritter Rannariedl sich kühn verteidigte, drangen die Feinde eines Tages auch bei ihm in den Vorhof ein. Es war zu erkennen, daß man sich nicht lange würde halten können. Da riefen der Ritter und seine Frau eine umsichtige Magd, gaben ihr das Kindlein und ließen die beiden an einer überhängenden Wand des Schlosses zur Donau hinab.

Der Magd gelang es sogar, sich eines Bootes zu bemächtigen, schon ruderte sie den Fluß hinab. Da machte das Wimmern des Kleinen die Feinde auf den Schatten im Wasser aufmerksam. Ein Pfeil traf die tapfere Magd, das Boot trieb mit dem Kind allein mit der Strömung.

In der Frühe fand ein Fischer den hilflosen Knaben, er brachte ihn zu dem Herrn von Haichenbach, und der Kleine wuchs dort mit den anderen Kindern des Schloßbesitzers auf.

Es wußte aber keiner, wer er war. Die Burg seiner Eltern war einige Tage nach der Flucht der getreuen Magd vom Feind eingenommen, Vater und Mutter waren im Kampf gefallen, und in den Mauern von Rannariedl gab es nur noch Schutt und Asche. Man hörte nichts von der Burg, als daß es dort umgehe und daß ein großer Schatz unter den Trümmern ruhe. Aber noch keinem Menschen sei es gelungen, ihn zu heben.

Auch der junge Ritter auf Haichenbach hörte später davon, und obgleich er nicht einmal wußte, daß auf Rannariedl die Seinen gelebt hatten, packte ihn wie andere vor ihm die Abenteuerlust. Er möchte wohl versuchen, die Keller der Burg zu durchsuchen; vielleicht hatte er Glück? So machte der Jüngling sich auf, durchirrte die verlassenen Stätten und fand schließlich hinter Gras und Nesseln eine Tür, zu der kein Pfad führte.

Noch mühte er sich, sie zu öffnen, da sah er einen Wichtelmann neben sich, der lachte ihn freundlich an und grüßte. ‚Ich weiß, wer du bist, und will dir beistehen, Ritter, weil dein Vater mein Freund war. Werd du einst der meine!‘ Und der Zwerg verriet dem Erstaunten seine Herkunft, schloß ihm die Pforte auf und leitete ihn zu dem Winkel, wo die Seinen zuletzt gekämpft hatten. Der Kleine bot sogar Helfer auf, die Toten zu begraben, trauerte mit dem jungen Ritter, wie man um Freunde weint, und erzählte ihm auch von seinem eigenen Völkchen.

Dann zeigte der Wichtelmann ihm im Fackellicht eine schmale Treppe, die zu einer Schatzkammer führte, reich genug, die Feste neu erstehen zu lassen.

Der glückliche Finder ritt nach Haichenbach zurück, er bat seine Pflegeeltern, ihm zu helfen, und baute Rannariedl wieder auf. Und die Mauern wurden so fest geschichtet, niemand hat sie noch einmal zu zerstören vermocht. Der Wichtelalte und die Seinen aber blieben Freunde der Burgleute; vielleicht halten sie noch heute heimlich die Wacht.

Der Spielmann von Haslach

Da war einmal ein Spielmann in Haslach, Siegmund Vorauer, der wanderte an der Mühl zur Donau hinunter, er sollte zum Tanz aufspielen. Noch hatte er das Zanken der Frau im Ohr, die ihn nicht hatte gehen lassen wollen; aber schon freute er sich auf Verdienst und Trunk. Da ritt ein Männlein auf einem Holzpferd in seinen Weg und ließ ihn nicht durch. ‚Hör', sagte es, ‚ich habe heute Hochzeit, und der Musikant ist mir ausgeblieben. Du kommst nicht weiter, bleib bei mir und laß deine Fiedel singen!'

Was sollte der Haslacher tun? Er mußte dem Kleinen folgen. Der band sein Pferd an und führte Vorauer durch ein eisernes Tor eine steile Treppe in die Tiefe. In einem wunderschönen Saal warteten wirklich viele Hochzeitsgäste auf den Schmaus. Wie mußte der Musikant aufspielen! Er kam kaum zur Ruhe, sie konnten nicht genug von ihm hören. Dann wurde abgedeckt, die Tische wurden ausgeräumt, und ein buntes Völkchen von Männern und Frauen trat zum Tanz an. Wer weiß, wie lange es dauerte, vielleicht bis zum anderen Morgen? Der Spielmann konnte gegen Ende seine Geige kaum noch heben.

‚Was bin ich dir schuldig?' verlangte der Bräutigam zuallerletzt.

Er mög's bestimmen, scherzte Siegmund Vorauer, aber es müsse so viel sein, daß er keinen Zank mit seiner Frau bekomme. Da hob der Kleine drei Kreuzer aus dem Kehricht vor der Tür. ‚Du wirst keinen Zank mit deinem Weib haben! Jeder der drei Kreuzer wird dir einen Wunsch erfüllen.' Dann stand der Musikant auf einmal auf einer der Mühlwiesen bei Haslach und machte sich, noch verdutzt über das, was er erlebt hatte, auf den Heimweg.

Es waren aber acht Tage gewesen, die der Spielmann seine Fiedel gerührt hatte, die arme Frau hatte sich große Sorgen um ihn gemacht. Sie schalt und schalt und wurde immer giftiger, als er widersprach. Schließlich verdroß es den Vorauer. In seinem Ärger dachte er an die drei Kreuzer und knurrte: ‚Wenn die mir wirklich einen Wunsch erfüllen, soll dich der Leibhaftige holen!'

Kaum hatte er es gesagt, wurde der Himmel dunkel; mit einem eklen Geheul sprang wahrhaftig der Gottseibeiuns ins Fenster, packte die Frau und jagte mit ihr von dannen.

‚Um Himmels willen', schrie der Spielmann und warf den zweiten Kreuzer auf den Tisch, ‚Teufel, gib mir mein Weib zurück!' Da kamen die beiden auch schon wieder; der Gottseibeiuns bellte drohend, und der Musikant hatte den zweiten Wunsch verloren.

Danach hütete er sich eine Weile und wurde mit dem dritten Kreuzer sehr sparsam. Weil aber die Nachbarn den Teufel hatten ein- und ausfahren sehen und viel über ihn selbst und seine Frau redeten, beschloß Siegmund Vorauer, mit ihr auszuwandern, und kam bis zum großen Meer. Als die beiden dort mit vielen reichen und armen Leuten ein Schiff bestiegen und schon lange Zeit unterwegs waren, brach ein furchtbarer Sturm aus. Hätte der Spielmann nicht eilig mit dem dritten Kreuzer eine stille See bei glücklicher Heimkehr gewünscht, hätten wohl alle elend untergehen müssen.

So gelangten die beiden wieder ins Mühltal zurück. Aber weil die Leute auf dem Schiff wohl wußten, wem sie ihre Rettung zu verdanken hatten, und dem Mann den Beutel gefüllt hatten und weil Vorauer von da an sein Leben anders einrichtete, stand er bald in Ansehen und wurde schließlich Richter seiner Stadt Haslach. –

So bunt geht's oft im Leben der Menschen zu", sagte die Nixe Mühl.

Dann saßen die Fürstinnen lange beisammen, um einander Geschichten zu erzählen. Frau Mirta war die erste, die begann:

Die Donaunixe vergißt den Dank nicht

„Hier vor dem Strudengau hat eine deiner Nixen, Schwägerin, eine berühmte Tat vollbracht und Menschen geholfen.

Der junge Fährmann vom Hößgang hatte an dieser Stelle seine Überfahrt über den Strom, und sie war nicht leicht bei all den Wirbeln und Strudeln. An einem Tag, da betrunkene Webergesellen an Bord waren, lag die Nixe im Schilf und sonnte sich und sah neugierig der Fähre zu. Als die Weber zu brüllen und unfreundliche Worte gegen sie zu schreien begannen, packte der starke Ferge einen der Burschen und tauchte ihn zur Strafe in die Donau; da schwiegen die anderen.

Die Nixe hat es ihm nicht vergessen.

Kurz danach kam mitten in der Nacht eine flüchtige Frau mit ihren Kindern zur Fähre; es war die Zeit, zu der von überall her die Türken gegen Wien zogen.

Und es war eine schlimme Nacht. Der Mond leuchtete von Zeit zu Zeit zwischen den Wolken auf, dann sah man die Schaumköpfe des Stromes. Der Fährmann wollte die Fahrt nicht vor der Frühe wagen; aber die Frau, der die Feinde alles außer ihren Kindern geraubt hatten, bat ihn so sehr und ihre Angst war so grenzenlos, daß der Ferge die Gehetzten einsteigen ließ und das große Boot abstieß.

Schon zog wieder eine wilde Bö auf; der Mond verhüllte sich, nichts als Schwarzwasser war zu sehen, und die Wogen brandeten hoch an den Borden der Fähre. Bald wußte der Bursch selbst nicht mehr, wohin sie gerieten; die wenigen Lichter am Ufer drehten sich, das Boot war wohl im Treiben.

Auf einmal hörte er einen sorgenvollen Ruf: ‚Hierher, Fährmann!' Es war keines Menschen Stimme, sondern die hohe Stimme einer Wassernixe; wer weiß sie nicht zu unterscheiden? Der Ferge bekam wieder Mut, er brachte wirklich die Flüchtlinge über die Donau.

Dann sorgte er sich noch mehr um seine Mutter, die im Fährhaus allein geblieben war, er versuchte zurückzufahren. Aber der Strom nahm die Fähre auf den Rücken, der Ferge wußte nicht mehr, wohin sie trieb. Plötzlich tauchte die Nixe vom Hößgang vor ihm auf; er erkannte sie genau wieder. Sie packte sein Boot und zog es gegen Sturm und Strudel. Und auf einmal wußte der Gerettete, wo er war, und spürte die Kraft der Wasserfrau.

‚Ich sag' dir Dank, daß du mich gegen die wilden Weber schütztest', hörte er. Und er sah, daß die Nixe ihn mitten im Mondlicht anlachte. ‚Zehnfältigen Dank, Bursch!' Dann lief sein Boot im Fährbett auf, und sie war ins Dunkel eingesunken wie zuvor."

Gleich fuhr Mirta fort, sie versuchte, Frau Lau abzulenken.

Der räuberische Fürst in der Donau

„Ihr wißt, lange vor König Ingolds Zeit zerfielen die Völker der Wassermänner in kleine Fürstentümer. Die Herrscher sorgten dafür, daß bis zu ihren Grenzen gehorsame Untertanen wohnten, darüber hinaus hatten sie nichts zu sagen.

Mitunter hatten einige von ihnen auch andere Sorgen. Sie gaben sich oft mit den Nixen nicht zufrieden, sondern raubten sich Menschinnen hinzu. Im Strudengau, dicht unter der Stadt Linz, ist solch ein Unhold einmal am hellen Tag in ein Dorf eingebrochen und hat die Tochter des Fischerältesten in die Donau geschleppt. Niemand wagte, ihn anzuhalten; er hatte seine Krone mit den vier leuchtenden Edelsteinen auf dem Kopf, da war er stärker als alle anderen. –

Der Fischer hat immer wieder versucht, sein Kind zurückzufordern;

aber es gab damals noch keinen König im Strom, der auch über die Großen richtete. Und den Wassergrafen und Fürsten galt alles als erlaubt.

Der alte Mann wußte jedoch, wie er seinem Feind begegnen könnte. Er legte alles Geweihte ab und fuhr in einer mondhellen Nacht ganz allein über den Strom, bis er die Mitte erreicht hatte und der Fürst sich im Wasser erhob. Der Nöck trug einen blauschimmernden Bart, einen roten Mantel und die Krone mit den vier Edelsteinen und kam auf das Boot zu – vielleicht wußte er, daß der Mann der Vater der Geraubten war. Er fragte sogar, was der Alte von ihm wolle.

Der Fischer schwieg, er trieb dem Donaufürsten wortlos näher und näher. Der war erstaunt, daß er keine Antwort erhielt. Dann wurde er neugierig, ob der andere wohl ein Geheimnis hätte; er war sich ja selbst seiner Macht bewußt und fürchtete sich nicht. Im Augenblick aber, als der Fürst den Rand des Bootes berührte, hob der Alte blitzschnell das Ruder und hieb damit auf des Feindes Krone, so daß die vier blitzenden Steine in die Donau sprangen. Auf seinem Ruder war ein Kreuz angebracht, da hatte der Donaufürst keine Macht über den Fischer und konnte ihm nichts vergelten.

Seitdem sucht der Nöck nach den im Schlick versunkenen Steinen. Es ist viel Zeit vorübergegangen, ein anderer ist König geworden. Aber die Tochter des Fischerältesten lebt noch immer in der grünen Tiefe bei dem alten Fürsten. Mitunter, wenn einer aus ihrem Dorf in der Donau ertrank, schickt sie einen Strauß aus den blühenden Blumen der Tiefe in das Haus des Toten. Das ist alles, was die Menschen je von ihr erfuhren. –

Ich selbst weiß, wo der Nöck sein Versteck hat“, schloß Frau Mirta ihren Bericht. „Es würde indes einen neuen Aufruhr gegen meinen Bruder, König Ingold, geben, wenn ich's verriete. Mögen die noch Ungebändigten auf ihre Stunde warten!“

Wieder wollte die Fürstin weitererzählen, ihr war das Land ja altbekannt. Aber jetzt wies der Hofmarschall Doktor Veylland zum Ufer, auch er kannte ja den Weg nach Wien und mußte ein Wort einschieben.

Attilas Grab

„Hier, hinter den Bergen, nicht allzuweit von der Donau, liegt ein mächtiger irdischer Fürst aus frühen Tagen begraben. Der Hunnenkönig Attila wurde in einem See bestattet, unfern vom Strom. Der See ist heute verschwunden, nur ein großer Sumpf ist geblieben. Aber noch sieht man einen gewaltigen Grashügel in seiner Mitte. Attila soll da in einem goldenen Sarg ruhen; der goldene liegt in einem silbernen, der silberne in einem eisernen.

Es heißt, der König habe in einem Wettkampf am Sonnstein viele von seinen Besten verloren und habe es sich sehr zu Herzen genommen, so daß er des Lebens müde wurde. Er führte nämlich sein ganzes Heer die Klippen zum Sonnstein hinauf. Seine Feinde, die Gepiden, hatten ihn getäuscht und getan, als seien sie gute Freunde und wollten ihm das Tal der Traun lassen. Wenn Attilas Männer vor ihnen und als erste oben auf die Höhe kämen, so hatten sie listig zugesagt, dann würden sie sich ihm unterwerfen und er solle das ganze Land ohne Kampf haben.

Der König wählte seine besten Reiter und all ihr Gefolge, und die ritten mit fliegendem Atem und waren den Gepiden weit voraus. Die Einheimischen wußten jedoch, warum sie zurückblieben, sie wußten auch rechtzeitig abzubiegen. Die Hunnen aber sprengten geradeaus und über den Kamm der Sonnsteinklippen in den Abgrund des Flusses."

Aus dem Trauntal

Auf einmal drehte sich die Fürstin Mirta um. „Ich meine doch, die Traunnixe hier unter uns gesehen zu haben, und sie läßt andere reden! Erzähle von Wels!“ Sie zog die Jungfer nach vorn, die Enns und die Mühl folgten. Der Doktor Veylland gab indes das Wort nicht ab.

„Wels, das ihr aufsteigen seht, war einst eine große und breite Heidenstadt“, begann er, „keiner wollte das Christentum annehmen, alle Bürger lebten mit ihren alten Göttern. Aber die vermochten sie nicht zu schützen.

Eines Tages zerstörte ein Unwetter die Stadt; es dauerte lange, bis die Menschen sie neu gebaut hatten. Sie besaßen auch in der ersten Zeit nicht das Geld dafür. Dann begegnete ihrem König Goisern, der gern auf den Bergen jagte, einmal ein Zwerg, der ihm von jenseits einer Schlucht zuwinkte und eine Schale aus reinem Gold bot. Da folgte er dem Kleinen und fand Schätze, die der Knirps ihm für die Wiederaufrichtung der Stadt schenkte.

Goisern nahm das Gold. Es kam indes über ihn, daß er nicht königlich lebte, sondern seinen Reichtum vertat und die Gerechtigkeit vergaß. So wurde er ärmer. Weil er jedoch immer noch mehr forderte, schickte der Zwerg seinen Ziehbruder, einen Drachen, der sich unter dem Schloß in Wels eine Höhle grub. Als Goiserns Ritter ihn herausforderten und er vor der Höhle erschien, um mit ihnen zu kämpfen, stürzte der Berg über sie alle. Auch der Zwerg und der Drache wurden verschüttet.

Und jetzt soll die Traun erzählen!“

Die Nixe lächelte. Sie war eine ältere ernste Frau, die ein wenig zu erklären versuchte.

Die Wasserfrau in der Krems

„Die Krems fließt in die Traun. An einem ihrer Ufer hat man einst eine kleine Kapelle und später das große Benediktinerstift gebaut. Die Krems ist aber auch bekannt durch ihre mildtätige Nixe.

Einmal fiel ein spielender Knabe, das einzige Kind eines armen Schiffers, ins Wasser. Es geschah ihm jedoch nichts; eine weiße Frau hob sich aus der Tiefe auf und trug das Kind schwimmend an Land. Dort küßte sie es viele Male und schenkte ihm eine Silberblume.

Des Knaben Mutter bewahrte die Blume für ihn, und er brauchte sie eines Tages, als er erwachsen war. Auf einer Insel im Fluß hatte der Bursch sich, als er schon mit drei Gesellen fischen ging, ein großes Haus gebaut. Da kam eine Flut und riß all sein Eigen mit. Mit Mühe rettete er Weib und Kinder.

Die Silberblume hatte der Mann noch bei sich, er warf sie ins Wasser. ‚Du hast mir nicht geholfen‘, klagte er und blickte kaum auf, als sie mit der Strömung trieb und unterging.

‚Doch hab' ich dir geholfen‘, sagte die zarte Stimme der Frau, die sich aus der Krems hob. ‚Doch hab' ich dir geholfen! Prüfe nur, wo du stehst!‘ Da sah der Fischer, daß der Triebsand, den die große Flut angeschwemmt hatte, unter seinen Füßen voll von Goldkörnern war.

Die Blume aber lag wieder in seiner Hand. ‚Ruf mich immer, wenn du in Not bist‘, hörte er noch; dann tauchte das weiße Nixengesicht ins Wasser zurück.“

Der Unhold Grindel

Jetzt nahmen auch die anderen Nixen das Wort und erzählten, was ihnen gerade einfiel. Als erste meldete sich die Enns. Sie war eine sehr schmale, schwarzhaarige Frau mit blauen Augen, deren Stirn ein Strahlenkranz zu umgeben schien.

„In alter Zeit hausten noch viele Unholde in den Sümpfen an meinen Ufern. Ein Waldvogt arbeitete von morgens bis abends mit seiner Schar von Holzfällern in einem Hagen, der zwischen zwei weiten Mooren lag. Weil der Weg zu den Dörfern zu beschwerlich war, hatten sie sich eine Hütte gezimmert und blieben in den Nächten beim Arbeitsplatz.

An einem der Morgen sahen sie mit Bestürzung, daß einer ihrer Männer fehlte. Es war außer den abgetanen Kleidern nichts von ihm zu entdecken.

Zum nächsten Neumond fehlte wieder einer der Leute, und einige sagten, sie hätten wohl ein Tappen oder Schleifen gehört, mehr wüßten sie nicht. Die Kleider auch dieses Vermißten lagen geordnet wie am Abend vor seinem Lager.

Nun beschlossen die Waldarbeiter Wachen auszustellen; aber für eine lange Weile regte sich nichts, schon ermüdeten die Wächter. In einer Nacht des dritten Neumonds fühlte einer von ihnen einen kalten Luftzug und sah aus halbem Schlaf, daß die Tür offenstand. Zugleich gewahrte er im Schein des Feuers undeutlich die Gestalt eines riesigen Unholds in der Hütte. Laut weckte er die Helfer. Noch bevor der Räuber diesmal zupacken konnte, schwangen die Männer ihre Äxte und trafen ihn. Der Unheimliche schrie furchtbar, dann fuhr er zur Tür hinaus. Nur eine weite Blutspur zeugte noch von ihm.

Als die Arbeiter ihr am Morgen folgten, entdeckten sie in einer Höhle am Moor ein behaartes Ungetüm mit zwei klaffenden Wunden im Rükken. Grindel heißt man jenen Sumpfunhold. Sie fanden noch vielerlei, auch Mäntel und Reisesäcke und Schädel Unbekannter, die wohl vom Grindel an der Straße überfallen worden waren.

Aber sie selbst und das Land weithin blieben danach von Verfolgung frei.“

Als zweite fiel die Wasserfrau der Mühl ein:

Der Wagnerloisl

„Im Mühlviertel der Donau hauste ein Straßenräuber, der Wagnerloisl, ein durchtriebener, aber oft auch gutherziger Bursch. Er gab den Pflegern und Verwaltern viel zu schaffen. Mit den kleinen Leuten stand er sich aufs beste.

Eines Tages erfuhr er von einer Bäuerin, daß ihr Mann auf Nachbarschaft sei, um sich den Pachtschilling zusammenzuleihen. Nach einiger Zeit kam der Loisl noch einmal vorüber. Er hatte das Geld beisammen, weiß der Himmel, wem er es abgenommen hatte, legte es der Frau hin und sagte ihr: ‚Wenn der Landpfleger dich fragt, wer dir die Silberstücke gegeben hat, bekenne nur, der Wagnerloisl hab sie dir geschenkt. Und er hause jetzt im Brandstätterholz!'

Die Bäuerin trug den Pachtschilling zum Pfleger, sie sagte auch, von wem sie ihn habe und wo der Räuber sich aufhalte. Gleich rief der Landpfleger alle Knechte zusammen und umstellte den Wald, um den Wagnerloisl zu fangen. Der hat sich aber zur gleichen Stunde in das Haus des Pflegers geschlichen und das abgelieferte Geld der Bäuerin aus der Schublade und noch anderes mehr zurückgenommen. Er wußte, daß niemand achtgab und daß alle aus waren, ihn im Brandstätterholz zu fangen.

Der Schuster von Grein

Nahe der Stadt Grein wird das Donaubett eng, Felsen hängen über den Strom. Am Rande des Stroms lebte einmal ein Schuster, der hatte ein wackeres Weib, viele gute Kinder und war der Beste in seinem Handwerk. Auch war er ein großer Kletterer in den Bergen. Nur war er sehr faul – es war zum Gotterbarmen.

Schließlich geriet er in allen Wirtshäusern in Schulden und trieb ein rechtes Lotterleben.

Eines Tages fehlte einem Heiligenbildnis in der Stadt Schmuck und Krone; unser Schuhmacher aber hatte Geld im Beutel, lief von einem Wirt zum anderen und zahlte. Bis tief in die Nacht saß er in der letzten Gaststätte, dann rannte er hinaus und prahlte vor dem Nachtwächter:

‚Heut bin ich Gast der Heiligen Jungfrau und morgen Sankt Peters Zechkumpan. Ja, das ist ein Leben!‘

Der Schuster wurde, wie zu erwarten war, bei dem Raub am Bild des heiligen Petrus gefaßt, er mußte gestehen und wurde zum Tode verurteilt.

Seine wackere Frau aber und die acht Kinder pilgerten zum Landgrafen, flehten um Gnade, zeigten ihm, was für ein geschickter Handwerker der Vater Dieb doch einst gewesen, und wollten beschwören, daß er sogar die Schuhe aller Heiligen geschustert hätte.

Und gewiß würden sie alle sich erkenntlich erweisen. Der hohe Herr möge nur etwas ganz Unmögliches verlangen, es würde im Schutz der guten Geister und zum Zeichen ihres Danks ausgeführt.

Der Graf war wirklich betroffen; es tat ihm auch leid um die Kinder, die ihr Leben lang würden hören müssen, daß ihr Vater als Kirchenräuber verurteilt sei.

‚Nun‘, sagte er schließlich, ‚wenn dein Mann den Fels über Grein ersteigt und da oben im Hocken ein Paar Schuhe fertigt, dann soll er frei sein!‘

Der Fels aber war ein hängender Stein über der Donau, den noch niemand erklommen hatte.

Was indes keiner für möglich gehalten hatte: Der Schuster erkletterte in Reue und Todesnot den Fels. Er zog oben Handwerkszeug und Leder aus der Tasche, hämmerte und schnitt, vorgebeugt und auf einem Bein stehend, das Leder zurecht und nähte ein Paar Schuhe. Und er arbeitete daran, während viel Volk unten am Strom stand und mit glasigen Augen den armen Sünder und sein Tun verfolgte, als sähe es solches Handwerk zum ersten Male. Endlich schrie der Schuster vor Freude, die Arbeit war vollbracht, er konnte absteigen.

Der Begnadigte wurde danach ein emsiger Handwerker. Er lief in keine Schenke mehr und hat der halben Stadt Schuhe geschnitten. Aber er machte es sich bequemer dabei als oben auf dem Stein und war fortan ein fleißiger Mann.

Der Verschollene auf der Insel Wörth

Auf der Donau geriet noch vor dem Türkenkrieg ein junges Ehepaar, das sich von Tirol nach Wien begab, auf der Hochzeitsreise in einen großen Sturm. Das Schiff ging mit Mannschaft und Fahrgästen unter, nur die Frau rettete sich zum Ufer und kehrte zu ihren Eltern nach Wien zurück. Zwölf Jahre lang betrauerte sie ihren Mann, lebte zurückgezogen und erzog ihren Knaben.

Eines Tages aber hörte sie am Ufer der Donau Schiffer miteinander sprechen, die erzählten sich von dem Strom und von der Insel Wörth, auf der ihnen ein Einsiedler, als sie in Seenot waren, Gutes angetan hatte. Die Frau wandte sich zu ihnen, redete die Fremden an, wie sie alle Nachrichten sammelte, die vielleicht mit ihres Mannes Tod zusammenhingen, und wurde begierig, den Einsiedler kennenzulernen. Und weil die Schiffer nach Passau wollten, bat sie ihren Vater, sie zu begleiten und mit ihr auf dem Schiff mitzureisen.

Als sie nun nach der Insel Wörth kamen, ging der alte Graf allein in die Hütte des Einsamen. Er kannte den Ehemann der Tochter ja nicht und fragte den Unbekannten deshalb über dies und das aus und auch nach seinem eigenen Schicksal. Da erzählte der Einsiedler, daß er ein Weib gehabt, daß es im Sturm umgekommen sei und daß er hier, an der Stätte des Schiffsunglücks, leben wolle, bis ihm Gott das Ende bestimmt habe.

Als er gerade noch Erklärungen geben wollte, trat auf einmal seine Frau in die Hütte und fiel ihm um den Hals. Sie hatte gehorcht und ihren Mann an der Stimme erkannt.

Die letzten Riesen und der Böse

Zum Bau der gewaltigen alten Mauern der Städte wurden einstmals Riesen gedungen.

Sie haben sich aber mit den Zwergen in den Bürgerhäusern oder in den Felshöhlen schlecht vertragen. Die riefen ihnen immer wieder ein spottendes Wort nach, so daß die Hünen oft mit ihren Hämmern nach ihnen warfen und dabei ganze Berge zerschlugen.

Der höchste Turm der Stadt Enns wurde von einer Riesin erbaut. Den großen steinernen Tisch in der Wachtstube hat sie in ihrer Schürze herbeigeschleppt. Noch weiß man nicht, woraus die gesponnen war.

Schließlich wollten die Riesen nicht immer nur bei den Menschen in Dienst gehen, sondern sich eine eigene Burg im Mühlviertel bauen. Sie wählten dafür den Ort Freistadt. Gerade dort aber errichtete der Teufel einen Staudamm, um die Bürger der Stadt Prägart zu ertränken, die weiter abwärts der Donau wohnten und ihn geärgert hatten. Als die Riesen nun nach Steinen suchten, stahlen sie einfach nachts die der Teufelsmauer; der Böse kam mit seinem Werk nicht weiter. Schließlich wurde er so wütend, er riß in einer Nacht die neu entstandene Burg der Hünen auseinander. Die Steine liegen heute noch im Tal umher. Als ihm die Riesen entgegentraten, verwandelte der Böse sie in Felsblöcke; er hatte ja das Recht dazu, weil sie ihn bestohlen hatten."

Der Donau Reich in Niederösterreich

Der Doktor Veylland schreibt weiter

Während die Wasserleute einander so von allerhand Fährnis und lustigem Zank erzählten – denn wer freut sich nicht, wenn der Teufel vor lauter Streit nicht dazu kommt, den Bürgern von Prägart etwas anzutun –, geriet das grüne Schiff „Liebfreude“ von Oberösterreich nach Niederösterreich. Alle Zuhörer blieben fröhlich beisammen und verlangten nur immer nach mehr neuen Geschichten.

Junge und alte Nöcke und kleine, leichtsinnige Nixen kletterten heimlich an Bord. Der Herr Veylland aber stimmte die Geschichten aufeinander ab und ließ die Zauberfeder der schönen Frau Lau schreiben und schreiben.

Die Königin wie auch er gaben darauf acht, daß der Strom der Sagen nicht versiegte. Sie wußten ja, daß sie ihrem Herrn an Eifer gleichen mußten und daß die Heere König Ingolds nur siegen konnten, wenn man daheim alle Künste pflegte und im Reichtum hielt.

Der Hauptmann auf dem Schauenstein

Ein abgedankter Hauptmann, ein wackerer Herr, kehrte aus dem Krieg zurück und wanderte und suchte, wo er seine Bleibe fände. Er war ein Soldat ohne Furcht, aber er hatte leere Taschen.

Als er bei dem alten Schauenstein im Waldviertel vorüberkam, hörte er vielerlei von dem früheren Schloßbesitzer, der verwunschen umgehe, weil er, als er für sich und seinen Bruder das Erbe des Vaters hatte aufteilen sollen, nicht gerecht gewesen war.

Da der Hauptmann aber ein Abenteuer nicht scheute, beschloß er, auf der Burg die Nacht zu verbringen. Er war mit den Lebenden fertig geworden, mit Gespenstern sollte es ihm nicht schwerfallen.

Als der Unverzagte nun in die verwitterten Mauern des Schlosses eingestiegen war und den großen Rittersaal gefunden hatte, in dem er

übernachten wollte, richtete er sich ein Lager ein, zog mit Kreide darum einen Kreis und wartete.

Um Mitternacht hörte der Hauptmann Lärm näher kommen, Fackeln flammten auf, und vier Wichtelleute, die wie Totenträger gekleidet waren, trugen einen Sarg, stellten ihn nieder und hoben den Deckel ab. Ein Graukopf entstieg ihm, wies auf einen Schatz von Goldmünzen, die bei ihm lagen, und redete den Furchtlosen an: „Ich habe mit dem Bruder falsch gehälftet und finde deshalb keine Ruhe, bis jemand mir geholfen hat und richtig teilt. Versuch du es! Gelingt es dir, ist das Schloß und die Hälfte des Schatzes dein; gelingt es dir nicht, bist du des Todes wie sie alle, die es vor dir versucht haben!"

Der Hauptmann erwiderte nichts, er machte sich ans Werk und baute zwei gleiche Haufen von Münzen auf. ‚Warum sind die anderen umgekommen', dachte er. Gerade da war er am Ende mit dem Zählen und wußte, was den anderen mißlungen war: Es blieb ein Golddukaten liegen. Eine Weile überlegte der Soldat. Plötzlich nahm er sein Schwert und hieb den Dukaten kaltblütig haargenau mittendurch. Dann warf er jedes der Stücke zu je einem der Haufen.

Der alte Mann wog die Münzen noch einmal prüfend nach. Er nickte dem Gast zu: „Du hast die Aufgabe erfüllt, die anderen wußten nicht, was anfangen. Dank, daß du mich von meiner Schuld befreit hast! Die eine Hälfte des Schatzes ist dein!"

Dann, auf einen Ruf aus der Tiefe, verschwand der Spuk, nur seine Dukaten blieben. Und das Schloß ging in des Hauptmanns Hände über. Er hat noch ein langes, gesegnetes Leben geführt.

Wie Klosterneuburg entstand

Als der Babenberger Markgraf Leopold die Kaisertochter Agnes geheiratet hatte, herrschte eitel Freude in Österreich, zumal auf der neuen Burg auf dem Kahlenberg. Eine frohe Zeit brach für alle an, viele Pläne wurden geschmiedet.

Vom Söller der Burg schauten die Jungvermählten eines Tages über das Tal und sprachen darüber, wo ein Stift gebaut werden sollte, um Gott für das Glück zu danken, das Er ihnen beschert hatte. Plötzlich entriß ein Windstoß der Markgräfin ihren Schleier. Er flog weit, weit das Donautal entlang, so daß sie zu weinen begann, denn er war das Schönste im Hochzeitsschatz von Frau Agnes gewesen.

Lange suchte man nach dem Schleier, niemand fand ihn.

Viele Jahre später jagte der Markgraf in den Wäldern am Strom, wohl eine Stunde vom Schloß entfernt. Da schlugen die Hunde an, aber der Ruf galt keinem Wild, das sie gestellt hatten. Als Leopold näher kam, sah er etwas Leuchtendes und erkannte den Schleier seiner Frau, unversehrt und unzerfetzt.

Damals beschloß Leopold, den man später den Heiligen nannte, an jener Stelle das Stift zu bauen, dessen Gründung er einst als Neuvermählter mit seinem jungen Weib erwogen hatte.

Das Kreuz von Melk

Als das Christentum an den Ufern der Donau seinen Weg gefunden hatte, war eine der Bauten, die seinen Ruhm verkündeten, das Stift Melk.

Nun hatten der herrliche Bau und sein Abt in der ersten Zeit noch viel unter Feindschaft und unter Neid und Mißgunst zu leiden. Eines Tages fehlte das kostbarste Kleinod der frommen Mönche, ein goldenes Kruzifix, das, wie es hieß, einen Splitter vom Kreuz des Heilands enthielt. Niemand wußte, wer es entführt hatte; aber die Feinde des Stifts Melk spotteten und meinten, die Mönche selbst hätten es wohl gestohlen.

Jahre hindurch gingen die Gerüchte hin und her, bis eines Tages die Mitteilung nach Melk gelangte, man habe das Kruzifix in Wien im Schottenkloster wiedergefunden und es sei noch herrlicher geworden als zuvor.

Jetzt war der Abt von Melk selbst im Zweifel. Er wollte vom Himmel ein Zeichen, daß jenes wiederaufgefundene Kleinod echt sei und ihm gehöre. Als man ihm die Herausgabe verweigerte, verlangte er, daß Gott entscheide. Und die von Wien und die von Melk einigten sich dahin, daß man den Herrn um ein Wunder bitten wolle. So sprach man ab, daß das strittige Heiligtum zwischen die Äbte gestellt werde. Wem es sich zuerst zuneige, der solle im Recht stehen. Da neigte es sich zu dem von Melk.

Aber die Gegner sagten, der Stiftsherr zwinge durch seinen Willen und durch seine Heiligkeit alles zu sich. Man müsse noch eine zweite Probe versuchen.

Da legten der Abt vom Schottenkloster und der von Melk das Kreuz in ein Boot, das sie der strömenden Donau anvertrauten. Alle Gläubigen konnten von den Ufern schauen, wie Gott entscheide. Und der Fluß nahm den Nachen auf seinen Rücken und führte ihn mit sich. Auf einmal aber hielt das Schifflein ohne menschliches Zutun an. Und vor den Augen der Schauenden und vor dem Konvent der betenden Mönche von Melk kehrte sich das Boot ohne Ruderschlag, als lenke es eine unsichtbare Hand, gegen die Strömung und wandte sich dem Stift Melk zu.

Der Abt, Sieghard war sein Name, aber wartete auf das Schiff. Er nahm das Kruzifix, wanderte vor den Mönchen einher den Berg hinan und brachte das Heiligtum ins Kloster zurück.

Die Föhre

Auf dem Marchfeld wird eine Geschichte von der stolzen Föhre erzählt. Wer den Hals hochrecken kann und helle Augen hat, vermag sie von der Donau aus zu sehen.

Nahe der Föhre hatte ein geiziger Bauer seinen Hof. Täglich ging er mit seiner Magd, einem freundlichen Waisenkind, an dem stolzen Baum vorüber. Täglich trafen die beiden auch eine hochbetagte Frau am Weg, und jedesmal überhörte der Bauer ihre Bitte um ein Stück Brot. Aber die Dirn gab ihr heimlich von ihrem Frühstücksbrot, das sie bei sich trug. Als der Knauserige es gewahr wurde und ihr weniger Brot mitgab, teilte sie auch das.

Mit der Föhre hatte es nicht ganz seine Richtigkeit, sie mußte mehr gelten als nur für den schönsten Baum weit und breit. Als der Bauer einmal von einer Hochzeit im Nachbardorf zurückkehrte, sah er an ihrer Stelle einen großen Hof, in dem ein Fest stattfand, noch üppiger als das, von dem er gerade kam.

Hab' ich schon ein Feierkleid an, dachte der Mann, kann ich mich auch zu Gast laden! Und er trat ein und erblickte viele Tische mit Wichtelleuten und am Haupt des Saals eine schöne, große weiße Frau, eine Fee, die ihn erstaunt ansah, aber doch winkte, Platz zu nehmen.

„Das ist nett von dir", bedankte sich der Geizhals; er ahnte wohl, wer die Unbekannte war, und fand es recht, daß sie ihm nichts nachtrug. Auch war ihm das Essen wichtiger als der Stolz; ja, er steckte sogar noch einiges vom Besten in die Taschen, um am nächsten Tag einen guten Nachgeschmack zu haben.

Dann tappte der Bauer in der Frühe nach Hause und prahlte gleich aus, was alles er erlebt hätte. Aber als er zum Beweis zeigen wollte, was er sich bei der weißen Frau, wohl einer schönen Hollentochter, eingesteckt hatte, bekam er klebrige Finger; es war alles zu Dreck geworden.

Da schickte der Geprellte wütend die Magd hinaus, sie solle, was er mitgebracht, auf den Dunghaufen werfen.

Als die aber draußen den Dreck fortschütten wollte, war es trockener Mull geworden, kleine Edelsteine schimmerten zwischen der Erde. Gleich lief sie selbst zur Föhre hinüber; sie dachte an die arme Alte, die vielleicht dort wartete und der sie von ihrem Reichtum abgeben könnte.

Die Hilfsbereite traf jedoch nur die weiße Frau an, die ihr die Hände mit goldenen Münzen füllte.

Aus der Magd wurde bald eine Braut und später eine wohlhabende Bäuerin. Sie brauchte nicht mehr dem Geizhals zu dienen, sondern wußte um die Festtage, an denen der Hof unter der stolzen Föhre sich offen tat. Dort galt sie mehr als eine Königin.

Das Ruprechtsloch am Semmering

Vom Semmering, aus dem die Schwarza und Leitha in die Donau fließen, werden viele Geschichten erzählt. Auf einer seiner Höhen, dem Otterberg, wohnte in der Urzeit ein König Ruprecht, der nicht sterben wollte und der mit den Seinen, als der Tod nahte, in den Berg hinabklomm und dort weiterlebte, schlafend oder wachend.

Nächtlicherweile steigt er mitunter durch das Ruprechtsloch zur Höhe und fährt zum Sonnwendstein hinüber oder bis Wien, um zu sehen, wie die Menschen ihre Städte bauen und was sie an Neuem erfinden. Es heißt sogar, daß er zuweilen durch die Straßen wandert und durch die Kaiserburg schreitet.

Ein Bauer ließ sich einmal von zweien seiner Nachbarn anseilen, um durch das Ruprechtsloch in die Tiefe des Berges zu steigen. Auf halbem Weg ergriff ihn die Furcht, er begann zu schreien, und seine Stimme scholl so grauenvoll aus dem Felsinnern, daß die Freunde erschrocken das Seil losließen und der Mann auf den Grund der Höhle stürzte. Als er aufwachte, stand ein Bergmandl, ein kleiner freundlicher Wicht, vor ihm, dem er gleich erzählte, was ihm geschehen war.

Der Knirps lachte und nahm den Bauer an die Hand, da hatte der weder Schmerzen noch Furcht. Er zeigte ihm die große Kegelbahn König Ruprechts in der Tiefe, rief Freunde und spielte mit goldenen Kegeln und silbernen Kugeln. Dem Gast befahl er, eine Weile Kegeljunge zu sein.

Auf einmal brachen die Zwerge das Spiel ab. Der König komme, sagten sie, und der habe seine eigene Bedienung. Aber niemand solle unbelohnt bleiben. Rasch steckte der Bergwicht dem Mann einen der goldenen Kegel in die Tasche – er schien noch einen ganzen Schrank voll zu haben. Dann winkte er dem Bauern zu folgen, er werde ihn wieder zu den Seinen bringen. Das ging im Otterberg nun nicht mit Pferd und Wagen zu. Der Besucher mußte sich vielmehr auf ein Weinfaß setzen, auf dem ein Sitz angebracht war. Gleich rollte das Tönnchen unter ihm durch Höhlen und Gänge – der Bergwicht immer auf einem anderen Faß vor ihm her –, bis er nach einem langen Weg auf einmal die helle Sonne erblickte.

Dicht vor seinem Haus war der Mann, und sein Weib war überglücklich, ihn wiederzusehen. Dann aber tanzten die beiden mit allen Kindern um den goldenen Kegel, den der Bauer aus der Tiefe mitgebracht hatte.

Wie die Burg Liechtenstein bei Mödling zu ihrem Namen kam

Die Burg Liechtenstein hat früher anders geheißen, man hat den alten Namen vergessen. Ein edler Ritter, der dem Kaiser immer gut gefolgt war, wohnte dort. Aber seine sieben Söhne starben oder fielen gegen die Türken, und seine Gemahlin stürzte und verschied, als sie ihn auf der Jagd begleitete, um ihn aufzuheitern.

Als der Ritter nun vor Kummer schier das Leben aufgeben wollte, da trat zur Nacht ein grauer Wichtelmann an sein Lager. „Bleib wach“, sagte er zu dem Erstaunten. „Nimm diesen Stein, den ich von meinem Urvater erhielt, und setze ihn auf die höchste Zinne deines Schloßturms, dann soll dir eine große Freude werden! – Ich und die Meinen wohnen nämlich schon seit tausend Jahren bei den Deinen zu Gast und möchten dir eine Schuld bezahlen!“

Dann packte der Knirps einen herrlichen Karfunkel aus einer alten Jacke. Der überraschte Burgherr dankte, gehorchte und stieg noch in gleicher Nacht auf den Turm, dem Stein den rechten Platz zu geben.

Der Einsame, der seinen Mut wiedergewann, rief danach seine Nichte und bat sie, ihm das Schloß als Hausfrau zu führen; sonst änderte sich zuerst nichts. Eines Tages aber ritt ein junger Ritter, der Bären jagte, in der Nähe der Burg vorüber. Die Nacht überraschte ihn, da sah er den Karfunkel auf der Berghöhe, drang durch den dichten Wald bis zur Burg – es war, als schlüge das Licht ihm einen Weg – und begegnete als erster am frühen Morgen der Nichte des Schloßherrn am Brunnen.

Am andern Tag jagten die beiden Männer gemeinsam. Aber sogar am Tag leuchtete der Stein von der Zinne. Da erzählte der Alte dem Fremden, wie er zu dem Karfunkel gekommen war, und es geschah, daß alle drei an das Wunder des Wichtelmanns gläubig wurden und daß der zu Gast Weilende die Nichte zur Gemahlin nahm. Liechtenstein heißt die Burg seitdem.

Der Karfunkel erlosch, als der erste Knabe dem jungen Paar geboren wurde. Es war wohl so, daß von da an Gott die Aufsicht über die jungen Menschen in die Hand nehmen wollte oder daß der Zwerg meinte, der Stein habe vorerst den Irdischen genug geholfen, und ihn wieder zu sich geholt hatte. Jene Wichtelmänner leben ja von tausend zu tausend Jahren.

Die wilde Jägerin

Am Ufer der Fischa erhob sich einst ein Ritterschloß, das gehörte einer jungen Gräfin, die nicht zum Heiraten und nicht zum Beten kam, sondern allein an der wilden Jagd ihre Freude hatte. Während die anderen Leute im Tal sonntags zur Kirche gingen, ritt sie durch die Kornfelder, und wenn die Bauern und Bürger von Fischamend ihr entgegentraten, wirbelte sie die Peitsche über ihren Köpfen.

An einem Sonntagmorgen war die Gräfin wieder ausgeritten und war bald einem Hirsch auf der Spur, den sie Stunde um Stunde hetzte, bis sich ihr Gefolge verlor und sie ihm schließlich als letzte und einzige folgte. Als das arme Tier, zu Tode erschöpft, nicht weiterzuflüchten vermochte, lag die Hütte eines Einsiedlers am Weg, in der barg es sich.

Der alte Mann erhob sich aus seiner Andacht und mahnte im Namen des Himmels die wilde Jägerin heimzukehren. Aber die lachte und sang als Antwort ein Lied: „Was brauche ich den Himmel, wenn ich jagen darf!“ Dann riß sie den Bogen von der Schulter, spannte die Sehne und traf den Hirsch zu Tode.

Da verwünschte der Klausner die Gräfin und hob beschwörend die Arme: „Bis ans Ende der Welt und ohne Gnade sollst du jagen, die du die Stille des Sonntagmorgens brichst!“

Die Frau erschrak und wurde reumütig. Sie ritt den Weg zurück, irrte hin und her und hörte nach langem Suchen im Tal das Läuten des Marktturms von Fischamend. Schon nahm sie sich vor, für alle Verirrten die Glocke aufklingen zu lassen.

Aber inzwischen war die Anklage des Einsiedlers zu Gottes Gericht gedrungen, und der Herr beschloß, auf sie zu hören. Die wilde Jägerin verließ das irdische Leben, keine Gnade nahm sie auf.

An jedem Sonnabend aber muß die Geistergräfin, so nennt man sie, aus ihrem Grab aufstehen und mit ihrem Jagdzug ausziehen, wie es ihr bestimmt ist. Und sie muß weit über das Land reiten und in der Dunkelheit Wild hetzen, bis sie wieder in den Auen um Fischamend einsinkt.

Niemand weiß, für wie lange Gott der Gräfin den Ritt auferlegt hat. Es gibt einige, die sagen, sie müsse sieben Schwestern finden, die sich gleich ihr vergingen und durch die Täler der Donau jagen. Danach erst werde Er sie in Erbarmen zu sich aufnehmen.

Ritter Wurmbrand

In der Nähe des Semmerings liegt auch der Stuppacher Graben, in dem vor langer Zeit ein Drache hauste. Es war ein riesiges Tier mit einem Schuppenpanzer, den die Ritter und Heiligen vergeblich zu durchstoßen versucht hatten. Drei Geschlechter hindurch, vom Großvater zum Vater und zum Sohn, war alles vergeblich gewesen, was Menschen mit ihren Schwertern unternommen hatten. Die Krallen des Unholds zerrissen jeden, der den Streit wagte. Es schien, als würde er für immer die Herrschaft behalten.

Endlich erließ die Markgräfin einen Aufruf und bot dem die Hand, der das Untier überwände. Viele Ritter versuchten ihr Heil, aber keiner kam vom Kampf gegen den Lindwurm zurück.

Eines Tages schritt ein einfacher junger Bauer zu seinem Feld, obgleich es dicht am Stuppacher Graben lag, und wollte es einzäunen. Er hatte bereits Eichenpfähle geschlagen und machte ein Feuer, um sie zuzuspitzen und gegen Fäule zu bewahren. Rüstig ging ihm das Werk von der Hand. Als der Bursche mitten in der Arbeit war, kroch der Drache heran; das Feuer hatte ihn wohl angelockt. Schon hob er sich auf, um von oben auf den Bauer niederzustoßen. Aber der verlor den Mut nicht. Er packte den glühenden Pfahl fester, an dem er gerade arbeitete, und rammte ihn in den gepanzerten Leib des Drachen.

Und so hart die Eisenhaut des Unholds gegen die Schwerter der Ritter gewesen war, vor dem glühenden Holz gab sie nach. Der Pfahl durchstieß sie zischend und drang bis mitten ins Herz des Lindwurms. Der brüllte noch einmal auf und schlug mit den Flügeln, dann sank er tot zu Boden.

Die Markgräfin hielt ihr Wort und heiratete den Sieger, und der Kaiser machte ihn zum Ritter Wurmbrand. In seinem Schild bäumt sich ein Drache auf, der einen glühenden Pfahl im Herzen trägt.

Die Danksäule bei Wiener Neustadt

Bei Wiener Neustadt steht eine alte Steinsäule, man nennt sie das Spinnerkreuz. Die hat der Bürgermeister des Ortes Gott zum Dank errichtet – einige sagen, dem Teufel zum Dank –, weil ein Fremder unterm Galgen den Richtern die Wahrheit bekannte.

Als der Bürgermeister von Wiener Neustadt nämlich eines Tages in schönem Wagen über Land fuhr, sah er einen Lahmen, der sich auf Krücken nur mühsam vorwärtsbewegte. Der Fuhrherr war gutmütig und nahm den Kranken für einige Zeit auf seinen Wagen. Dabei kamen sie an einer Richtstätte vorüber, vor der sich das Volk drängte, weil ein armer Sünder gehenkt werden sollte. Der Bürgermeister trieb das Pferd an, um rascher vorbeizugelangen. „Ich möchte wohl wissen, wie jemandem zumut ist, der unterm Galgen steht“, sagte er.

„Wer weiß“, grinste der Lahme, „ob man es Euch nicht einmal spüren läßt, wie man sich mit dem Strick am Hals fühlt!“

Da wurde dem Fuhrherrn vor dem Gast unheimlich. Weil der aber gleich wieder lustige Worte fand und ein guter Unterhalter war, nahm der Bürgermeister den Fremden, nachdem er seine Geschäfte erledigt hatte, mit sich heim und behielt ihn sogar einige Tage bei sich.

Dann war der Unbekannte auf einmal verschwunden, nichts als ein herrlicher goldener Ring mit einem großen Stein war zurückgeblieben. Und weil der Bürgermeister meinte, der Lahme sei vielleicht heimlich ein reicher Herr gewesen und habe sich für die Gastfreundschaft bedanken wollen, nahm er das Kleinod an sich und trug es sogar sonntags zur Messe an der Hand.

An einem Morgen aber traten Häscher auf ihn zu und verlangten, daß er ausweise, woher er den Ring habe. Das Schmuckstück gehöre einem Edelfräulein, das jüngst im Leithagebirge ermordet worden sei.

Nun kam die große Not über den Bürgermeister. Er mußte vor Gericht über den Erwerb des Ringes berichten; aber was er vorbrachte, schien unglaubwürdig. Weil der Arme zur Zeit der Mordtat wirklich an der Leitha gewesen war, verurteilte das Gericht ihn schließlich zum Tode durch den Strang.

Erst als der Bürgermeister unterm Galgen stand, fiel ihm das Wort des Lahmen ein: „Wer weiß, ob Ihr nicht einmal spürt, wie man sich mit dem Strick am Hals fühlt!“ Angst und Grauen erfaßten ihn.

Gerade befahl der Henker ihm, die Leiter zu ersteigen, da sah der

Gequälte, wie der Lahme sich unter der gaffenden Menge nach vorne drängte. „Wisset Ihr nun“, schrie der Fremde ihn an, „wie es einem Sünder unterm Galgen zumute ist?“ Zugleich wandte er sich an die Richter, die das Urteil gefällt hatten: „Höret, euer Ortsvorsteher ist unschuldig, ich bin der Mörder! Den Ring, um dessentwillen ihr ihn richten wollt, hat er von mir erhalten.“

Und der Lahme grinste und gab seine Hände den Häschern; aber man weiß nicht, was danach aus ihm geworden ist.

Der Bürgermeister ließ Gott zum Dank das hohe steinerne Kreuz auf der Galgenstätte aufrichten.

Die Totenglocke von Wiener Neustadt

Als die Wege unsicherer als heute waren, bat ein Handelsherr einst einen Ratsmann in Wiener Neustadt, bei dem er zu Gast war, für ihn einige große Kupferbarren zu verwahren, von denen man anderwärts nichts wissen sollte. Der Freund willigte ein und lagerte sie in seinem Keller.

Nach einiger Zeit wollten die Neustädter eine schöne Glocke gießen lassen, die sollte, wie der Meister Gießer vorschlug, aus reinem Kupfer bestehen.

Aber nirgendher vermochte man das Metall zu beschaffen. Da erzählte endlich der Ratsmann, er habe für seinen Freund Kupfer im Keller liegen. Die Stadtväter redeten ihm zu, die Barren erst einmal herzugeben, und versprachen ihm, sie seinem Freund gut zu bezahlen, oder auch, wenn er es verlange, die gleiche Anzahl zurückzuerstatten. Der Ratsherr tat es schweren Herzens, aber ihm schien es seine Pflicht, an seine Stadt zu denken. Dann wurde die Glocke gegossen, und jedem fiel auf, was für einen lieblichen Ton sie hatte, schöner als alle Glocken von Neustadt.

Nach einer Weile kam der Handelsherr wieder zu seinem Freund und fragte auch nach seinem Kupfer. Der Mann führte ihn gleich zum Bürgermeister, und die beiden brachten den Fremden zur neuen Glocke, lobten sie über alle Maßen und baten den Gast, die Rechnung aufzustellen und ihr Tun zu billigen.

Der Kaufmann schwieg eine lange Weile. „Ihr Toren“, sagte er dann, „was habt ihr angerichtet! Ihr habt die Glocke nicht aus Kupfer gegossen!

In den Barren war Gold, das nur dünn von Kupfer umschlossen war. Was beginnen wir nun?“

Die beiden Herren vom Rat erschraken sehr; sie wußten, daß sie so viel Gold kaum je würden bezahlen können.

„Was habt ihr angerichtet“, klagte der Fremde noch einmal. „Nie dürfte ich euch solch wunderbare Glocke wieder nehmen! Wie aber soll ich handeln, mein ganzes Gut hatte ich bei euch verborgen!“

Gerade da begann die Glocke zu schlagen; es war Mittag, herrlich reihten sich die zwölf Schläge aneinander. Der Klang war so voll und schön, daß den drei Männern die Tränen in die Augen traten.

„Es sollte wohl alles so kommen, und ich schenke euch die Glocke“, sagte der Kaufherr endlich. „Aber ich verlange, daß ihr zu jeder Zeit jeden eurer Toten mit ihrem Klang ehrt und daß niemand ohne den Gruß meines Erzes in die Erde gebettet wird.“

Nach einigen Jahren zog der Kaufmann in die Stadt; er war sehr krank und wartete auf sein Ende. Immer stellte er sich, wenn ein Begräbnis kommen sollte, bei der Glocke ein, um zu horchen und um sich selbst auf jene Stunde vorzubereiten – so sagte er dem Freund –, in der er seine Glocke zum letzten Male hören würde.

Der Tod im Weinfaß

Ein Matzener Weinbauer – er war wohl der reichste Winzer der schönen Reblande – hat einmal gemeint, die beste Art, mit dem Tod fertigzuwerden, sei die, ihn zu übertölpeln. Es ist ihm sogar für eine Weile gelungen.

Der Mann hatte an die sechzig Weinfässer im Keller und verbrachte seine Zeit mit Proben und Probieren und mit dem Bewundern seines Reichtums. Eines Tages aber kam, er begriff nicht woher, ein anderer zu ihm in das Gewölbe, dem er noch nicht begegnet war und um den er doch gleich wußte. Der Winzer erschrak sehr. Er war indes gefaßt und tat, als sei der Gast nur gekommen, den Keller zu bewundern. So viele gute Weine hatte auch der Tod gewiß noch nicht beisammen gesehen.

Ob er nicht probieren wolle, schlug der Bauer vor und versuchte, sich von seinem Schreck zu erholen, der ihn überfallen hatte. Nebenbei fragte er, ob man nicht über eine Frist verhandeln könne.

„Hör“, sagte der Tod und schleckte und schluckte, „wenn du mich alle Jahre einmal von jedem deiner Fässer kosten läßt, dann kannst du so lange leben bleiben, wie du willst!“

„Abgemacht“, antwortete der Bauer rasch und meinte, das beste Geschäft seines Lebens abgeschlossen zu haben.

„Abgemacht“, wiederholte der Fremde, legte sich vor das Spundloch des ersten Fasses und begann ohne Unterlaß zu schlürfen. Schon verlangte er, vom nächsten zu kosten – nicht zu sagen, er trank auch das zweite Faß beinahe leer! Als er sich dann aber an die Spätlese machen wollte – auf einmal wußte der Tod nicht mehr, wo er war, setzte sich, trank nicht weiter und starrte vor sich hin, als versuchte er nachzudenken, wo seine Bettstätte stünde.

Da erst leuchtete ihm der Bauer mit der Laterne in das Gesicht und schauderte und war zufrieden, daß er mit dem schlimmen Gast fertiggeworden war. Weil er ihm aber nicht wieder nüchtern begegnen wollte, stieß er den hageren Fremden in den Bauch der größten Tonne – winzig leicht schien es ihm – und trieb den Zapfen ein. Dann verzog er sich selbst aus dem Keller; niemand sollte kommen und nach dem Vermißten fragen.

Danach blieb der Tod aus, weder im Dorf noch in der Stadt starb jemand. Den Menschen aber gefiel es bald nicht mehr. Es wurden ihrer zu viele. Die Alten und Siechen lebten weiter, und die Jungen drängten dazwischen; es war weder Ruhe noch Zufriedenheit zu finden.

Der liebe Gott spürte die Unordnung und wußte sofort, was geschehen war. Und weil Ihm das Leben derer auf Erden ohnehin nicht gefiel, schickte Er einige Seiner Engel, die den Tod aus seinem Faß erlösten. Bald merkte man, daß er befreit worden war. Die Menschen ließen sich wieder in die Gräber betten, und die Alten dankten dem Herrn, daß sie von neuem auf Ihn hoffen durften.

Nur den Bauer, der ihn einmal so arg übertölpelt hat, hat der Tod nicht heimgesucht. Die Fässer waren in der Zeit, in der es allzu viele Menschen gab, leer getrunken. Der Alte wurde dürr und hager wie eine Hopfenstange. Was sollte er machen?

Wie die Burg Scharfeneck bei Baden ohne Kapelle blieb

Ein Ritter namens Scharf kehrte mit leerem Beutel auf müdem Roß in seine Heimat zurück. Er hatte lange tapfer an den Kämpfen im Heiligen Land teilgenommen, hatte all sein Hab und Gut verloren und wußte noch nicht, wo er sein Haupt betten sollte. Denn die Burg, die er von seinem Vater geerbt hatte, war von eifersüchtigen Nachbarn geplündert, und die Seinen waren vertrieben.

Wenn niemand anderes mir beisteht, dachte der Ritter verzweifelt, muß der Teufel mir helfen!

„Gern, lieber Freund“, sagte jemand an seiner Seite. „Du brauchst nicht einmal deine Seele zu setzen, ich weiß, ihr Menschen tut es nicht gern. Ich verspreche, dir eine Burg zu bauen, da kannst du herrlich und in Freuden leben. Nur Frauen darfst du nicht ansehen! Nimmst du ein Weib, habe ich ein Recht auf deine Seele!“

Am nächsten Tag stand die Burg Scharfeneck auf einem vorspringenden Felsen – ja, Scharfeneck hatte der Teufel mit großen Buchstaben über das Tor eingemeißelt. Er liebt Höflichkeit.

Ein gutes Jahr hielt der Ritter sich an den Vertrag; er lebte vom Straßenzoll wie die anderen Herren und hatte es nicht schlecht. Dann wurde ihm doch einsam zumute, er hätte gern des Nachbarn Tochter gefreit, und auch die wünschte sich nichts sehnlicher und begriff nicht, warum Scharf mit seinem Antrag so lange zögerte. Schließlich verriet er ihr eines Abends, was ihn schweigen hieß. Das Fräulein aber scherzte nur. Sie besuchte mit ihren Eltern Scharfeneck, sah sich in Küche und Keller und auch sonst überall um und lachte wieder, als der Ritter forschte, ob sie etwas vermisse. Danach beredete das Mädchen sich lange mit einem alten Einsiedler, der zwischen den beiden Burgen seine Hütte hatte.

Ohne den Nachbarn viel zu fragen, setzte das unternehmende Fräulein dann die Hochzeit auf Scharfeneck fest, und Mutter und Vater waren einverstanden. Denn der Ritter hatte vom Heiligen Land her einen großen Ruf. Wegen anderer Dinge brauche er sich keine Sorgen zu machen, sagte sie ihrem Bräutigam.

Als nun das Paar und alle Gäste von der Kirche im Tal heimgekehrt waren, tafelten sie im Burgsaal in Fröhlichkeit. Auch der alte Einsiedler, der auf Bitten der Braut geladen war, hatte schon manchen guten Schluck getrunken. Auf einmal dröhnte ein schwerer Schritt vom Burgtor zu den Feiernden hinüber. Die Eltern horchten auf, und sogar die junge Frau wurde blaß, als hätte sie eine Probe zu bestehen. Dann brach jemand die große Tür des Hochzeitssaales auf, und ein schwarzgekleideter Fremder trat, ohne den Hut zu ziehen, in den Festraum, schritt langsam auf den Bräutigam zu und redete ihn an: „Dacht ich's mir doch, der Herr möchte eine Hausfrau auf Scharfeneck! Mag er sie haben, aber bezahl er sie erst mit seiner Seele!"

Die Braut lachte und winkte dem Einsiedler. Der erhob sich. „Ich kenne den Kaufpreis für Scharfeneck, Fremder! Und ich frage: Ist dies eine Ritterburg, wie Ihr sie für gut haltet – so hattet Ihr ja versprochen?"

„Gewiß", antwortete der Teufel hitzig. „Was fehlt Euch? Ich habe nichts vergessen und nichts versäumt. Saal und Stall und Küche und Keller, alles ist an seiner Stelle!"

„Nun, so zeigt mir, da wir ein junges Paar hier haben, die Kapelle, in der es die erste Andacht halten kann!"

In dem Augenblick wurde der Teufel grau wie alter Schnee, ihm fiel ein, woran er zu denken vergessen hatte. Vielleicht hätte er auch gar nicht

vermocht, einen heiligen Raum für Gott zu mauern. Er fluchte vom Himmel bis in die Hölle und fuhr schließlich mit Lärm und Gestank aus dem Hochzeitssaal.

Die Gäste aber haben noch einmal und doppelt so fröhlich auf Scharfeneck gefeiert, und es hat sich auch erwiesen, daß der Teufel die Lust an dem Ritter Scharf verloren hatte. Er hat sich nicht wieder eingestellt.

Der Teufel pachtet eine Mühle

Bei Mödling liegt eine Wassermühle, in der wohnte ein Müller, der mit seiner Frau nicht zurechtkam. Sie zankte und schalt von morgens bis abends mit ihm, obwohl er ein nüchterner Mann war, der sogar seinem Dorf Mödling vorstand und die Bauern auf seiner Seite hatte. Schließlich wußte er sich nicht anders zu raten, rief den Gottseibeiuns und bat, ihm zu helfen.

„Paßt gut“, sagte der Teufel. „Wegen deiner Frau mache dir keine Sorge mehr, ich hätte sie ohnehin längst holen sollen! Du kannst mir aber

einen Gefallen tun und mir die Mühle gegen Pachtzins von Nacht zur Nacht lassen. Du brauchst sie ja nur über Tag, und ich habe just einen neuen Einfall, den ich erproben will!"

Nun, der Müller mußte wohl oder übel zustimmen und hatte von da an vom Spätabend bis zum anderen Morgen viel Lärm. Hätte er nur seine Frau behalten! Jetzt kam zu jeder Mitternacht ein sechsspänniger Wagen zur Mühle hinunter; ein Fremder und der Teufel schleppten schwere Säcke, schütteten lauter Menschenschädel in den Mühlgang und fluchten, daß man's nicht anhören konnte, wenn die Totengebeine in den Trichter polterten und rumpelten. Bis zum Morgen hielten Werk und Lärm an.

Dabei hörte der Mödlinger den Knecht einmal fragen: „Wie lange dauert es noch, bis des Müllers Schädel drankommt?"

„Nun warte nur", entgegnete der Teufel, „er ist auch bald an der Reihe!"

Dem Müller wurde speiübel zumute. Er bereute bitter den Vertrag, den er geschlossen hatte, empfand viel Verlangen nach seiner Frau, bot schließlich die Mödlinger auf und legte sich mit ihnen in den Hinterhalt. Als in der nächsten Nacht wieder die sechsspännige Kutsche anrollte, fiel er mit den Seinen über den Teufel und seinen Begleiter her.

„Was willst du eigentlich", schrie der Böse, „handelte ich nicht nach unserem Vertrag?"

„Ich will vor allem meine Frau zurückhaben, du Schuft!" Und die Bauern taten ihr Bestes, ihm zu helfen, und schlugen auf den Teufel ein.

„Deine Frau kannst du zurückhaben, sie verdreht mir ohnehin die ganze Hölle", brüllte der Gottseibeiuns und versuchte sich zu wehren. „Auf deine Mühle habe ich aber des Nachts ein Recht!"

„Ich geb dir keine Gelegenheit, meinen Schädel zu mahlen!" schrie der Müller. Der Teufel war erschrocken, daß der andere etwas gehört hatte. Zugleich begannen die tapferen Mödlinger, wieder auf die Gäste einzuhauen, sie erschlugen des Teufels Gesell und drohten ihm das gleiche an.

Schließlich wußte der Böse nichts Besseres zu tun, als davonzurennen. Kläglich kam er nun am anderen Tag, brachte des Müllers Frau zurück und floh gleich wieder; er meinte, dieser Mann sei ihm über.

Die Mödlinger waren stolz darauf, daß sie über den Teufel den Sieg errungen hatten. Der Müller rechnete es *sich* zur Ehre, die Bauern meinten, daß es ohne sie nichts geworden wäre. Aber die Frau ließ keinem das Recht, sich zu rühmen. Sie selbst sei es gewesen, sagte sie, die das Feld behalten hätte, in der Schädelmühle, wie die Stätte heißt, wie auch in der Hölle, wo ihr niemand übergekommen sei.

Der Musikant überrascht die Holle beim Schneidern

In einem Dorf des Marchfeldes nahe der Donau liegt eine Wiese, die man die „Schneiderin" nennt. Man glaubte lange, daß dort Wasserfrauen an Land stiegen und sich Kleider nähten, die sie bei Besuchen der Märkte der Menschen brauchten. Oftmals fand man nämlich nahe am Ufer Lappen und Tuchfetzen, die von wertvollen Stoffen zurückgeblieben waren.

Ein Musikant, der einmal des Nachts vom Aufspielen kam, hat schließlich festgestellt, daß es Frau Holle selbst war, die sich da eines ihrer herrlichen Kleider nähte.

Der Bursch hatte gutes Licht für jenen Weg. Er wollte zu seinem Dorf zurück und kam bei der „Wiese" vorüber. Dabei sah er, wie tausend tanzende Männlein hin und her liefen und einer fremden Frau einen Pfad durch den Morast bereiteten. Vor Staunen darüber hat der Musikant den festen Weg verloren und ist fast bis zum Bauch in die Sümpfe geraten. Als er sich mühsam herausgearbeitet hatte, erkannte er unter Weidenbüschen in der Fremden die Frau Holle, die an einem Brautkleid nähte. Gewiß war es für einen ihrer Lieblinge. Es lag so duftig wie der Schleier einer Königin auf ihren Knien.

Endlich, als die Hollin neunmal den Zwirn gefädelt hatte, wollte sie wohl an sich selbst proben, wie das Kleid ihr stünde, warf es über, reckte und dehnte sich, lief schwebend zum Bach und schaute sich im Spiegel, wobei ihr feurige Männlein die Lichter hielten.

Dabei sah die Schöne den Musikanten, der noch nach seinen Stiefeln im Sumpf suchte. „Wie kommst du denn hierher?" fragte sie und mußte laut lachen. Dann erkannte sie, was geschehen war, und wirbelte ihre Hände. Gleich fühlte sich der Mann wie frisch gewaschen, trug neues Unterzeug und sogar einen feinen, altmodischen schwarzen Anzug und Mantel.

„Geh, stör mich nicht weiter und mach's gut", sagte Frau Holle. „Ich weiß nämlich, wer du bist, und meine, du solltest auch einmal vor meinen Jungfern spielen!"

Gerade wollte der Musikant sich für die Einladung bedanken und fragen, wie hoch man seine Kunst bezahle, da schlug es zwölf Uhr; ein Wetterleuchten lag über dem Wald, und die schöne Schneiderin war nicht mehr zu erblicken.

Der verirrte Wanderer aber fand sich noch in der Morgenfrühe in seinem neuen Anzug nicht fern der Weidenbüsche, unter denen er Frau

Holle gesehen hatte. Als er sich aufrichtete, lagen im Gras viele Fetzen Tuch, er stopfte sich einige in die Tasche.

Als der Bursch sie daheim herauszog, hatten sie sich in lauter Seiden verwandelt.

Die Zwerge der Senftenburg

Da, wo die Krems sich zur Donau hinabwindet, liegt hoch auf dem Berg die Senftenburg. Auf ihr lebte vor langer Zeit ein reicher alter Graf, dessen einzige Freude seine schöne Tochter war. Solange es anging, wollte er sie bei sich behalten. Wenn immer ein Ritter werben kam, stellte er ihm eine Aufgabe, die der Jüngere nicht erfüllen konnte.

Die junge Gräfin war damit einverstanden, daß der Vater alle Werber heimschickte. Sie wartete, daß ihr Nachbar vom Kaiserhof wiederkehrte, es war der, den sie selbst haben wollte. Er hatte seine Burg flußauf, ein Eisenwerk lag zwischen Berg und Strom.

Eines Tages war es soweit; das Mädchen hatte Nachricht erhalten, daß der Junker käme, stand am Fenster und sah ihren Liebsten mit einem kleingewachsenen Freund zu Pferde den schlechten Weg zur Feste hinaufstreben. Aber wer der andere war – er schien ein Zwergkönig –, wußte niemand, der Ritter hatte ihn bei Hofe kennengelernt.

Als der neue Gast nun gemeldet wurde – der Freund war vor dem Tor geblieben –, empfing ihn der Graf wie die anderen zuvor. „Was wollt Ihr?" fragte er barsch.

„Ich wohne an der Krems, ich möchte Euch und Eure schöne Burg kennenlernen. Aber der Weg ist schlecht", antwortete der Junge freimütig.

„Ist das alles, was Ihr mir sagen wollt?"

Da dachte der Heimgekehrte an das, was er von den Silberrittern zu Wien gelernt hatte, nämlich ehrlich zu reden. „Ich habe mehr vor", entgegnete er. „Ich bitte um die Hand Eurer Tochter!"

Er hatte es aber schon mit dem Alten verdorben, als er vom schlechten Weg sprach. Jetzt bekam der Burgherr einen roten Kopf.

„Ich lege jedem, der um mein Kind wirbt, eine Aufgabe auf", murrte er nach einigem Schweigen und nahm sich vor, es diesem Werber besonders schwerzumachen. „Ist Euch der Weg zu uns hinauf nicht gut, so baut mir in einer Nacht eine Straße vom Fuß des Berges bis zum Schloßtor. Sie muß so breit werden, daß vier Wagen auf ihr nebeneinander fahren können. Die Frist beginnt heute abend!"

Der Jüngling verneigte sich ohne viel Worte des Abschieds und ging.

Draußen grüßte ihn der Freund, er hatte nichts Gutes erwartet. „Wenn der Knurrige dir zuviel auferlegt hat, sag es mir!"

Aber der junge Ritter wollte gar nicht beginnen.

„Ich habe dir nämlich von dem Zwergenvolk etwas zu bestellen, das unter deiner alten Burg wohnt", fuhr der andere fort. „Man hätte es wohl gern, wenn du umzögst; das Gestein in deinem Berg ist erschöpft und das unter der Senftenburg ist reich. Die Kleinen möchten wechseln."

Da horchte der Ritter auf und eröffnete dem Freund, was der alte Graf ihm auferlegt hatte. Dem anderen schien es nicht unwillkommen zu sein, was er da hörte. Eilig machte er sich von dannen.

Danach begann pünktlich zum Abend, fast lautlos, ein Heer von Wichtelleuten mit der Arbeit, baute eine breite Straße statt des ausgefurchten Weges und schlug sogar Tunnel und klebte Hochwege am Fels entlang. Als der Vater des Burgfräuleins beim sechsten Glockenschlag in der Frühe zum Fenster hinausschaute, sah er eine herrliche Straße zu seinem Schloß hinaufführen. Aber die Bauleute waren verschwunden.

Der Schloßherr hielt sein Wort, der junge Ritter bekam sein Töchterlein. Auch das Eisenwerk zog der Eidam zur Senftenburg, das Volk der Zwerge hat sich dort angesiedelt. Wie alles so rasch zustande gekommen war, hat er selbst freilich bis zu seinem Tode nicht begreifen können.

Katschinka

Woher die Zauberruten, die sich in mancher Menschen Händen befinden, ihre Kraft haben, weiß man nur hier und da einmal, und es bleibt auch unsicher, ob wir die Wahrheit erfahren. Über ein Zauberreis in der Wachau hörte man aber freilich alles sehr genau.

Lebte da einst ein Holzhauer, der sich für seine alten Tage nichts übergespart hatte und dem es so recht schlimm im Elend und Hunger erging. Schließlich schickte ihn seine Frau aus, er solle die Katschinka überraschen und ihr ein Reis abgewinnen. Katschinka nannte man eine pechschwarze uralte Hexe, die im Wald hauste und auf Gänsefüßen lief.

Nun lag an dem Tag, an dem der Holzfäller aufbrach, viel dicker, weicher Schnee, niemand vermochte Schritte zu hören. Der Mann sah die Hexe Katschinka mitten im Wald, als sie Reisig von einer Föhre schlug. Das böse Weib merkte, auch ohne es zu sehen, daß ein Fremder nahe war, blickte sich jäh um, lief zweimal um den Baum und pfiff. Gleich trottete ein schwarzer Eber auf die Hexe zu, sie schwang sich auf seinen Rücken und war im Husch von dannen. Der Holzfäller aber schlich sich näher, kerbte ein Kreuzlein in die Rinde der Fichte, um sie wiederzufinden, und kehrte um, seiner Frau von der Begegnung zu erzählen.

Nach einiger Zeit suchte er die Föhre noch einmal auf und entdeckte, daß ein junger Zweig eben unter der Stelle herausgewachsen war, wo er

das Kreuz eingeschnitten hatte. Der Zweig leuchtete in allen Farben, bald weiß, bald gelb, bald rot. Es war berückend, ihn anzusehen.

Plötzlich stand die schwarze Katschinka neben der Föhre. „Hast du den Baum verwundet?“ fragte sie drohend. Dem Holzfäller fiel ein, daß die Hexe jedermann ein Leid antat, der den Hasen Schlingen legte und ohne Not Bäume schlug. Er wollte sich schon entschuldigen, da packte ihn die Furcht und er schrie nichts als: „Heiliger Georg, hilf!“ Im nächsten Augenblick rollte es wie ein schwerer Wagen armhoch über ihrer beider Köpfe dahin, der Mann verbarg sich unter seinem Mantel.

Als er den Kopf wieder heraussteckte, war Katschinka gegangen, und die Sonne schien von neuem durch das Geäst. Der Holzhauer brach den schillernden Zweig von der Föhre und eilte damit heim. Auf den Rat seiner Frau legte er das Reis in die Dachrinne.

Als dann der erste Regen kam, trat etwas Seltsames ein: Die Tropfen aus der Rinne verwandelten sich zu Gold- und Silberstückchen. Der Holzhauer brauchte sie nur aufzufangen; sie blieben in seinen Händen silberne, goldene und kupferne Münzen. Nun litt er keine Not mehr in seinem Alter.

Die betrogenen Schweden vor Hartenstein

Zu der Zeit, als die Schweden im Land hausten, legten sie sich auch vor die Burg Hartenstein, die sich tapfer verteidigte und schier uneinnehmbar auf einem Felsstock im Kremstal erbaut war. Soviel Glück die Feinde sonst gehabt, hier schien all ihr wilder Mut vergeblich.

Weil es jedoch hieß, daß der Kaiser einen großen Teil seines Kriegsschatzes auf Hartenstein verborgen habe, blieben die Schweden vor der Feste, um sie auszuhungern. Monat um Monat warteten sie, es war ja bekannt, daß die Burgen meist schlecht versorgt waren. Die Kaiserlichen ließen zwar zuweilen einen der Ihren hinaus, der prahlte, für wieviel Jahre die Feste sich noch halten könne; aber die Feinde glaubten es nicht. In Wirklichkeit war auch zum Herbst von allem lebenden Getier nur noch ein Ochs und eine Katze übrig.

Die Kaiserlichen schlachteten die Katze, bestrichen eine alte Kuhhaut mit ihrem Blut und ließen die Haut auf einer Stange über die Burgmauer hängen – auch die Belagerer hatten ja Hunger wie alle. Der Ochse aber wurde durch den Hof getrieben und gezwickt und gezwackt, daß er brüllte und jammerte und es sich anhörte, als sei eine ganze Herde in den Ställen. Drei Tage hielten die Schweden dem Lärm stand, dann hoben sie die Belagerung auf. Es war just der Tag, an dem die Hartensteiner sich das letzte Stück Brot in den Mund schoben.

Andere aber erzählen, die Belagerer hätten Furcht bekommen, weil ein roter Hahn auf dem höchsten Burgturm erschienen sei und am hellen Mittag sein Kikeriki herausgeschrien habe. Das habe ihnen nach einem alten Aberglauben alle Hoffnung genommen.

Wien

Begegnung im Schloß Lauengrund

Eben westlich von Wien, schon am Kahlenberg, liegt die Donauenge von Klosterneuburg. Dorthin hatte König Ingold die schöne Lau bestellt. Er hatte ein herrliches grünes Schloß für seine Frau und für sich in der Tiefe der Donau bauen lassen und hatte es nach seiner Herrin „Lauengrund“ genannt. Es war vielleicht die schönste all seiner Burgen, voll weiter Säle und Gemächer, unerkennbar für Menschen, aber für alle Wesen der Zwischenwelt, besonders für das Wasservolk der Nixen und Nöcke, ein Zeichen von Stärke und Stolz.

Es ist sonderbar, daß die Schiffe der Irdischen meist mitten hindurchfahren. Es heißt sogar, daß in Wirklichkeit die Menschen und nicht die vielen Geisterhaften sich in einer eingeschobenen Schicht bewegen. Jedenfalls hüten die Nöcke ihre Schlösser vor den Menschen, die sie nicht bei sich haben wollen. So wissen selbst die Wiener wenig oder nichts von dem grünen Schloß vor ihrer Stadt.

Als die schöne Lau mit ihrer Schwägerin, mit dem Hofmarschall Veylland und seinem Sohn, mit dem guten Degerli und seiner Leibwache, mit Zofen und getreuem Gefolg auf ihrem Schiff „Liebfreude“ durch Niederösterreich gefahren war und an der Landestelle von Lauengrund anlegen hieß, gab es große Verwirrung. Man hatte die Frau Königin noch nicht erwartet, sie kam mindestens um einen Tag zu früh. Der Donaukönig war zu seinem neuen Hilfsheer ausgefahren, er war vielleicht bei Preßburg oder Ofenpest. Gleich wurde ihm der schnellste Bote nachgesandt; denn wen erwartete er sehnsüchtiger als seine hohe Gemahlin!

Aber es war doch nötig, sofort eine kleine Begrüßung vorzubereiten, der schönen Lau und den Frauen der Königin die zugedachten Rosen entgegenzutragen und ihnen ihre Kammern anzuweisen. Der höchste Vertreter des Königs mußte sie auf der Brücke empfangen. Es war von den Wasserfürsten kein Besserer da als der Hauptmann Degerli. Kurz entschlossen übernahm er die Aufgabe, vielleicht weil er wußte, daß er in Lauengrund mehr zu schützen hatte als in Ober- und Niederösterreich. So kam es, daß die beiden, die Königin und ihr heimlicher Verehrer, sich noch einmal allein begegneten. Und vielleicht war es gut, daß sie sich prüfen konnten. Denn in der Erinnerung leuchtet eine alte Liebe oft heller, als sie's in Wirklichkeit war. Und beide wollten ihrem Herrn in Treue dienen.

Degerli führte also die schöne Lau feierlich durch die Lichtreihen nach den Gemächern des königlichen Paares – erst durch das Tor, das aus grünem Türkis geschnitten schien, dann an dem Wächter vorbei über den großen Hof zur marmornen, leuchtenden Treppe des Herrschers.

Als einmal ein Aufruhr gegen Ingold ausgebrochen, waren die Schreier bis zu dieser Treppe gelangt, da hatten der Markgraf von Württemberg, der gerade bei Hofe weilte, und schließlich Ingold selbst mit den Seinen die aufsässigen Fürsten erschlagen. – Die schöne Lau wußte nichts Genaues von jenem Aufruhr. Ihr schien der König der Edelste und Stärkste und nur ein Wesen ihm ähnlich, nämlich Degerli, der jetzt ihre Fingerspitzen ergriff und sie höflich Stufe um Stufe die Treppe hinaufgeleitete. Sie spürten beide, daß ihre Hände zitterten, schauten sich deshalb wie hilfesuchend um und lächelten, als sie sahen, wie Frau Mirta, Veylland und Aleila, vom Steuermann geführt, ihnen folgten. Als sie dann den Königssaal durchschritten, erblickte die überraschte Donaufürstin noch Faust und Truhoved, die warteten.

„Was wollt ihr beiden?" redete sie fröhlich drauflos. „Wäre ich mein Gemahl, würde ich euch begrüßen. Vorerst suche ich nach ihm und darf ihm nichts vorwegnehmen!"

„Wir wollten der schönen Lau unsere Aufwartung machen", erklärte Truhoved. „Die hohe Frau hatte uns auferlegt, sobald wir in Wien seien, unseren Besuch abzustatten."

„Kommt morgen, Herren", beschied die Königin die beiden Zauberer. „Und seid unsre Gäste, solange ihr in Wien weilt!"

„Die zwölf Magier sind morgen Gäste des Kaisers", erklärte Faust.

„So findet euch später ein – halt, ich selbst schicke noch Boten. Wir wollen die Herren der edlen Zauberkunst festlich empfangen!"

Der Orden der Silberritter tagt beim Kaiser in Wien

Am anderen Tag war der große Besuch der zwölf Silberritter aus dem ganzen Reich und der Freunde und Nachbarn des Ordens beim Kaiser in der Burg.

Es ging sehr festlich zu. Viele Neugierige drängten sich schon seit der Frühe in den Straßen, als die Herren in kaiserlichen Karossen von ihren Quartieren abgeholt wurden und zur Burg fuhren. Der Orden der Silberritter wurde damals nicht geringer angesehen als die alten Schwertorden und die Akademien zu Madrid, Paris oder Erfurt. Und obwohl sich sehr hohe Herren der Magie widersetzten und mancher Halbbegabte und Sündige sie in Verruf brachte, so waren die vom Kaiser Erlesenen untadelig.

Man wußte draußen nicht viel über die Ritter vom Silberschild. Die Orden jener Zeit waren sehr verschieden voneinander. Und wenn bei dem einen das Heiligste verehrt wurde und bei den Akademien die Wissenschaften oder die schönen Künste, so hatte man wohl auch gehört, daß die Silberritter zwar geheimnisvollen Mächten dienten, die dem Kaiser helfen sollten, aber vor allem Gott und Seinen Sohn ehrten. Man raunte weiter, daß der eine der Herren vom Goldmachen vielerlei verstand, der nächste mit den Wolken zu fahren oder die Sterne zu bestimmen wußte, oder auch, daß der dritte jenseits der chemischen Wissenschaft das Wasser des Lebens suchte. Von den beiden, die soeben vorfuhren, von Barthold Truhoved und dem Doktor Johannes Faust, war bekannt, daß der eine das Rauhfeuer hütete, das er dem Teufel geraubt hatte, und daß der andere mit dem Wasservolk und seiner Königin Lau befreundet war.

Alle Silberritter aber waren dem Kaiser schon von Prag her vertraut. Er freute sich, ihnen wieder zu begegnen.

Als die zwölf Herren nun an jenem Tag in der Wiener Burg sehr feierlich den Gruß der Majestät entgegengenommen hatten, trat der Oberhofmeister ein und meldete, das Festmahl sei gerüstet. Der Kaiser, der sich sonst die Goldmacher und Ärzte und Rechtslehrer zur Rechten und Linken setzte, befahl diesmal Truhoved und Faust zu sich. Er enttäuschte dadurch Tycho Brahe, der später noch bei der Mahlzeit über neue Bewegungen der Sterne zu sprechen hatte, wie auch den großen Italiener San Domenico vom päpstlichen Hof, der zu jeder Jahresfeier über Reliquienfunde berichtete. Aber der Kaiser wollte wohl von Truhoved und Faust diesmal etwas Besonderes erfahren, ob nämlich das Gerücht vom großen Wasserschloß in der Donau seine Richtigkeit habe. Da waren einige Fischer gewesen, die, auf kurze Zeit übersichtig, die andere Welt der Geister und Wunder berührt und auch ein Schloß mit grünen Mauern vor Klosterneuburg gesehen hatten.

Der Kaiser erinnerte die beiden Männer an ihren Eid, daß sie dem Ordensmeister, und das war die Majestät, nichts verheimlichen dürften. Er selbst gedenke gleichfalls seines Eides, verborgen zu halten, was er von den Silberrittern erfahre.

Da erzählten ihm die Herren mehr vom Donaukönig Ingold und lächelnd auch von seiner schönen Gemahlin, die keine Wienerin sei, sondern diesmal aus Schwaben komme. Sie prahlten sogar, daß sie beide beim Herrscherpaar unten im Strom zum Empfang eingeladen seien, und fragten, ob sie der Hohen Majestät die Frau Königin aus der Donau vorstellen dürften.

Aber jetzt begann der Kaiser Vorsicht zu üben. Und als er mehr erfuhr, bat er, erst einmal den Entscheidungskampf in der Donau zwischen dem König Ingold und den Aufständischen des Schwarzen Meeres abzuwarten – es war zu merken, er wollte nur dem Sieger begegnen. Wenn aber etwa bei Wien eine Nixenfürstin regiere, möchte er sie wohl kennenlernen – gleichsam um sich an den Umgang mit der neuen Nachbarschaft zu gewöhnen.

Ja, bei der Lobau hause die Steffi, die in der Nähe ihr Schlößchen habe und sich in der Stadt zuweilen unter der Augartenbrücke tummele. Die werde gewiß liebend gern einmal ihrem Kaiser begegnen, sobald die Fürstlichkeiten, die jetzt im Schloß Lauengrund wohnten, weitergefahren seien.

Ob es wahr sei, daß die aus dem Wasser einen Fischschwanz hätten, fragte der Kaiser, ein wenig benommen über all die Neuigkeiten.

Das sei eine falsche Nachrede, schmunzelte Faust. Noch lebten freilich hier und da Nachkommen von einem sehr frühen Wasservolk, grüne Pygmäen sozusagen, die noch solch Erbteil trügen; aber selten begegneten ihnen die Menschen.

Dann stand Tycho Brahe auf und bat die Majestät, ihm das Wort zu erteilen.

Der Buchhändler

Als der Magus Barthold Truhoved am Spätabend jener Festlichkeit in der Wiener Burg zu seinem Gasthof „Schwarzer Adler“ heimkehren wollte, wies er den Wagen zurück und schritt zu Fuß. Er selbst sollte am anderen Nachmittag in der Akademie den großen Vortrag über das Rauhfeuer halten, mit dem der Teufel die Erde zu entzünden versucht, und hätte gern einen klaren Kopf. Man hatte ihm aber beim Festmahl so viele edle Weine aus Tirol und aus dem Burgenland vorgesetzt, daß der weise Herr, was ihm selten geschah, einen schweren Kopf hatte. Da lief er lieber durch den frischen Regenwind, statt Pferd oder Karosse zu gebrauchen.

Als Truhoved nun über den „Graben“ kam und sich wie immer am Stephansdom freute, sprach er im Weiterschreiten bei seinem alten Buchhändler Prachner vor, um nach Werken des bekannten Züricher Magiers Hüssli zu fragen. Mitten zwischen den Büchern traf er auf Hauptmann Degerli, der, weil er nur halb zum Wasservolk gehörte, ohne Verkleidung durch die Straßen zu schreiten vermochte und, wie man heraushörte, des Buchhändlers Freund war.

Truhoved merkte, daß der andere eine Frage an ihn hatte: „Wie lange kennt Ihr Faust?“ vernahm er plötzlich.

Oh, da mußte Truhoved erst nachrechnen!

„Er treibt ein wildes Leben“, fuhr Degerli fort. Der Buchhändler seufzte und schaute die Gestelle hinauf, um zu sehen, was alles er von und über Faust und Hüssli zu verkaufen hatte. „Die Fürstinnen meinen zudem, er solle der Frau Königin nicht so oft begegnen. Aber das ist Weibsgerede!“ Und Degerli lachte mit hoher Stimme; man hörte die Eifersucht nachklingen.

Truhoved wollte erst aufbrausen. Dann fand er zwei Inkunabeln aus Cambra in portugiesischer Sprache und kam nicht gleich davon los. „Es ist gut, daß wir uns hier begegneten, Ihr braucht Euch keine Sorge zu machen“, murrte der immer mäßigende Truhoved. „Habt Ihr vielleicht eine Botschaft für Faust oder mich?“

„Wißt Ihr’s noch nicht? König Ingold ist vor einer Stunde heimgekehrt. Das hohe Paar ist in seinen Gemächern, die glückliche Begegnung zu feiern. Der König bittet Euch auf morgen zu Tisch.“

„Und Faust ist dabei?“

„Auch der Doktor Faust ist geladen“, bestätigte Degerli.

„Sagt Eurem Herrscher meinen Dank! Ich habe morgen in der Akademie nachmittags zu sprechen."

„Der König wird sich selbst anhören, was Ihr vortragt, Treuhaupt! Des Kaisers Ordensmeister hat auf morgen abend wegen der Rückkehr des Königs unseren halben Hof eingeladen. Wir kommen in schwarzem Talar mit rotem Kragen, Ihr werdet uns erkennen."

„Und was wird aus der schönen Steffi, die uns die Sagen erzählen sollte?"

„Sie wird Euch noch genug erzählen müssen. Auch der König hört zu. Er will dabeisein, wenn die Königin lacht!"

Es war, als versteckte sich der Hauptmann hinter der braunen Seite eines Buches. Als Truhoved nachschaute, war es das „Liber de Nymphis" (Buch über die Wassergeister) des Paracelsus.

„Einer der wenigen, die dem Wasservolk auf die Spur kamen", scherzte Degerli. „Es ist die erste Ausgabe. Oder wollt Ihr sie kaufen?"

„Ich habe zwei Stücke", sagte der Buchhändler plötzlich von oben. Er sprach von seiner hohen Wandleiter herab wie aus den Wolken und mußte alles verstanden haben, was die Herren sich verraten hatten.

„Dafür, daß Ihr gehorcht habt – das habt Ihr doch", verlangte Truhoved, „berichtet uns zur Strafe, was Ihr von der Gründung Wiens wißt, damit wir mitreden können, wenn man morgen abend sich mit den Herren vom Hof unterhalten soll!"

Alte Geschichten über die Stadt

Da kletterte der Buchhändler von seiner Leiter herab, holte eine alte, verstaubte Flasche von einem geheimen Bord und setzte sich nach vielen gescheiten Worten zu den hohen Kunden.

„Von Wien erzählt die Sage buntes Zeug. So etwa, daß ein Nachkomme Noahs im Jahr zweitausendzweihundertundachtzig nach der Erschaffung der Welt die Stadt gegründet habe. Er habe Suevus geheißen. Später hätten die Römer die Stadt erobert und zerstört und eine neue gebaut, die nach mancherlei Wandlung Vindibona genannt sei. Aber niemand wisse, ob der Name aus dem gelehrten Lateinisch oder von dem Flüßchen Wien gekommen sei, das nahe der Stadt in die Donau ströme."

Truhoved knurrte und schien nachzudenken.

„Der Markgraf Leopold der Heilige", erzählte der Buchhändler weiter, „soll zur Zeit Heinrichs des Städtegründers die Stadt ersehen und ihr sechs Tore gebaut haben, dazu einen hohen ‚Roten Turm', durch den alles, was von der Donau kam, Eingang fand. Der Turm soll freilich nach anderer Meinung erst später errichtet sein, als die Österreicher König Richard Löwenherz von England gefangengenommen hatten und er sich durch den Bau des Turmes auslösen mußte."

Die Herren lächelten höflich über soviel Weisheit und Unweisheit. Dann kauften sie für teures Geld die Bücher des Paracelsus.

Die Königin Lau verlangt Sagen

Die Großen der Magier und des Wasservolkes waren wirklich am nächsten Abend Gäste des Kaisers. Nachdem Truhoved nachmittags über seine Wissenschaft vom Feuer des Satans gesprochen hatte, brachen alle auf, um in der „Burg" des Herrschers noch einmal das schöne Wien zu feiern. Ja, König Ingold und die schöne Lau und Buchhändler, Theaterdirektor, Dichter und Sänger waren dazu geladen; in vielen Chroniken ist von jener Begegnung der Weisen und dem kaiserlichen Herrn die Rede.

Um die gleiche Zeit trafen die Hauptleute Lämmle und Mühlwieser mit neuen Freiwilligen vom Wasservolk ein.

Es wird in einigen Chroniken erzählt, daß die schöne Lau Wien herrlich fand und mit ihrem Gemahl heimlich durch die Straßen wandelte, dann aber, als König Ingold die Hilfsscharen aufsuchte, nach ihrem Schloß zurückverlangte, um sich in ihrer Einsamkeit zu zerstreuen und wiederum auf die Sagen zu hören, die ihre Helfer über Wien erfahren hatten.

Da war vor allem die Nixe Steffi, die von ihrer Stadt so unglaublich viel zu erzählen wußte, gewiß hätte man ein halbes Jahr des Friedens damit ausfüllen können.

Mit dem Stephansdom begann sie – der Schwabe Doktor Veylland war schon zugegen und feilte die Sagen gleich für die Feder der Königin zurecht.

Wie der Hahn auf den Stephansdom kam

Am Ende des Mittelalters lebte ein Ritter namens Schlezer mit seiner Frau in glücklicher Ehe nahe der Stadt Wien. Da bekam der Mann, der in des Kaisers Dienst stand, den Befehl, dem Sultan eine wichtige Botschaft zu bringen. Er war wegen des Weges voll trüber Ahnungen und bat die Frau sehr, nicht an seinen Tod zu glauben, ehe sie nicht das silberne Kruzifix erhalte, das er auf der Brust trug.

Der Ritter führte seinen Auftrag aus, wurde auf dem Rückweg überfallen und, nachdem seine Begleiter erstochen waren, verwundet und in Gefangenschaft verkauft. Er galt wie die anderen als erschlagen.

Seine Frau erfuhr davon, sie trauerte drei Jahre um ihn, dann versprach sie sich einem Freund des Ritters.

Einige Zeit danach träumte Schlezer, er sähe sein Weib und den Freund am Traualtar in der Stephanskirche stehen, und wußte zugleich, es war am kommenden Tag. „Könnte ich bis morgen in Wien sein", seufzte er, „ich gäbe meine Seligkeit darum!"

Im gleichen Augenblick stand zu seinem Schrecken der Böse vor seinem Lager. „Ich will dir deinen Wunsch erfüllen", sagte er, „damit du mein wirst!" Und er griff nach draußen, wo just im Vorfrühen ein Hahn zu krähen versuchte, und holte ihn als Reittier. „Sitz auf!"

„Meine Bedingung ist, daß ich bis Wien nicht erwache", bat der Ritter in halber Verzweiflung.

„Gewährt!" antwortete der Dunkle. Danach brausten sie auf dem Rücken des Hahnes von dannen. Und der Böse bedrohte das arme Tier, er würde ihm den Hals umdrehen, wenn es einen Laut von sich gäbe.

Der Ritt ging zauberschnell. Vor Wien graute gerade erst der Morgen.

Als der Hahn aber die Frühe spürte, konnte er nicht anders, er mußte nicht weit vom Stephansdom seine Stimme erheben; er meinte, auf dies einzige Mal käme es wohl nicht an. Sein Krähen weckte jedoch den Ritter, und der Böse schleuderte mit einem Fluch die beiden, Hahn und Ritter, in die Tiefe des Donaustromes. Fischer retteten den Mann. Gerade zur rechten Zeit, einige Stunden vor der Hochzeit, konnte Schlezer seine Frau begrüßen.

Zum Dank an den Hahn ließ der Ritter ein Abbild machen und setzte es auf das Dach der Stephanskirche, die er bei seiner Rückkehr zuerst sah.

Und der Hahn ist geblieben, weil ein jeder sich freut, daß der Teufel bei einem Ritt um eine arme Seele zu kurz gekommen ist.

Man soll den Teufel nicht an die Wand malen!

Solches Abmalen ist nämlich zu Wien geschehen, und niemand hätte sich darum gekümmert, wenn es nicht der berühmte Doktor Faust gewesen wäre, der in einer Kellerschenke am Graben gewagt hatte, den Teufel an die Wand zu malen. Als er dort mit einigen Studenten saß, kam das Gespräch auf die Gerüchte, die über Faust umgingen, und darüber, wie der Gottseibeiuns aussähe, dem er, wie man wissen wolle, verfallen sei.

Da erbot sich der Zauberer, den Herren den Teufel zu zeichnen, nahm ein Stück Kreide und umriß einen sitzenden Junker, mit einem Mantel wie ein Drachenflügel.

Als er ihn aber weiter schildern wollte, verdunkelte sich der Schankraum. Mephistopheles selbst fuhr ein und versuchte Faust niederzuschlagen. „Und wenn ich dir hundertmal zu dienen habe, auf mein Konterfei hast du kein Anrecht!" schrie der Böse und wollte die Wand zertrümmern. Der Gelehrte aber schien stärker zu werden. Während die Studenten versuchten, aus dem Raum zu flüchten, wuchsen Mephistopheles und der Zauberer; blassen Gesichts, mit brennenden Augen packten sie einander wieder und wieder, während ihre Mäntel und Wämser in Flammen aufgingen. Zuletzt ergriff Faust seinen Widersacher und warf ihn mitten in sein Konterfei hinein.

Wie der Teufel davongekam, ist nicht bekannt. Faust war ihm in jener Zeit über, und das Bild des Bösen ist noch viele hundert Jahre in der Schenke am Graben zu sehen gewesen. Aber leicht war der Kampf auch dem Gelehrten nicht geworden. „Man soll den Teufel nicht an die Wand malen", sagte er, wenn die Studenten ihn nach jenem Abenteuer fragten. Das Wort ist geblieben.

Der See unter der Kirche

Unter der Heiligenstädter Pfarrkirche liegt ein großer See. Als der fromme Severin sie erbaute, befahl er, wie es damals oft geschah, sie gerade über einem Quell, der den heidnischen Göttern geweiht war, zu errichten, damit man die Gewalt des neuen Glaubens sähe.

Die Quelle rann aber weiter. Und als man versuchte, sie zu vermauern, sammelte sich das Wasser unter der Kirche zu einem See, in dem Fische mit feurigen Augen schwammen.

Es gab sogar eine Treppe zum Gewölbe hinab, und die kannten nicht nur die Geistlichen. Eines Tages stahl sich eine gottlose Frau während des Vaterunsers zum See hinab, fand ein Boot und ruderte mit ihm das Wasser auf und ab.

Es war aber wohl der Nachen, in dem der Teufel heimlich die Predigten abhörte; auch er, der von Gott Abtrünnige, hat ja mitunter ein sehnsüchtiges Verlangen nach den heiligen Gebräuchen und Liedern.

Als die Frau das Boot wieder verlassen wollte, war es ihr unmöglich, sich zu erheben; sie war zu Stein erstarrt. Ihre letzten Schreie hörten die Menschen im Kirchenschiff, sie stiegen unter ihrem Priester zum See hinab, um der Seele durch Beten davonzuhelfen.

Der Stein aber blieb Stein; auch der Teufel wird nicht mehr auf seinem Nachen fahren.

Die Spinnerin am Kreuz

Ein Wiener Ritter machte sich auf, dem Herrn im Heiligen Land zu dienen. Seine Braut verzehrte sich vor Gram und Verlangen, Jahr um Jahr. Endlich gab ihr die Sehnsucht ein, draußen am Kreuz, das ist ein altes Denkmal vor dem Tor der Stadt, Tag um Tag zu spinnen und dort zu warten, um ihren Liebsten als erste zu sehen, wenn er heimkäme. Bei Regen und Wind, bei Schnee und Eis harrte sie am Weg aus und trug selbst den Rocken hin und her.

Eines Abends, als die Verlassene aufbrechen wollte, erschien ihr der Verlobte, von Blut überronnen, und sagte ihr an, sie solle nicht mehr für ihn spinnen, sondern für ihr eigenes Totenkleid. In einigen Wochen würden sie sich bei Gott wiedersehen. Da spann sie noch einmal sechs Wochen unterm Kreuz und starb an ihrer Liebe.

Noch heute aber kehrt die Getreue oftmals zurück und grüßt die Menschen auf der Straße, die in der Nacht an der „Spinnerin am Kreuz“ vorbeigehen – so ist der Name der Stätte geblieben. Und viele freuen sich an dem seligen Antlitz der schönen Toten, wenn sie die nächtlichen Wanderer grüßt.

Andere erzählen von einem späteren Ereignis. Eine unverlobte junge

Edelfrau saß spinnend an jenem Kreuz und wartete mit fröhlichem Angesicht auf Heimkehrer aus dem Feldzug im Morgenland. Sie hatte versprochen, dem ihre Hand zu reichen, der das nützlichste Geschenk vorwiese. Viele hatten sich schon bemüht, denn die adelige Jungfrau war eine schöne und reiche Erbin. Endlich wählte sie einen Walter von Merkenstein, der ihr die Pflanze Safran mitgebracht hatte. Mit deren Saft gefärbt, verkaufen die Wiener heute noch ihre Tücher weithin in die Welt.

Der liebe Augustin

Da war ein Volkssänger und Sackpfeifer zu Wien, der hieß nie anders als nur „der liebe Augustin". Er hatte im Türkenkrieg wacker seine Heimat verteidigt und trank danach zu jedem Lied, weil er meinte, er müsse sein und seiner Stadt Wohl feiern, bis es mit seiner Kehle zu Ende sei.

Aber es ging nicht zu Ende, weder mit seinem Sackpfeifen noch mit seiner Lust an fröhlichen Liedern. Auch als die große Pest über Österreich kam, über Wien zumal, ließ der liebe Augustin seine Stimme und seine Laune nicht ruhen und blieb am Leben, unverdrossen wie zuvor, außer daß er dem Becher mehr zusprach als ehedem.

Einmal aber, zwischen der kaiserlichen Burg und Sankt Ulrich, ist Augustin auf der Straße umgefallen, nicht wegen der Pest, sondern wegen eines übermäßigen Rausches. Die Pestknechte, die gerade die Toten der Stadt in die Kalkgrube fuhren, um sie zu beerdigen, sahen ihn am Weg. Sie glaubten, es sei ein von der Krankheit Befallener und schon ohne Leben, hoben ihn auf den Siechenwagen und warfen ihn mit den anderen Toten in die Grube.

Dort ist Augustin am Morgen frierend zwischen den armen Verblichenen erwacht, hat vermeint, der Teufel hätte ihn an der ungastlichen Stätte versteckt, und hat versucht, nach oben zu gelangen, was er aber wegen der Tiefe der Grube nicht vermochte. Erst als ein neuer Wagen mit Toten kam, haben ihm die Siechenknechte einen Strick zugeworfen, und er hat sich und seiner Sackpfeife heraushelfen können.

Das Abenteuer hat ihm nicht geschadet; der liebe Augustin hat vielmehr einige Verse darauf geschrieben, die, als die Pest abgezogen war, den Bürgern von Wien viel Erleichterung und ermunternde Erinnerung verschafft haben.

Bau des Stephansdomes

Der Stephansdom in Wien ist mehrmals errichtet worden, weil das Feuer ihn immer wieder fraß. Das letztemal hat Meister Pilgram, der den Auftrag bekam, den großen Turm erbaut; aber es wird ihm nachgesagt, daß er viel Eifersucht zu ertragen hatte, wie er auch selbst viel davon barg.

Sein erster Geselle war Hans Puchsbaum. Er ging zu den kirchlichen Herren und schwor, noch rascher als sein Meister einen zweiten Turm für den Dom bauen zu können. Daraufhin gaben sie ihm den Auftrag.

Im Laufe der Zeit aber wurde Puchsbaum deutlich, daß er zuviel versprochen hatte, und die Furcht, zu spät das Werk zu beenden, wuchs groß und grimmig.

Da stand eines Tages ein kleines altes Männlein neben ihm und begann ein Gespräch. „Ich weiß wohl, was dir Sorgen macht“, sagte der Greis, „und ich bin bereit, dir zu helfen. Ich hab' nur eine Forderung. Deine Braut hat einen Namen, den ich nicht mag. Du darfst während der ganzen Bauzeit ihren Namen nicht aussprechen, sonst bist du mir verfallen!“

Das schien Puchsbaum eine leichte Bedingung.

Bald ging es mächtig voran. Rasch und rascher wuchs der zweite Turm des Stephansdoms. Höher und höher stiegen auch Puchsbaums Hoffnungen, für sein Meisterwerk die Braut zu gewinnen. Und wenn er über Tag keine Zeit fand, an sie zu denken, beim abendlichen letzten Weg durch die Gerüste hatte er sie wohl in seinem Sinn.

Er hatte sie seit dem Besuch des Fremden nicht mehr gesehen und machte sich Sorgen, ob die Jungfer wohl krank sei oder ob ihr strenger Vater sie ihm endgültig versagen wollte.

Eines Abends, als der Turm schon die halbe Höhe erreicht hatte und Puchsbaum von oben auf den wimmelnden Markt blickte, sah er plötzlich sie, an die er dachte, unter dem Volk. Sie hatte die Hände über die Augen gelegt und suchte ihn. Da vergaß er das Versprechen an den alten fremden Mann und rief jauchzend: „Maria!“ nach drunten.

Es war einer der Namen, bei dem der Teufel ohne Erbarmen ist. Das Gerüst unter Puchsbaum begann zu schwanken; der Meister hielt sich vergeblich an einem Überhang, dann stürzte er, und mit ihm Poliere und Gesellen, Turmwerk und Holz, in die Tiefe.

Den Baumeister hat man nie mehr gefunden.

Die Stadt Wien aber hat später beschlossen, den zweiten Turm nicht zu bauen, und hat alles Geschütt wegräumen lassen.

Der Teufel als Schlittenfahrer

In einem schlimmen Winter, als man in Wien nicht Schiff noch Wagen, sondern nichts anderes als Schlitten kannte, machten die Bürger sich einen Spaß daraus, bis Mitternacht mit Schellen durch die Straßen zu toben. Und es war nicht möglich, eine Stunde Ruhe zu finden; Ratsherren und Bräufahrer waren wie unvernünftig und fanden immer noch wieder einen Grund, durch die Stadt oder über die gefrorene Donau auf ihren Schlitten dahinzujagen.

Endlich setzte der Bürgermeister einen öffentlichen Befehl durch, nach dem es verboten war, nach zehn Uhr abends mit Geläut durch die Straßen zu fahren.

Es half nur drei Tage. Dann ging ein Gerücht, daß der Winter und die Lust bald zu Ende und daß der Frühling auf dem Anmarsch sei. Da wollte ein jeder noch einmal dabei gewesen sein, und der Lärm wurde schlimmer als zuvor. Mitten zwischen den anderen Schlitten fuhr der des Teufels, dem es ein Vergnügen machte, daß die Ordnung brachlag und alle Zucht verlorenging. Er hatte, so sagt die Chronik, einen Saukopf auf den Schultern und zwölf Windlichter im Bauch, die ihm aus dem Mund glühten.

Schlimmer war eine Teufelin, die ihn in jenen Tagen begleitete und die, so schön Gesicht und Lachen waren, auf dem Kopf Nattern und Eidechsen trug und auf der Brust eine Kröte als Schnalle.

Und keiner wagte die beiden Feiernden anzuhalten, nicht Büttel noch Ratsherr, noch General.

Es lebte aber damals ein alter Feldwebel aus dem Türkenkrieg in der Stadt, dem hatte man ein kleines Wächteramt gegeben. Wie der nun sah, daß niemand, weder hoch noch gering, den Leibhaftigen zu zügeln vermochte, da stellte er sich auf dem „Graben" auf und wagte es. Als der Teufel und seine Teufelin wieder vorbeikamen, hielt der Wackere den Schlitten an und fragte, wieso man wider das Gebot des Bürgermeisters so laut lärme und fluche.

Der Böse, der wohl zuviel getrunken hatte, wollte sich vor Lachen ausschütten und blies dabei den armen Wächter an, daß er tot niedersank. Dann aber wurde dem Dunklen unheimlich zumute, weil er an seine Rechtfertigung dachte und auch das Tauwetter nahen fühlte. Er nahm seine Liebste und verkroch sich mit ihr.

Die Wiener haben dem pflichttreuen Beamten, als sie zur Besinnung kamen, ein Denkmal aus Stein aufgestellt.

Das Bergwerk auf dem Kahlenberg

Nur wenige wissen, daß auf dem Kahlenberg vor Wien ein großes Bergwerk gelegen hat.

Es kam einst ein frommer Wanderer, ein Bergarbeiter vom Erzgebirge, ins Land, der fest auf Gottes Gnade baute und betete, daß Er ihn in einem der Berge um Wien fündig werden lasse. Eines Tages sah er einen Vogel, der ihn rief und jedesmal zur gleichen Stelle flog. Der Mann folgte schließlich und fand nichts als ein leeres Nest. Als er aber zu hacken und graben begann, stieß er schon in wenigen Fuß Tiefe auf Edelerz und wurde ein reicher Grubenherr. Bald kamen die Bergleute von überall her, und es entstand das „Kahlenbergdorf".

Als der Gründer nun das Zeitliche segnete, ging der Besitz an seinen Sohn über, der hart gegen seine Leute war. Er saß auch gern im Wirtshaus, dabei mußten alle mit ihm trinken und seinem Prahlen zuhören. Viel klüger als sein Vater wollte er sein und noch die halbe Welt gewinnen.

„Vergiß nicht", erwiderte ein alter Bergmann, „daß dein Vater es nur durch Gottes Gnade so weit gebracht hat!"

Da wurde der Junge hochfahrend. „Gnade hin, Gnade her! Wäre nicht vorher schon das Erz im Berg gewesen, dann hätte Gott auch nicht vermocht, meinen Vater etwas finden zu lassen!“

Der Alte bestritt es, und die anderen schwiegen. Aber als sie am nächsten Tag an ihr Werk gehen wollten, war der Kahlenberg leer, alle Erze waren gewichen. Und so bitter der junge Grubenbesitzer bereute, niemand konnte ihm zur Gnade verhelfen, die er verleugnet hatte.

Alle Versuche, neue Erzgänge zu finden, scheiterten. Der Kahlenberg ist noch heute ohne fruchttragendes Gestein.

Paracelsus in Wien

Der berühmte Theophrastus von Hohenheim, genannt Paracelsus, ist auch lange in Wien gewesen. Er gehörte zu den Männern, die zuweilen reich gesegnet waren, danach wieder lange bitter arm blieben, aber immer unter viel prahlenden Worten ein gutes Herz trugen.

Einmal wohnte der Arzt und Alchimist mehrere Wochen in einem Gasthof „Zum Schwarzen Adler“. Man wußte jedoch nicht, wie er die Rechnung bezahlen wollte. Denn die Wiener kamen wohl gern und ließen sich von dem berühmten Arzt mit viel Wichtigkeit untersuchen; aber sie verlangten, erst gesund zu werden, bevor sie bezahlten, und das dauerte oft geraume Zeit.

Nun war es so, daß der Gastwirt vom „Adler“ nur einen Sohn hatte, auf den er viel gab, und daß der Sohn ein kreuzarmes Mädchen liebte, eine entfernte Verwandte, die im „Adler“ diente. Der Vater gab wenig auf sie. Paracelsus kam einmal hinzu, als der Mann mit viel Lärm die beiden verhörte. Er versuchte ein Wort zugunsten der Liebenden einzulegen. Da erboste sich der Wirt sehr und schrie, der Herr möge seine Rechnung bezahlen, statt sich in Dinge zu mengen, die ihn nichts angingen.

Der Zauberer nahm einen kupfernen Pfennig aus der Tasche und gab ihn als Anzahlung. Darüber geriet der Mann erst recht in Grimm. Er warf die Münze zu Boden und schwor dem fremden Herrn, daß, solange der Pfennig sich nicht in ein Goldstück verwandle, die Liebesleute nimmermehr heiraten dürften, daß sie vielmehr alle, einschließlich des gelehrten Arztes, aus dem Haus müßten.

Paracelsus zog die Schultern hoch. Der Wirt möge den Pfennig aufheben, riet er. Der Aufgeregte tat es, da hatte er ein Goldstück in der Hand. Er küßte vor Erstaunen das Geld, konnte aber auch keines seiner Worte mehr widerrufen, die er im Zorn von sich gegeben, und mußte schließlich für seinen Sohn eine große Hochzeit richten, bei der jung und alt durch die Straßen zogen.

Es heißt: Den Wirt vom „Schwarzen Adler" hätte man später Herr Küßdenpfennig genannt, und der berühmte Theophrast sei noch lange in Wien bei ihm zu Gast gewesen und jedesmal, wenn er mit Pfennigen zahlte, hoch gelobt worden. Denn es blieb dabei, daß seine Münzen sich, wenn er sie durch seine Künste beschwor, in Gold verwandelten.

Der Kaiser und Frau Holle

Als die Zuhörer so viel über Wien vernommen hatten, kamen die Zofe Aleila und der Steuermann Kurt Veylland und sagten der Frau Lau an, daß es Zeit sei, sich zum zweiten Empfang bei der Kaiserlichen Majestät zu rüsten. Weil aber die Karosse die hohen Herrschaften an der Straße bei Klosterneuburg abholen werde, brauche man das grüne Schiff der Königin nicht.

Zur gleichen Stunde brachte eine Schwester der Steffi die Nachricht: Sie habe vernommen, die Frau Holle sei auf ihrem Wagen in Wien eingefahren und der Kaiser habe sie, wahrscheinlich auf den Rat des Doktor Faust, zum Fest hinzugebeten. Der Faust menge sich überall ein, was solle man dazu sagen?

Die Nixe Steffi war noch immer aufgeregt darüber, daß ihre Königin und ihr König sich in ihrem Bezirk aufhielten. „Ach, der kluge und kühne Faust! Überall war er dabei, der Abenteurer!"

„Ich glaube nicht, daß er ein Abenteurer ist", verwies Frau Lau die Erregte. „Er hat übrigens eine berühmte griechische Frau. Ist sie bei ihm?"

„Die Helena hat er mit ihrem Kind in seiner Heimat gelassen. Hier steigt er der Kaisernichte nach und den hübschen Wienerinnen!"

„Wenn's so wäre, wie käme er zu so viel Weisheit, Steffi? Das hat man nicht von ungefähr!"

Dann war es, als wünsche die Frau Lau das Gespräch zu wenden. „Hast du die Frau Holle gesehen?" fragte sie die Schwester. „Was trug sie?"

„Gewiß habe ich sie gesehen! Sie trug ein Kleid mit lauter eingewebten Schmetterlingsflügeln."

„Ach, wie beschaffen wir so rasch die Schneiderinnen", klagte Steffi. „Und wer macht uns die Haare?"

Die Königin Lau wollte von keinem Aufwand hören. Die Haare könne sie sich selbst ordnen, meinte sie, und im übrigen käme alles darauf an, daß der Herr Kaiser mit ihrem Gemahl Ingold spreche und nicht mit den Frauen. Und sie werde zum Empfang ein ganz einfaches Kleid anziehen, da möge die Frau Holle in Verlegenheit geraten, wenn sie sich so bunt ausstaffiere!

Der schönen Steffi gefiel der Vorschlag nicht. Hatte sie nicht seit Jahren an den Spitzen und Rüschen genäht und geklöppelt, die sie einst zum Besuch des höchsten irdischen Herrscherpaares tragen wollte?

Dann hatte die Nixe einen rührenden Einfall. Ob sie ihr Kleid der Donaukönigin leihen dürfe, fragte sie, und die Tränen standen ihr in den Augen, so sehr bewegte sie die eigene Hingabe.

Aber nein, meinte die Frau Lau.

Doch, gerade jetzt solle sie es einmal tragen, riet die vorlaute Steffi. Nachher kämen die Umstandskleider ohnehin!

Frau Lau wies die Wächter zurück und trat durch die grüne Tür in des Königs Kabinett. Da saß ihr Gemahl ohne Krone und hatte einen Plan der Donau vor sich und besprach sich mit dem Markgrafen von Württemberg, was sie weiter beginnen und wie sie die ganze Donau von Lauengrund aus wiedergewinnen wollten. Den Württemberger hatte der König vor kurzem als Kanzler zu sich berufen, sie waren beide tief im Gespräch.

Mittenhinein kam jemand von draußen. Ingold blickte auf. Was wollte seine Frau um Himmels willen? Und nach ihr kam die Zofe, seine Schwester Mirta und – und wer noch? Was wollten sie alle von ihm wissen? Wer störte die Ordnung?

Er möge entscheiden, was die Königin zum Empfang beim Kaiser anziehen solle, forderte Mirta.

Der hohe Herr zürnte, ein Grollen stieg die Kehle hinauf. Seinetwegen könne seine Frau ein altes Schüsseltuch tragen!

König Ingold erhob sich, und er sah so grimmig aus, daß sein Kanzler, der Württemberger, den Frauen abwinkte und mit beiden Armen andeutete, man möge das Kabinett verlassen.

Aber die schöne Lau blieb. Sie sprach nicht von Kleidern, sie fragte an, ob ihre fränkischen Wassermänner aus dem Main sich schon gut geschlagen hätten.

„Ich hab' dir und deinem Vetter vom Main zu danken", sagte König Ingold. „Bist du fertig angekleidet? Die kaiserliche Karosse wird sicher bald drüben auf der Landstraße stehen!"

Ein erschrockener Schrei der schönen Lau, ein Schrei der Fürstin Mirta, der Kammerzofe und der Nixe von der Lobau.

Da aber die Königin und ihr Gefolge doch noch eine Weile warten mußten, polterte schon ein dicker Wassermann näher und begann, mit einem schiefen Blick auf seine Herrin, zu erzählen, was ihm gerade einfiel:

Das fliegende Haus

„Ein reicher Ziegelschläger war der Thury. Eines Tages gefiel es ihm in seinem Haus im Alsergrund nicht mehr, er wollte draußen vor den Toren Wiens wohnen und redete und schalt und forderte.

Nun war der Thury aber auch ein hübscher und gerader Bursch. Die Nixe aus dem Alserbach, der damals noch zwischen den Straßen entlang rann, war oft um ihn, hatte Freude daran, seine Wünsche zu erfüllen, und steckte ihm, als er gerade einmal wieder prahlte und schalt, ein kleines Papier mit Pulver in die Hand. ‚Schreib nieder, wo du dein Haus haben willst', flüsterte sie ihm zu. ‚Dann tu von dem Pulver drauf, und über Nacht wird's geschehen!'

Thury freute sich und bedankte sich für die Gefälligkeit. ‚Ich möchte oben auf einem Berg wohnen, von wo ich einen weiten Ausblick habe und Wien unter mir sehe', sagte er lässig und tat, wie ihm die Alsernixe geraten hatte.

Als er am nächsten Morgen aufwachte, stand das Haus, in dem er wohnte, wirklich am Abhang des Kahlenbergs. Und alles war nach seinem Sinn. Aber der Abstieg war doch schwieriger, als er gedacht hatte, und jeden Abend mußte er klettern und klettern und durch Dornen und Felsgestrüpp aufwärtssteigen.

‚Was nützt mir der schöne Blick, wenn ich mich immer nur allein freue, weil meine Freunde den Weg scheuen?' Und der Bursch dachte nach. ‚Ich möchte auf der Lobau wohnen, Wiese rundum sehen und Wälder an den Donauufern und ein Bächlein im Garten!'

Da kam die Nixe zum zweiten Mal; Thury mußte wieder aufschreiben, was er sich wünschte, und von seinem Pulver einiges daraufschütten. Und der neue Platz gefiel ihm herrlich. Aber nach einiger Zeit merkte er, daß Rehe und Hirsche durch seinen Garten sprangen. Sie zertraten ihm die schönsten Blumenbeete. Als der Ziegelschläger eine Wildbüchse anschaffte, kam der kaiserliche Jagdaufseher und drohte mit schwerer Kerkerstrafe, wenn er sich einfallen lassen sollte, auf das Wild zu schießen.

Da bat Thury die Nixe zum dritten Male. Er wolle zurück, klagte er, er wolle gerade dort wohnen, wo er geboren und mit seinem Handwerk reich geworden war. Noch einmal schrieb er es auf und schüttete das Pulver darüber. Da begann sein schönes Haus auf der grünen Lobau sich zu ziehen und zu schrumpfen, und als der Mann am nächsten Tag in seinem Bett erwachte, war er just wieder da, wo er groß geworden war. Und Thury war zufrieden und wohnte mit seinem getreuen Weib und vielen Kindern dort viele Jahre noch.

Im Ratsbuch steht, es sei das Haus Liechtensteiner Straße 55 gewesen und es habe sich durch alle Kriege und Feuersbrünste gut erhalten.

Wer die Zauberin war, die dem Ziegelschläger seine Wünsche erfüllte, weiß man nicht. Er selbst sagte, es sei die aus dem Alsenbach. Andere meinen, ob es nicht eine Frauhollentochter war. Die vom Rhein, der Elbe oder von der oberen Donau kommen ja zuweilen bis Wien und fühlen sich gar einsam.

Die Mühle am Wienerberg

Die Mühle am Wienerberg, die lange Zeit im Besitz ehrlicher Müllersleute gewesen war, fiel eines Tages dem Ritter vom Drachenfeld zu. Er war ein Straßenräuber, der nach außen ehrbar tat, aber mit seinen Knechten als rechter Wegelagerer seine Schätze häufte.

Seine Frau war gut und herzensfromm, sie versuchte oftmals, ihn auf den geraden Weg zurückzurufen. Aber alle Worte waren vergeblich, ja, eines Tages geriet der vom Drachenfeld so sehr in Wut über ihre Mahnung, er packte sie und schleuderte sie in den tiefen Mühlbrunnen.

Da war nun auch Gottes Milde am Ende. Niemand schützte den Verruchten, als der Teufel kam und ihn als Knecht behielt. Drachenfeld und seine Helfer wurden verdammt, jede Nacht für des Satans Küche

Mehlsäcke zu schleppen. Um die alte Mühle aber wuchsen Dornen und Disteln, die Wege der Menschen führten weit, weit daran vorbei. Und es hieß, die Verwünschung würde so lange dauern, bis der Leichnam der Ermordeten seine Ruhe auf einem Friedhof gefunden hätte.

Vielleicht an die hundert Jahre gingen darüber hin.

Danach kam eines Tages von Wien ein junger Reiter, der Ritter Schwarzenau, durch das Dickicht. Er war wegeunkundig, hatte sich verirrt und wußte nicht, wie er die Nacht ohne Schutz verbringen sollte.

Er hatte gehört, daß im Dickicht eine verlassene Mühle läge, aber auch, daß es gefährlich sei, in ihr über Nacht zu weilen. Schwarzenau war jedoch so mutig wie müde. Obwohl er eine junge Braut daheim hatte, kam es ihm nicht auf eine Begegnung mit dem Teufel an. Er fand das alte Mauerwerk und machte sich sein Quartier, nicht gerade bequem, aber so, daß er einschlafen konnte.

Als die zwölfte Stunde schlug, erhob sich, just wie die Leute ihm angesagt hatten, ein Trappeln und Laufen in der Mühle. Männer schleppten Kornsäcke, und kleine Teufel rannten peitschend und juchend hinterdrein. Das Mahlwerk der alten Mühle begann zu knarren; jammernd und klagend drängten sich die Verwunschenen, Drachenfeld und seine Knechte, an dem Gast vorüber.

Da packte den der Wille zu helfen, einerlei, was ihm selbst daraus würde. ‚Bei Gott und allen Heiligen beschwöre ich euch, sagt, wie ich euch erlösen kann!'

Die schleppenden Knechte standen still. Die Stimme einer Frau, die Schwarzenau nicht sah, antwortete: ‚Mein Leib liegt im Brunnen, seit hundert Jahren verlangt es mich nach Sarg und Gebet am Sarg! Begrab mich in geweihter Erde, Ritter, und auch meinem Mann wird verziehen werden!' Dann schlug die Uhr eins, und die Stunde, da den Menschen die Geister sichtbar werden, war vorbei.

Schwarzenau aber rief Helfer herbei. Er stieg mit ihnen in der Frühe in den trockenen Brunnen. Und sie brachten das Gebein der Toten aus der Tiefe und bestatteten es auf dem Gottesacker.

Noch bevor der Mutige wieder aufbrach, hörte er leise einige Worte der Frau: ‚Nimm unser Erbe, Ritter, es liegt daheim in deiner Kammer. Schlag nicht aus, was unser war!'

Der junge Ritter Schwarzenau war reich geworden. Er durfte die wählen, die er liebhatte; viel Segen begleitete die beiden.

Die Heuschrecken auf dem Lerchenfeld

Ritter Bertram, der am Fuß des Kahlenbergs auf dem Grillenstein sein Schloß hatte, wurde von manchem Verdacht verfolgt. Noch immer hatte er sich jedoch herausschwören können, und noch hatte kein Gericht den Raubritter zu fassen vermocht.

So hatte er es gewagt, bei seinem Nachbarn Wildberg um die Hand der Erbin anzuhalten. Aber der Vater wies ihn ab. Da legte Bertram sich in den Hinterhalt. Er wußte, das Fräulein von Wildberg mußte noch am gleichen Tag von Wien zu ihrer Burg heimkehren. Da schwor er sich, sie zu fangen, und wenn Gott mit einem Seiner absonderlichsten Gesichte ihm die Sinne verwirren sollte.

Am Abend gelang es dem Ritter Bertram wirklich, das heimkehrende Fräulein von Wildberg anzuhalten. Er und die Knechte umzingelten sie und die Ihren und schleppten trotz Bittens und Klagens die Gefangenen zu einem Versteck am Lerchenfeld, das den Ritter noch sicherer als seine eigene Burg dünkte. Denn er entnahm bald aus dem Schall von Hörnern hier und dort, daß Verfolger auf seiner Spur waren. Auf dem wilden Lerchenfeld würden sie ihn nicht erreichen, so meinte er. Und sollten sie ihn doch einholen, so würde er mit dem Tod der Gefangenen drohen. Denn Gott schwieg und hatte bisher alles zugelassen, was der Ritter erzwungen. Ja, Gott schweige, sagte er auch zu der Wildbergerin, als die ihn weinend beschwor, sie freizugeben.

Als die Schar nun nicht mehr weit von dem Versteck – einer Vorburg des Grillensteins – war, verdunkelte sich der Himmel, eine Wolke senkte sich vor Bertram und seine Knechte und umdüsterte ihren Weg. Sie wußten erst nicht, was sich nahte; war's ein schwerer Regen oder ein dicker Qualm, der vom Himmel fiel?

Dann begriff der Ritter, daß es doch eine absonderliche Abwehr Gottes gab. Heuschrecken hielten ihn auf seinem Weg an, so daß seine Gesellen ihm in den Zügel fielen und ihm rieten, mit der schönen Beute eine andere Straße zu suchen.

Der Räuber aber ließ das Pferd der Wildbergerin einem Knecht und zog das Schwert, um den Seinen zu zeigen, daß er keine Furcht kannte, auch nicht vor Gottes seltsamstem Gericht. Und er focht sich mitten in die dunkle Menge der Heuschrecken und meinte, Gott selbst zu treffen, da er vernichtete, was ihn niederwerfen sollte.

Die Knechte scheuten sich, sie warteten eine Weile auf ihren Herrn und schlugen mit dem Fräulein einen anderen Weg ein, um zu ihrer Burg zu gelangen. Der vom Wildberg aber stieß auf den Zug der Knechte, er befreite seine Tochter und fing ein, was sich zu dem Räuber gehalten hatte.

Ritter Bertram kehrte nicht zurück. Als man anderntags nach ihm suchte, fand man mitten im Lerchenfeld sein Roß als Gerippe und unweit einen Gestürzten. Nur an Schild und Rüstung sah man, wer es war, und begriff, daß Gott, hat Er den Willen, in absonderlicher Weise zu strafen vermag und über einen Mann lächelt, der sein Schwert gegen Heuschrekken zieht."

Damit beendete der dicke Wassermann seine Geschichten, mit denen er den Wartenden die Zeit verkürzt hatte.

Totenmette im Stephansdom

„Laßt mich noch rasch eine Geschichte hinzufügen, ehe uns der König ruft", bat der Markgraf von Württemberg, er war auf einmal bei den Wartenden. Er begann gleich:

„Der Pfarrer von St. Stephan las in der alten Chronik: ‚Wen du in der Christmitternacht in deinem Dom erblickst, der erlebt den nächsten Weihnachtsabend nicht mehr.'

Der alte Mann wollte über die Worte nachdenken. Da sah er, wie drüben im Stephan die Fenster aufleuchteten, als würde eine Andacht vorbereitet, und bald danach hörte er den Gesang von Gläubigen von drüben herüberschallen.

War Gottesdienst? Hatte er alles vergessen? Aber er hatte nichts vergessen; es war keine Stunde der Andacht, und doch waren fromme Leute zur Kirche gegangen.

Schließlich warf der Pfarrer den Mantel über, hob den Schlüssel zum Dom von der Wand, zündete eine Laterne an und stapfte nach drüben. Und er öffnete mitten in der Nacht das Tor des Stephansdomes und betete leise um Liebe und Gnade seines Herrn.

Aber als der Greis voller Mut zum Altar trat, wo ein Priester sich gerade der Menge zuwandte, die Kopf an Kopf den Dom füllte, sah er sein eigenes Gesicht. Und als er bestürzt die Andächtigen prüfte, die kniend auf das Gebet warteten, erkannte er unter ihnen Frauen und Männer seiner Gemeinde – nicht viele, aber es waren eben doch manche, die zusammengekommen waren.

Was befing ihn? Wer hatte den Gottesdienst berufen; er war Wirklichkeit, der Gesang scholl auf, das Licht strömte und glänzte von Säule zu Säule, und die Kerzen strahlten.

Da begannen die Glocken im Turm ein Uhr zu schlagen, und die Gewölbe verdunkelten für den Lebenden. Der Pfarrer stand mit seinem Licht und dem Schlüssel plötzlich allein und tappte mühsam wieder nach draußen.

Es war Weihnachten 1363. Der Alte suchte den Platz, den er verlassen hatte, er las weiter in seinem Gnadenbuch und schrieb danach die Namen derer auf, die er gesehen hatte – zuletzt auch seinen eigenen.“

Das Burgenland

Der Donaukönig Ingold und sein Hofstaat

Drei Tage dauerten Musik, fröhliche Aufführungen und freundliche Begegnungen zwischen dem kaiserlichen Hof und den Silberrittern. Das Herrscherpaar aus der Donau war stets dabei, und die Königin Lau lachte und horchte und küßte ihren Gemahl. Sie hatte sich immer schlicht gekleidet. Frau Holle hatte zwar angeboten, ihr die schönsten Kleider im Nu zu zaubern; aber die Frau Lau trug lieber die grünen Gewänder des Wasservolks mit goldenen Borten, in denen auch ihr hoher Gemahl sie am liebsten sah.

Das Donauweibchen, die Steffi, wollte nicht mehr sein als ihre Herrin. Und so reizend sie sich umtat und so unterschiedliche Gäste sie in ihr silbergraues Haus an der Augartenbrücke einlud, auch sie blieb von einfacher Art und hielt sich an ihren Auftrag, den Lebenden Fröhlichkeit zu schenken und der Ertrunkenen Seelen zu wahren, bis Gott sie rief.

Aber in jenen Festtagen fiel niemand dem Strom zum Opfer. Es waren zu viele vom Wasservolk unterwegs, die zeigen wollten, daß sie den Menschen auch hilfreich waren.

Als nun die Silberritter vom Kaiser schon entlassen waren und in ihre Heimat zurückritten, da blieben König und Königin noch zwei Sommerabende allein beisammen und wünschten, daß bald ein langer Friede einsetzte.

In der dritten Frühe, als des Kaisers Hofherren gerade mit ihnen verhandelten, wann man der Kaiserlichen Majestät Gegenbesuch auf dem Schloß unterm Strom erwarten dürfe, nahten in einigen großen, weißen Wogen Boten von der unteren Donau. Sie brachten die schlimme Nachricht, daß sich zu allem anderen ein Aufruhr gegen den verbündeten Strom Jester vorbereite und daß König Ingold als Schiedsrichter oder als Feldmarschall Ordnung schaffen müsse.

Der Besuch der Kaiserlichen Majestät im grünen Schloß bei Klosterneuburg mußte verschoben werden, der Donaukönig rüstete zum Aufbruch. Und er verabredete mit seiner schönen Frau, daß sie ihm langsam folgen, dabei aber überall die Geschichten der Donau, wie es bisher geschehen war, sammelte. Denn so weit man Dichtung und Sagen kenne, meinte Ingold, so weit reiche sein und seiner Königin Herrschaftsrecht. Dann zog er die dreißig Donauritter zusammen, um aufzubrechen.

Zum Schutz der Königin aber sollte Degerli mit seiner Leibwache zurückbleiben, damit die Frau in guter Hut sei, auch wenn sie weiter die Sagen sammelte.

Niemand erinnerte sich mehr, wie nah Degerli in seiner Jugend der schönen Lau gestanden. –

Die Herren vom kaiserlichen Hofe waren zur Burg zurückgekehrt. Sie hatten immer noch nicht ganz begriffen, was sich zugetragen und was sich als Verbündeter oder Gast auf dem Grunde des Stroms eingefunden hatte. Es war wohl auch das klügste, nur das Notwendigste über das, was man erhorchen konnte, aufzuzeichnen.

Am besten sei es, sagten die Herren Hofräte, wenn die Dichter Aufzeichnungen machten, denen niemand glaube. Menge sich erst der Staat ein, müsse er neue Gesetze aufstellen und vielleicht auch die Altersversorgung des Wasservolks und sein sittliches Leben nachprüfen, das sei so umständlich wie zeitraubend.

Die Herren im Ministerium für Donauschiffahrt und die des Inneren hatten darüber eine lange Besprechung mit dem Kanzler König Ingolds und mit Doktor Veylland, der sich als Hofmarschall um die schöne Lau zu sorgen hatte. Die Wiener fanden, daß die Verwaltung des Wasservolks unordentlich war, und gewiß hatten sie recht. Den Dichtern aber, die sich mit den neuesten Entdeckungen in der Donau zwischen Stuttgart und dem Schwarzen Meer beschäftigten, gefiel die Unordnung. Da es zu jener Zeit noch kein Parlament gab, entschied die geduldige Kaiserliche Majestät: die Wirtschaft beim Wasservolk sei den dortigen Bedürfnissen angemessen. – So stand es lange in den Beschlüssen.

Die Soldaten der heiligen Hedwig

In der Frühe fuhr das Schiff des Königs rasch stromabwärts. Langsam folgte die „Liebfreude“ der Königin. Aber vorher kamen noch die Stromfrauen der March und der Waag an Bord. Sie machten der Frau Lau ihre Bezeugung der Ehrerbietung, wie es sich gehört, und brachten eine ganze Reihe von alten und verwachsenen und auch von jungen und lustigen Erzählerinnen aus den Flüssen und Bergen der Beskiden, von der Tatra stämmige Bauern, Sachsen und Goralen, und aus den Tälern Mährens sogar verhutzelte Bergwichte, Knappen und Wasserleute.

„Sprecht nur von eurem höchsten Berg und was an Geschichten umgeht", wandte sich die Frau Lau an die von der Hohen Tatra und ließ ihre Augen schweifen; sie war in ihren Gedanken noch weitab.

„Vom See Meerauge?" fragte einer der Sachsen.

„Vom ‚Morski oko'?" fragte ein Pole. Und er begann:

„Es ist der höchste See der Erde, sagt man, und wird eines Tages überströmen und alle Berge überschwemmen. Bis dahin ist er unser Freund. Es sind früher viele silberne Fische in ihm gewesen.

Einmal haben drei Männer einige von den Fischen gefangen, haben ein Feuer gemacht und sie kochen wollen. Aber den Silbernen hat das heiße Wasser nicht gefallen, und mit dem Kochtopf hat der ganze See zu brodeln begonnen. Der große Wassermann im Meerauge hat warnend gerufen: ‚Weh euch, wenn meinen Kindern etwas geschieht!' Da haben die drei rasch ihre Fische wieder in den See geworfen und sind davongelaufen.

Im Berg dahinter", fuhr der Pole fort, „im Berg Babia, ruhen viele Soldaten. Es sind Männer der heiligen Hedwig von Schlesien, die gegen die Mongolen kämpfen sollen und heute noch in betreßten Waffenröcken warten. Auch ihre Pferde haben sie bei sich, oft muß ein wandernder Schmied die Hufe beschlagen. – Wir werden alle aufgerufen, Sachsen und Goralen! Und die Soldaten der heiligen Hedwig werden uns helfen!"

Melusine

Dann begann einer der Deutschen zu erzählen:

„In den Flüssen der Hohen Tatra wohnte die Wasserfrau Melusine, die, wie es heißt, aus der Waag zu uns gekommen ist. Sie war ein Wesen, das sechs Tage menschliche Gestalt hatte und am siebenten halb Mensch, halb Fisch wurde. Sieben Kinder hatte die Nixe mit einem ehrbaren Bauern. Aber an jedem Sonntag verschwand sie und versteckte sich auf dem Dachboden.

Einmal ging der Mann ihr nach und sah, daß sie nicht gerade gewachsen war, sondern einen Fischschwanz hatte. Da geriet der Bauer in große Gewissensnot, die Wasserfrau aber mußte ihn und die Kleinen verlassen und bat einen Sturm, sie mitzunehmen. Und der hatte Mitleid. Wenn die Wilde Jagd durch die Berge fährt, hört man die Melusine noch heute um ihre Kinder weinen. Die arme Melusine!“

Nachdem der Deutsche geendet hatte, wechselten sich die anderen beim Erzählen ab.

Die Hexe auf Barwald

Das Land im Osten wurde vor langer Zeit von einem Kranz Burgen geschützt, in denen schlechte und gute Herren lebten. Auf Barwald wohnte mit ihren drei Töchtern die Witwe eines edlen Ritters. Sie verfiel aber dem Teufel, lockte junge Burschen, Kaufleute und Adelige, in ihr Schloß, bot ihnen Quartier und fröhliche Stunden und tötete sie dann im Schlaf.

Ein junger Ritter, der seinen Freund auf Barwald verloren hatte, durchschaute das schlimme Weib. Er legte sein Panzerhemd wieder an, als er sich zur Ruhe begab, und zog ein wollenes Wams darüber. Bald nach Mitternacht kam wirklich die Herrin auf Barwald, hob einen Dolch und wollte ihn dem Bursch in die Brust stoßen. Aber die Klinge zerbrach; der Ritter zog sein Schwert, hieb der Frau ein Ohr ab und entfloh.

Die Zauberin glaubte, eine ihrer Töchter hätte sie verraten, und warf alle drei in das Verlies der Burg, weil keine die Schuldige sein wollte. Als der Ritter nun mit Freunden wiederkam, um die Unglücklichen zu befreien, gelang es ihm, schon vor dem Tor der Burg Barwald die Gräfin zu fangen.

Rasch wollte er sie zum Gericht bringen. Als seine Schar über die letzten Berge ritt, bat die Frau jedoch, noch einmal zurückschauen zu dürfen. Das erlaubte man ihr. Kaum erreichten ihre Augen das Schloß, da brach es unter dröhnendem Lärm zusammen. Die drei Töchter aber warten als Verzauberte bis heute auf ihre Erlösung.

Wasserleute vom Neusiedler See erzählen

Schon legte sich das grüne Schiff der Frau Lau zur Nacht auf den Grund der Donau, und bis auf die Wachen gingen alle ruhen. Denn sie wollten früh aufstehen. Aber sie fanden keinen Schlaf, da war zu viel zu bedenken.

Als sie da so lagen, kamen, unsichtbar für die Wachleute, drei alte kluge Wasserfrauen aus der Leitha und auch aus dem Neusiedler See oder aus einem der vielen Altwasser, die um ihn liegen. Sie wollten die Königin nicht wecken, sondern schlichen leise heran und versuchten, auf irgendeine Weise durch die Fenster oder zwischen den Vorhängen einen Blick auf die Schlafende zu werfen.

Die aber stand auf, die freundlichen Frauen aus ihrem Volk zu empfangen. Sie wußte wohl, daß sie Geschichten hören würde; denn auch den Wasserleuten scheint das, was den Menschen geschieht, wichtig, und sie erzählen es einander gern.

Nachdem die Königin die drei Nixen hatte Platz nehmen lassen, begannen sie umschichtig eine Sage nach der anderen zu erzählen:

Der tote Reiter

„Da war ein Reitersoldat des Kaisers, der vor Belgrad hatte sterben müssen.

Der Soldat hatte aber eine Liebste im Burgenland, namens Marie – nicht weit vom Städtchen Neusiedl war ihre Heimat –, die wartete und wartete und erfuhr nichts davon, daß der Reiter das Leben längst verlassen hatte, und rief ihn in jeder Mitternacht.

Einmal kam der Tote in Wirklichkeit. Auf einem Schimmel hielt er vor ihrem Haus, rief zum Fenster hinauf und verlangte, sie solle aufstehen und aufsitzen. Marie sprang auf, wie aus einem Traum, zog sich an, schritt vor die Tür, und der Reiter hob sie aufs Pferd. Da ritten sie schon eilig mit Wind und Wolken nach Belgrad hinab. Aber das Mädchen dachte an nichts anderes, als daß der Liebste bei ihm war. Auf einmal hörte es singen:

‚Wie scheint der Mond so hell, so hell,
Wie reiten die Toten so schnell, so schnell!
Marie, fürchtest du dich?'

‚Warum soll ich mich fürchten', antwortete sie ‚wenn Gott und mein Liebster bei mir sind?'

Über einem Friedhof senkte sich der Schimmel, das Mädchen glitt aus dem Sattel. Auch der Reiter sprang ab, ein Grab öffnete sich.

‚Wie scheint der Mond so hell, so hell,
Wie reiten die Toten so schnell, so schnell!
Marie, fürchtest du dich?'

hörte sie den Liebsten noch einmal.

Das Mädchen schwieg.

Da fragte der Reiter zum dritten Male:

‚Wie scheint der Mond so hell, so hell,
Wie reiten die Toten so schnell, so schnell!
Marie, fürchtest du dich?'

‚Ja!' schrie sie. Und der Tote sank in die Grube zurück.

Am anderen Tag war die Verlassene in einer fremden Stadt vor Belgrad. Sie verstand die Sprache der Menschen nicht, bis ein alter Küster sie aufnahm. Der sagte ihr, daß sie sehr fern von ihrer Heimat sei, und nannte ihr die Städte, durch die sie wandern müsse, um heimzukommen.

Kaum war Marie wieder am Neusiedler See, da haderte sie von neuem mit ihrem Geschick. Aber es hat sie niemand mehr gerufen.

Vergrabene Schätze im Burgenland

Auf dem Bergfriedhof von Wimpassing im Burgenland kommen um Mitternacht viele Fromme unter den Toten zusammen und ziehen, obwohl die Türen geschlossen sind, in die Kirche, um dem Herrn ihre Ehrfurcht zu bringen.

In den nahen Klostermauern gehen auch die Mönche zwischen zwölf und eins in langem Zuge um. Es sind Brüder, die von den Feinden erschlagen wurden, als sie nicht verraten wollten, wo sie ihrer Kirche Kleinodien verborgen hielten. Immer noch wandern die Toten durch die Geisterstunde und geben acht, daß niemand etwas erfährt.

Als einmal drei Burschen aus Piringsdorf um Mitternacht auf dem alten Klosterberg zu graben begannen und hofften, daß sich der Schatz aus der Erde zu ihnen höbe, schritt der Zug der toten Mönche an den dreien vorüber. Der letzte trug einen großen Schlüssel und warf einen spöttischen Blick auf die Schatzgräber. Er wollte wohl zeigen, daß er allein den Schlüssel zur Schatzkammer hatte, und zugleich warnend die Rechte der Klosterbrüder auf ihr Eigen deutlich machen. Da zogen die drei Burschen mit ihrem schlechten Gewissen ab, so rasch es ging.

Die Schweden müssen weichen

In der Zeit des Dreißigjährigen Krieges haben die Schweden und die Kaiserlichen ja überall miteinander gekämpft. An der Donau sind die Schweden unter ihrem König entlanggezogen. Danach sind die Kaiserlichen wieder stärker geworden, und es war wohl zu merken, daß der König der Schweden bald würde weichen müssen. Da ist er noch einmal zur Kurzwalder Kirche geritten, hat die Tür abgeschlossen und den Schlüssel hoch in die Luft geworfen.

Viele Leute sind dabeigewesen, aber niemand hat den Schlüssel niederfallen sehen.

Der König hat nämlich im Berg Chelm ein Tor gewußt, dahinter hat er sein Heer vor den Kaiserlichen versteckt. Er selbst ist weitergeritten.

Die Bauern haben durch Zufall erfahren, wo sich das schwedische Heer verborgen hatte. Einmal hat ein Hütejunge ein Schaf gesucht, das in einer

Höhle verschwand, und hat von fern silberne Reiter und schöne Pferde vor Marmorkrippen gesehen.

‚Ist's Zeit, weiterzureiten?' rief ihm einer ungeduldig zu. Der Hütejunge hat nur an sein verlorenes Schaf gedacht. ‚Noch nicht', hat er gesagt und hat später seinen Bauern von der Höhle erzählt, die er entdeckt hatte. Da sind sie aus dem halben Dorf mitgekommen; der Junge hat jedoch den Eingang zur Höhle nicht wiedergefunden.

Wohl aber weiß man, daß der König von Schweden drei Linden umgekehrt in die Erde gepflanzt hat, zu Ernsdorf, zu Skotschau und auf den Kurzwalder Höhen. Und er soll gesagt haben: Hier würde er noch einmal eine Schlacht für Gott und alle Menschen schlagen, und ein Kaiser würde den Satan aus der Wahrheit überwinden und ein echtes Reich der Christen aufrichten. Einige behaupten, daß er sich selbst für den Kaiser gehalten habe.

Die Waldfrau verläßt den Bauern

Die Waldfrauen oder Holdinnen heißen weiter unten an der Donau wohl auch die Wilen. Und es geschieht immer wieder, daß ein junger Bursch sich heimlich in eine von ihnen verliebt und mit ihr lebt. Aber er darf nie im Dorf mit ihr tanzen oder sie bei ihrem Namen rufen. Vergißt er es, muß sie ihn verlassen.

Dort, wo die Donau sich dem Burgenland nähert und drüben die alte Stadt Preßburg liegt, lebte ein Bauer mit einer solchen Waldfrau zusammen. Und es ging lange gut mit ihrer Ehe, sieben Kinderchen wurden ihnen geboren. Niemals vergaß der Mann, was ihm verboten war.

Eines Tages jedoch traf er einen groben Waldkerl, der ein Köhler zu sein schien, mit dem er ins Gespräch geriet und der ihn zu einem dickflüssigen roten Wein einlud. Schwer fiel es dem Bauern heimzukehren.

Lang war der Weg. Als er seinen Hof erreichte, sein Weib und sieben Kinder vor der Tür spielen und warten sah, dachte der Angeheiterte nicht an alles, was er durfte oder nicht durfte.

‚Sing und tanz, Vila, wie damals auf der Waldwiese!' rief er schon von weitem.

Wirklich tanzte die junge Frau, aber singen konnte sie nicht mehr, sie mußte allzusehr weinen. ‚Ach, Liebster', klagte sie, ‚was hast du mir angetan! Hat mein Bruder dir von seinem Wein eingeschenkt?'

Dann, als der Bauer sie umarmen wollte, schwand die Waldfrau wie ein Nebel; er blieb mit den Kindern allein zurück.

Oftmals, so heißt es, sah der Verlassene die Vila noch in der Dämmerungsstunde durch die Scheiben lugen. Sie wollte sicherlich erfahren, wie es den Kindern ginge.

Ein Barbier als Umgänger

Es gibt manche unter den Menschen, die nach dem Tode nicht Ruhe noch Seligkeit finden, weil sie eine böse Tat nicht gesühnt haben. Da sind die Rainmanderln, die Grenzsteine versetzt haben und als kleine Feuer hin und her flattern und die Vorübergehenden bitten, ihrer Schuld abzuhelfen. Es gibt aber auch Männer, die bei Lebzeiten geschworen haben, ein Werk abzuschließen, und um ein geringes zu kurz gekommen sind.

Bei Stotzig im Burgenland geschah es einem Handwerksburschen in einem Waldgasthof, daß sich nachts die Tür öffnete und geisterhaft ein

alter, graubärtiger Bartscher in sein Zimmer trat. Er sagte und erklärte nichts, er stellte nur einen Stuhl in die Mitte des Zimmers und deutete dem Gast an, daß der sich darauf setzen möge.

Nun, der Kunde war ein derber Kerl, der keine Furcht kannte; er tat dem Spuk den Gefallen, voller Neugier, was sich weiter ereignen würde. Was geschah? Der Geisterhafte legte ihm ein Handtuch um, zog Pinsel und Rasiermesser aus seinem Gürtel, seifte den Handwerksburschen ein und rasierte ihn dann nach hoher Kunst jener Zeit. Kein Wort sagte er während seines Tuns. Nur zum Schluß seufzte er: ‚Du warst der Letzte!'

Der beherzte Gast nahm vier Kreuzer aus seinem Beutel und gab sie dem Alten als Lohn.

Der sah sie nicht an, warf sie zum Fenster hinaus und ging, ohne sich zu erklären. Dafür fand der Bursch einen Topf mit Goldstücken in seinem Bett, als er wieder in die Wärme kroch.

Er war wirklich für drei Tage rasiert, so gut hatte es das Gespenst gemacht. In welcher Reihe er indes der Letzte war, hat er nie erfahren.

Von den Berimandln und den Troadmandln im Burgenland

Auf den alten Burgstätten gibt es hier und da noch kleine Unterirdische, Berimandl nennt man sie. Die meisten sind umgekommen, als die Mauern der Festen des Landes von den Türken gebrochen wurden; sie wußten sich nicht so gut zu verstecken wie die Bauern in den Wäldern.

Die Übriggebliebenen halten auch heute noch zu den Menschen und lachen und leiden mit ihnen.

Ein Bürger von Eisenstadt traf einmal auf seinem Siedlerland solch Bürschlein, das ihm traurig folgte und immer reden wollte und nicht herausbrachte, was es ihm zu sagen hatte. Es lief aber unaufhörlich hinter ihm her bis zum Stadtrand und druckste und setzte schier ein dutzendmal vergeblich an. Erst als der Mann vor seinem Haus stand, hielt der Kleine ihn an. ‚Mußt nicht stark weinen', sagte er und verschwand. Der Bürger öffnete erschrocken die Tür, da lag seine Frau tot auf ihrem Lager. Das Berimandl hatte ihn trösten wollen und hatte nur die paar Worte herausgebracht!

Andere Wichtelleute sind in die Dörfer gezogen. Dort laufen sie als Getreidemännchen, als Troadmandl, zwischen den Menschen einher und stehen ihnen zur Seite. Sie haben oft Mohn und Kornblumen im Haar, wenn sie durch die Felder gehen. Den fleißigen Bauern binden sie sogar die Garben zur Nacht.

Die Wichtelleute sind dabei jedesmal traurig, daß alles gemäht ist, was sie haben wachsen lassen, und humpeln weinend durch die Stoppelfelder. Zum Herbst ziehen viele in die Höfe und geben acht, daß die Truden kein Unheil tun und die Mondsüchtigen in ihren Betten bleiben.

Der Drache vom Forchtenstein

Das Schloß Forchtenstein hatte sich ein armer, vom Türkenkrieg heimkehrender Ritter erbaut. Es trug seinen Namen nach dem Fürchten der Menschen, weil im Innern des Felsens einst ein einäugiger Drache hauste, der alle Wege sperrte, und den der Ritter schließlich erlegt hatte.

Drei Jahre lang belauerte er ihn. Endlich wagte er sich in einer Stunde, zu der der Drache auf Raub aus war, in seine Höhle und freute sich an den Gewölben, die dem kommenden Herrn zufallen würden. Er wagte sich sogar bis in die Schatzkammer, denn auf Schmuck und Gold war der Lindwurm aus wie der Vogel Elster, der auch beides in seinem Nest sammelt.

Als der Mutige nun öfter in die Höhle ging und dabei einmal zu lange weilte, kehrte der Drache vor der Zeit zurück. Der Ritter hatte jetzt doch Furcht, er versteckte sich. Der Unhold zündete ein Feuer an, während er einen geraubten Ochsen, den er mitgebracht hatte, gierig verzehrte. Dann legte er sich schlafen. Der Ritter aber schlich sich aus seinem Versteck heran und nahm einen Pfahl aus dem Feuer. Und weil er sich genau gemerkt hatte, wo das Auge des Drachen lag, trieb er dem Unhold die Spitze zwischen die Lider und entfloh.

Der Lindwurm heulte auf, wirbelte mit schlagenden Flügeln alles durcheinander und suchte vergeblich in seiner Schatzhöhle nach dem, der es ihm angetan hatte.

Als der Unhold das Leben aushauchte, kamen viele Bauern und Nachbarn aus den Dörfern zusammen. Und sie beschlossen, dem Ritter die Schätze im Berg zu lassen als Dank für die Befreiung. Er hat sich davon das Schloß erbaut.

Frauenhaid

Ein Ritter namens Frauenhaid hatte seinem König wohl gedient und erhielt von ihm die Herrschaften Mattersdorf und Eisenstadt. Als die Tataren nun ins Land einfielen, verteidigte er sein Leben tapfer und starb dann vor Gram, daß er nicht besser hatte helfen können.

Seine Söhne Emmerich und Konrad wuchsen auf, aber sie vertrugen sich nicht, wie so oft bei nur zwei Erben viel Unfrieden bleibt. Sie stritten sich um die Heide zwischen Eisenstadt und Mattersdorf, und weil sie sich nicht einigen konnten, bestimmte der König, daß ein Zweikampf entscheiden solle, wem das Land zu Recht gehöre.

Da zogen, wie eine Chronik berichtet, die beiden Brüder zu Pfingsten des Jahres 1260 aus, Emmerich aus Eisenstadt und Konrad aus Mattersdorf, um sich zu begegnen und wegen der Heide zu kämpfen. Es kamen auch der König und der Bischof von Raab sowie viele Edelleute, um zu sehen, wie die Fehde auslaufen würde.

Als die Brüder Frauenhaid schon gegeneinander reiten wollten, standen auf einmal aus den Büschen ringsum Menschen auf. Alles Volk drängte sich zwischen die beiden und flehte zum Himmel, daß Gott den Zweikampf verhüten möge.

Da mahnte auch der König die Zwistenden noch einmal, und den harten Brüdern Frauenhaid wurde weich ums Herz. Noch ritten sie an, als wollten sie streiten, aber sie zogen das Schwert nicht aus der Scheide. Und der Bischof sprach auf sie ein, da gaben sie einander den Versöhnungskuß.

Der König entschied danach zwischen ihnen und teilte die Heide, die ein jeder hatte haben wollen. An der Stelle, wo sie sich im Frieden begegneten, wuchs ein Kirchlein aus den Gebeten und Gaben der Nachbarn und Brüder.

Der Blitz holt die Braut

Auf der Burg Deutschkreutz wohnte ein Graf, der seine Tochter einem reichen Großherrn geben wollte.

Eines Tages erschien mit stattlichem Geleit der Bräutigam, um seine Werbung vorzubringen. Aber Erwine, so hieß die Braut, gewann einen jungen Ritter aus seinem Gefolge gern, der sah jenem Reiter ähnlich, der in Sturmnächten über das Land fährt. Keiner wußte genau, woher er kam. Ein jeglicher sah indes, daß er und die junge Gräfin Erwine sich liebhatten.

Der Vater verweigerte jeden Wunsch und Wechsel. Er hatte den Vertrag mit dem Großherrn geschlossen und wollte auf keinen Fall wortbrüchig werden. –

Nach einer Weile hieß es, der junge Ritter sei als Führer der Christen in den Kampf gegen die Kumanen gezogen und sei gefallen.

Die Gräfin fand sich, wie es schien, mit ihrem Schicksal ab; sie willigte ein, daß nunmehr der Tag der Hochzeit bestimmt wurde. Aber als sie schon in Kranz und Schleier zur Schloßkapelle gehen sollte und alle Gänge mit grünen Reisern und bunten Bändern geschmückt waren, da brach, als hätte die Braut Gott darum angefleht, ein furchtbares Gewitter aus. Viele Leute hörten: Erwine betete laut um den Tod. Und es fuhr ein Blitz durchs Fenster von Deutschkreutz und tötete sie.

Aber niemand weiß, ob sie und der Gefallene es so gewollt haben oder ob es nur eine Strafe des Himmels gewesen ist.

Die Leute nannten die tote Gräfin später ‚Braut des Blitzes‘.“

Zum Schwarzen Meer

Der Blocksberg an der Donau

Während der Sagen vom Burgenland war das Schiff „Liebfreude“ rasch weitergefahren. – Als die Königin Lau durch ihr Fenster blickte, wollte die Sonne aufgehen. Sie dankte den Gästen vom Neusiedler See und von March und Waag und gab einem jeden einen schmalen Goldreif mit, auf daß man sich ihrer in Treue erinnerte. Dann rief sie ihre Jungfern, um sich festlich zu kleiden, und als es geschehen war, sah Frau Lau eine schöne Stadt, die sie nicht kannte. Felsberge dampften unter heißen Quellen, und viele fröhliche Menschen grüßten einander an den Ufern.

„Wo sind wir, laßt uns hier eine Weile bleiben!“ verlangte die Königin von ihrem Marschall, dem Doktor Veylland, und freute sich an den Gestaden. Helles Licht lag über der Stadt.

Da kam ein Eilbote die Donau herauf. „Herrin, Euer Gemahl ruft! Er schickt Botschaft, daß man bei Freunden unter Belgrad auf Euch warte. Und Ihr mögt nicht zu schnell und doch nicht zu langsam folgen, denn er belagert viele Abtrünnige zugleich in ihren tiefen Burgen!“

„Mög er über sie gewinnen! Und nun seht, wie die Berge in Dämpfen stehen“, jauchzte die schöne Lau, „und wie die Sonne darauf leuchtet! Das ist wie unter der Schwäbischen Alb!“

„Herrin“, erklärte Veylland, „schöne Hexen treffen sich auf den Blocksbergen, den dampfenden Felsen an der Donau! Soll ich Euch davon erzählen oder soll ich Euch lieber warnen?“

„Ich muß von allem erfahren! Wer hat mich Arme denn im Blautopf vor Hexen gewarnt? Ihr habt mir verborgen, daß es ihrer so viele gibt, und die Frau Seysolffin hat aufgepaßt, daß niemand mir etwas davon in die Ohren flüsterte!“

Der gelehrte Herr Veylland neigte sich gehorsam. „Ach, daß der Böse die Macht hat, immer wieder anfällige Frauen zu sich zu bekehren! Aber in Schwaben gibt es beinahe gar keine der Art!“

Als der Alte so überzeugt davon redete, da war die schöne Lau gerührt und nahm sich vor, gleich wieder aufzubrechen und ganz unbewegt in ihrem Schiff die geigende Doppelstadt Ofen und Pest zu passieren und allein an ihren Gemahl zu denken.

Es geschah aber, daß vom Oberlauf des Donaustroms ein Zauberer in hellem Mantel unter den Sonnenstrahlen herbeiglitt und von ihnen nicht berührt wurde, ein Zeichen, daß er nicht zu den bösen Geistern gehörte, sondern Gott gefällig war. Der erkannte das Schiff „Liebfreude", ließ sich wie ein Vogel an der Reling nieder, warf den Mantel von den Schultern und verneigte sich tief vor der Königin.

Die schrie auf: „Faust, was tut Ihr hier?"

Die beiden Wächter, Veylland und der Hauptmann der Leibwache Degerli, klagten leise, als sie ihn erkannten, wie Hunde, die von Geistern wissen und sie doch nicht abwehren können.

„Was ich hier tue?" erwiderte Faust. „Ich bin zu Klingsor geladen, der an der niederen Donau wohnt, in Siebenbürgen, einem Land, das man Euch als eine der Herrlichkeiten Gottes zeigen wird." Er wandte sich an die Königin: „Würdet Ihr mir mein Herz füllen und mir erlauben, Euch zu begleiten?"

„Lieber Faust", fiel ihm Veylland ins Wort, bevor die Frau Lau zusagen konnte. „Lieber Faust, Ihr fahrt ja so schnell in Eurem Mantel! Warum wollt Ihr auf unserem langsamen Schiff wohnen? An uns alten Leuten habt Ihr keine Tafelgenossen!"

„Das erwarte ich auch nicht", lachte der Zauberer. „Ich habe nur einige Begegnungen vor, bei denen ich tapfere Leute brauche!" Er wandte sich rasch wieder an die Königin. „Und meiner hohen Herrin zeigte ich gern die Städte, in denen selbst die Steine tanzen!"

„Ja, erzählt! Erzählt von den Ungarn, durch deren Land wir reisen!"

Und Faust begann: „So berichtet die Chronik:

Unter den Königen der Hunnen war einer, Attila mit Namen, auch Etzel genannt. Der gelangte in den Besitz eines Zauberschwertes, das einer seiner Hirten fand. Erst wollte der Mann es für sich selbst nehmen, dann brachte er es seinem König zu, und der erkannte in ihm die Kraft alter Götter.

Da erhob Attila sich gegen die Nachbarn, so fährt die Chronik fort, und siegte überall und war aller anderen Völker Schrecken, Abscheu und Geißel Gottes."

„Faust, gibt es hier Wasserherren wie bei uns?"

„Weithin und weither, bis zu dem Meer, in das die Donau einströmt!"

„Gibt es auch Waldfrauen?"

„Wie bei uns, Königin! Von einer will ich Euch erzählen: Die Ungarn wollen wissen, daß einst auf der Burg Löwenstein ein Fräulein den besten Knappen ihres Vaters liebte. Der Ritter merkte es indes und schickte den

Jungen mit einer Botschaft an den Prior der Templer. In der Botschaft stand, man möge ihn töten.

Nun war der Prior aber inzwischen gestorben, und sein Nachfolger wollte den Mord nicht auf sich nehmen, sondern sandte den Knappen zum Gotenkönig Filimer, wo er bald zu hohem Ansehen gelangte.

Die verlassene Braut weinte sich zu Tode. Und weil Gott Mitleid mit ihr hatte, schickte Er noch andere Bräute zu ihr, die vor ihrer Hochzeit hatten aus dem Leben scheiden müssen. Sie bildeten ein Volk, und alle wohnen in den Wäldern als Waldfrauen; aber sie haben die Kraft, auch einen irdischen Leib anzunehmen, wenn ihre Königin es ihnen erlaubt.

Der Knappe war inzwischen am Königshof ein großer Herr geworden. Als er zum Marschall ernannt worden war, ritt er zur Burg Löwenstein, um seine Braut von ihrem Vater zu fordern. Auf dem Weg scheute sein Pferd jedoch. Schleier, wie dünne Gewebe der Spinnen, hielten es an. Als der Reiter abstieg, faßte ihn eine Hand, er erkannte das Gesicht der Geliebten. Bald zog sie ihn zum Tanz der Waldfrauen und küßte ihn, bis auch er zu ihrem Leben hinüberschlief."

Faust seufzte. „Was soll ich weitererzählen, Königin?" Und er tastete nach der Hand der Lau.

Da wurde die Schöne spröder und überlegte, wie sie den Zauberer von Bord verweisen könne, damit man ihr nichts nachredete. „Ich habe so vieles in Wien vergessen, Faust! Weil Ihr ein rascher Reiter seid, bringt mir doch erst noch das Tüchlein, das die Kaiserin mir schenkte und das ich bei meinem Besuch am Hofe liegenließ. Und die Silberritter schenkten mir zwölf Pokale, der Diener vergaß sie einzupacken. Ein Buchhändler brachte mir ein vergoldetes Andachtbüchlein. Ich möchte versuchen, daraus zu lesen. Es war der gleiche, der Degerli und Truhoved die Bücher des Paracelsus' verkaufte. Könnt Ihr mir alles herbeiholen, Faust, werde ich meinen Mann bitten, Euch zu belohnen!"

„Euer Dank genügt", verneigte sich der Gelehrte und lächelte spöttisch. Der Tag in Ofen-Pest verging rasch. Die schöne Lau schritt wie die anderen Schwäbinnen, von denen viele rund um die Stadt wohnen, mit ihrer Schwägerin Mirta durch die Gassen, kaufte mit ihren Zofen ein und badete in den heißen Quellen des dampfenden Blocksbergs, der sich, auch Sankt Gellert genannt, an dem einen Ufer der Donau erhebt.

Der Gelehrte ging aus, sie in der Stadt zu suchen. Als er sich unter den Frauen umsah, begegnete ihm Mirta und bat ihn, sie und die Schwägerin zum Schiff „Liebfreude" zu begleiten. – Da führte der Schelm sie zum Blocksberg.

Frau Lau im Hexengetümmel

Lustig wußten die Musikanten die Lieder auf ihren Geigen springen zu lassen, die Tanzenden das Licht der glitzernden Bäume einzufangen. Jäh vermochten sich auch schöne Mädchen und Frauen von den Zweigen zu schwingen und über den Felsen zu wirbeln und dabei, zusammen mit kreischenden Vögeln und unbekanntem Getier, zum Tanzplatz aufzusteigen. Da waren zugleich Katzen und Eichhörnchen, deren aller Schatten riesengroß oder winzig leuchteten, Igel, die auf ihren Hinterpfoten liefen, und Kaninchen, die an den Blumen hochklommen, um zu sehen, ob der Böse gekommen sei, die Heerschau abzuhalten.

„Fürchtet euch nicht, aber nehmt auch keinen Becher an“, flüsterte Faust. Während die Frauen noch glaubten, auf ihrem Heimweg zu sein, drehte er sich selbst, schrie mit den anderen und tanzte, als sie an einem großen Platz ankamen, wer weiß mit wem. Dabei blieb der Zauberer immer den Fürstinnen auf drei Schritt nahe und verteilte an die Musiker goldene Münzen, so daß sie sogleich einfielen und das leise Heulen der Tiere und das schlechte Singen alter Weiber überstimmten. Alles wurde silberne Musik in Fausts Nähe, wie aus dem Mondlicht geflossen.

Danach aber rückten sich Tische mit Schwätzenden und Trinkenden um den Tanzplatz. Zugleich wuchsen den beiden Wasserfürstinnen abwunderliche Masken; sie mußten, so ängstlich sie zum Schiff strebten, doch übereinander lachen und ließen sich müde für einen Augenblick an einem Tisch nieder, der sich zu ihnen schob.

Als ein schwarzhaariger Geiger sich hinter die schöne Lau wagte und über seine Saiten den Bogen strich, fragte Faust noch ehrerbietig, ob es den Fürstinnen gefalle. Sie wollten ihn schon für seine Führung loben, da drängte sich von der Mitte des Tanzplatzes ein furchtbares Gesicht der Gier heran. Der Gottseibeiuns hatte gewittert, wer an Gästen gekommen war.

Als sie den Bösen sah, sprang Frau Mirta auf. Und im gleichen Augenblick schlang Faust seinen Mantel um die Königin, bat sie, ihm zu vergeben, und flüsterte heiser, die beiden möchten ihm folgen.

Der Satan wollte aber Faust nicht heimkehren lassen, hielt den Mantel fest, und seine sieben nächsten Gesellen umstellten den Tisch.

Da wurden die Burschen von hinten gepackt. Hauptmann Degerli, der Führer der Leibwache, war heimlich Faust nachgeschlichen und plötzlich zur Stelle.

„Dank, Freund! Wir waren vom Weg abgeirrt“, log Faust rasch, um eine Erklärung zu geben. Zugleich schlug er ein großes Rad mit seinen Armen, und die Fürstinnen schritten quer durch die sich Neigenden, Verneigenden den Berg hinab.

Nur die Zigeuner geigten weiter.

„Ich kam gerade rechtzeitig“, prahlte Degerli. „Ich wollte eine Botschaft des Königs bringen, der seine Königin ehren möchte.“

Da nahm Faust Abschied. Er sähe, sagte er eifersüchtig – und auch Degerli blickte ihn mit bösen Augen an –, er sähe, der rechte Schutz für die Königin sei an Bord, er selbst werde rasch zu Klingsor eilen.

Die Königin hört vom Sänger und Zauberer Klingsor

Lange fuhr man weiter, und der Hofmarschall Veylland und Degerli wachten über Schiff und Geschehen. Endlich erhob sich die große Stadt und Festung Belgrad vor ihnen. Aber der greise Doktor Veylland bekam Bescheid, daß der König mit seinem Heer bereits aufgebrochen sei, die Feinde stünden vor der Donaumündung.

So ließ sich Frau Lau von dem erzählen, zu dem Faust geflogen war.

„Vom Sänger Klingsor, der halb Deutschland durchritten und bis zur Walachei seines Königs Sprecher gewesen war, hieß es, daß der Teufel ihm ein Reich versprochen hatte, so weit, wie er rechts und links seines Weges mit einem feurigen Bogen zu schießen vermöchte.

Klingsors Freunde schlugen auf einem Berg eine junge Eiche, krümmten ihr Holz, und der Sänger schoß Pfeile hoch über die Wolken, so daß weite Gebiete zu einem Reich zusammenwuchsen. Da fuhr ein Engel nieder und verbot Klingsor seinen Plan und verwies ihn nach Siebenbürgen. Und der Zauberer, der ein Leben lang sich nicht recht zwischen Gott und Teufel zu entscheiden wußte, grüßte den Engel und gehorchte und lebte danach auf einem einsamen Berg Siebenbürgens zwischen den Gewalten der Höhe und der Tiefe.

Und er sang und schlug die Harfe.

Mehr als ein junges Reich bedeutete ihm ein neues Lied.“

Siebenbürgens Entstehen

Faust traf Klingsor nicht an, er verbarg sich in Siebenbürgen im Haus des Freundes.

Der Sänger aber flog währenddessen, um der schönen Lau zu begegnen, den Fluß Alt hinab und die Donau hinauf bis Belgrad. Er erbot sich, ihren Steuermann als Lotse durch die Engen des großen Stroms zu führen, und forderte die Königin auf, doch auch die Sagen zu hören, die im Land Siebenbürgen umgingen. Da lobten ihn Degerli und der greise Doktor Veylland und baten ihn, an Bord zu bleiben.

Klingsor erzählte als erstes von der Zeit, als in Siebenbürgen das Christentum eindrang.

„Damals wuchs in Siebenbürgen eine alte Stadt aus dem Wald auf. Als ein Hirt nach seinen Ziegen suchte, fand er, überwuchert und verfallen, viele Bauten aus Vorzeiten und meldete es dem König. Da säuberte man den Markt der einstigen Stadt und nannte ihn Klausenburg.

Auch in anderen Teilen des Landes“, so fuhr Klingsor fort, „drangen die Christen ein; es waren Sachsen und Franken, die von dem König gerufen waren. Ihr Anführer, ein Ritter Hermann, der aus Nürnberg kam, gründete eine Stadt, die die Leute nach ihm benannten. Sie zwangen sogar die Riesen, die dort in den Bergen wohnten, Kirchen und Mauern zu errichten. Die Hünen waren so groß, daß sie von dem Ort, wo die erste Schule der Sachsen stand, über zwei Ströme hinweg bis zur ersten Kirche nur zwei Schritte zu machen brauchten und einander die mächtigen Quadersteine zum Bau der Stadt und ihrer Mauern spielend von den Bergen bis ins Tal zureichten.

Die Riesen sind langsam ausgestorben. Die Hermannstädter haben die noch Lebenden erschlagen, als sie versuchten, die neugegründete Stadt unter sich zu zwingen. Der letzte hat sich in einen Drachen verwandelt und wartet in den Bergen auf seine Zeit.

Die Kronstädter sind stärker geworden als die Bürger von Hermannstadt. Ihr Rathaus hatten sie dort erbaut, wo sie auf ihrer Wanderung wie ein Wunder auf einem Baumstumpf eine goldene Krone gefunden hatten.

Sie rühmten sich deshalb auch lange, daß sie keine Fürsten brauchten. Aber schließlich konnten sie sich nicht allein gegen die Türken und Walachen verteidigen; König Geisa mußte kommen und mit seinen Rittern die Feinde aus dem Land treiben. Da waren die Kronstädter sehr froh. Sie zeigten dem neuen Herrscher im Rathaus die Krone und erzählten ihm, daß man sie dort gefunden habe, wo jetzt die Stadt errichtet sei.

‚Ich habe gedacht, es sei nur ein Gerücht, daß ihr eine goldene Krone habt', sagte der König und bewunderte sie und wartete darauf, daß die Bürger sie ihm anbieten würden.

Aber sie gaben sie nicht her. Sie schenkten ihrem Herrscher herrliche Geschirre, und er gewährte ihnen dafür die Krone im Wappen.

Und nun laßt Euch von anderen weitererzählen, schöne Königin an der Donau!"

„Wird Klingsor mir nicht singen?" fragte Frau Lau.

„Ich werde vor Euch singen", sagte der Sänger, „wenn Euer König heimkommt und mich grüßt! Seht, auf der Wartburg haben der Landgraf und die Landgräfin den von Eschenbach über mich erhoben. Jetzt soll ein König, Euer hoher Gemahl, mich über alle anderen setzen, dafür werde ich singen vor euch beiden!"

Dann führte Klingsor das Schiff durch die Felsen des Eisernen Tors und verließ es. Und der Winter brach herein. König Ingold kämpfte unten an der Mündung der Donau, er befahl den Seinen, am Grund des Stroms zu ruhen und zu schlummern und auf den Frühling zu warten.

Im März kamen Schüler Klingsors an Bord, aber Degerli und der Doktor Veylland ließen nur einige zu ihrer Herrin. Denn man sprach vom kommenden Kindlein, und Frau Mirta empfahl der Königin, sich zu schonen. Da blieb sie in ihrer Halle und hörte dort alle herrlichen Sagen des Siebenbürger Landes. Zu ihrem Schutz fand sich der Hauptmann Lämmle wieder ein. Er hatte tapfere Schwaben um sich, die der König entbehren konnte. Als sie sich eingerichtet hatten, setzten die Gäste ihre Sagen fort.

Einer der Schüler Klingsors hob die Laute und spielte zu seinen Worten.

Sagen über Klingsor

Als Frau Lau auf dem Schiff „Liebfreude“ mit den Ihren unter der kleinen Walachei entlang und dann den Fluß Alt hinauffuhr, um Klingsors Siebenbürger Berge zu besehen, kam sie schließlich auf den Besuch des Sängers in Thüringen zu sprechen und fragte einen der Schüler nach dem Schicksal seines Meisters. Da erzählte er, anders, als man es sonst hört:

„Auf der Wartburg waren einst vom Landgrafen Hermann sechs tugendhafte Sänger geladen, weil er erfahren wollte, wer der beste sei. Ihre Namen waren: Heinrich Schreiber, Walther von der Vogelweide, Reinmar Zweter, Wolfram von Eschenbach, Bitterolf und Heinrich von Ofterdingen.

Und sie machten ab, wer beim Singen verlöre, solle auch das Leben verlieren.

Die Sänger lobten den Landgrafen und die Landgräfin Sophie, aber der Ofterdingen erklärte, er halte Leopold von Österreich für den Edelsten unter allen Fürsten. Da gab es Streit, und die sechs Herren entschlossen sich, den berühmtesten aller Minnesänger, Klingsor, aus Siebenbürgen als Schiedsrichter zu rufen.

Der Ofterdingen wallfahrtete also zum Hof des Meisters, der bei Kronstadt zwischen den Bergen versteckt liegt. Einige sagen, er habe dort ein wildes Feuer zu bewachen, gleichwie der Zauberer Truhoved im kimbrischen Land.

Klingsor versprach dem Feind auch, nach Thüringen zu folgen, aber er zögerte immer wieder. Als der Ofterdingen ungeduldig wurde, gab der Zauberer ihm einen Schlaftrank, hüllte ihn in eine lederne Decke und befahl seinen Geistern, ihn sogleich nach Eisenach in den Helgrevenhof zu bringen. Heinrich von Ofterdingen hörte beim Erwachen am Morgen die Glocken der Kirche von Eisenach zur Messe läuten und begriff nicht, wo er war. Klingsor saß schon bei ihm und lachte über sein Erstaunen.

Als es nun bekannt wurde, daß die beiden gekommen waren, lud der Landgraf sie zum anderen Tag zu sich. Am Abend aber träumte Klingsor lange vor sich hin, und die Freunde fragten ihn, ob er etwas sähe. ‚Ja‘, sagte er, ‚heut ist in Ungarn dem König eine Tochter geboren, die wird hier in Eisenach des Landgrafen Sohn heiraten. Und sie wird eine Heilige werden.‘

Der Landgraf hörte von der Wahrsagung, sie stimmte ihn froh. Er lud die anderen Sänger zu sich und setzte den Wettkampf fort. Jeder erwartete, daß der berühmte Klingsor siegen würde. Aber Wolfram von Eschenbach gab seinen Liedern so viel Leidenschaft, daß der Meister ihn nicht überwinden konnte. Da rief Klingsor einen seiner Geister und sagte: ‚Ich bin älter als du, Wolfram, mein Knecht mag eine Weile mit dir wettstreiten!'

Und der Knecht sang vom Anbeginn der Welt, die Gott erschuf, lenkte und wachsen ließ. Aber Wolfram wollte ihn prüfen und sang auch von des Heilands Geburt; da schwieg der andere, und es wurde deutlich, wer er war.

Als sein Knecht nun dem Christentum auswich, beurlaubte Klingsor sich vom Landgrafen und fuhr, mit Geschenken belohnt, zurück nach Siebenbürgen.

Er kam später noch einmal nach Thüringen, als der Landgraf ihn bat, des ungarischen Königs Tochter Elisabeth an den Hof zu bringen. Und es kamen mit ihm viele Ordensritter, die sich damals im Burzenland niedergelassen hatten, und Klingsor gewann bei seiner zweiten Reise zur Wartburg den zweiundfünfzigsten Preis der Sängerwettkämpfe in allen christlichen Ländern, die er besucht hatte.

Viele sagen, Gott habe ihm wegen seiner hohen Kunst ewiges Leben geschenkt und er brauchte nicht zu sterben. Auch wir, seine Schüler, meinen, Gott habe noch viel mit ihm vor für das Lied der deutschen Völker und die Herrlichkeit ihrer Harfen und Weisen."

Nun fielen auch die anderen Schüler ein und begannen viel Sagenhaftes aus Siebenbürgen zu berichten.

Mit dem Webstuhl auf dem Hexentanzplatz

Die Siebenbürger Sachsen meinen, daß ein langer unterirdischer Gang von ihrer alten Heimat zur neuen führe. Sie bringen allerhand Beweise dafür, darunter auch den, daß der Rattenfänger von Hameln die Kinder, die er zu sich gelockt, viele Wochen unter der Erde entlang geleitet hat, ohne mit dem Geigenspiel auszusetzen, und daß er mit ihnen in der Almeschen Höhle in Siebenbürgen wieder ans Licht gekommen ist. Die Kinder haben bald unter den dortigen Leuten Pflegeeltern gefunden. Die Tochter des Bürgermeisters von Hameln, die schon erwachsen war, hat den Rattenfänger geheiratet.

Sie galt später als Hexe. Als ihr Mann gestorben war, wurde einmal ein Soldat bei ihr ins Quartier gelegt, der Bestimmtes über sie erfahren sollte. Er stand bei einer Schwadron, die zum Schutz gegen die Türken vom Kaiser ins Land geschickt worden war.

Der Soldat war ein ordentlicher Mann und hatte es gut bei der alten Frau. Aber er merkte wohl, daß an jedem Freitag um Mitternacht etwas nicht stimmte. So hielt er sich einmal wach und beobachtete, wie die Greisin aus ihrem Kachelofen ein Näpfchen mit Salbe herausholte und sich die Achseln damit bestrich. Gleich danach huschte sie lustig, hui, überm Herd zum Schornstein hinaus.

Willst doch versuchen, ob du das nicht ebenso kannst, dachte der Soldat. Aber zum Schornstein mochte er nicht hinaus und band sich deshalb an dem großen Webstuhl seiner Wirtin fest. Dann schmierte auch er sich die Salbe unter die Achseln – und, hui, rasselte er mit dem Webstuhl durch den Schornstein hoch, daß die halbe Küche in Trümmern hinter ihm liegenblieb.

Wie lange der Mann geflogen ist, konnte er später nicht angeben. Er kam in eine große Gesellschaft, die auf einem Tanzplatz weilte, und wurde freundlich von ihr aufgenommen – außer daß jeder zu erfahren wünschte, warum er den Webstuhl mitgebracht hätte. Ach, erklärte der Soldat, seine Wirtin sei immer so fleißig, und weil er nicht geahnt, wie es ihr hier erginge, hätte er ihr eine Freude machen wollen. Das verstanden die Versammelten.

Den Webstuhl konnte man ihm nicht abbinden, der neue Gast mußte versuchen, so gut es anging, mit einem Arm zu speisen. Dann wurden die Tische weggerollt, und die Leute begannen zu tanzen und lachten und wollten durchaus sehen, wie er es mit dem Webstuhl auf dem Rücken fertigbrächte.

Da hatte der Soldat endlich den rechten Einfall und bat Gott, ihm aus dieser Gesellschaft heimzuhelfen.

Im nächsten Augenblick war alles verschwunden. Er saß in der Hütte seiner Wirtin; sie humpelte gerade zur Tür herein und begann schweigend, ihm den Webstuhl abzubinden.

Beide haben über jene Nacht nicht mehr miteinander geredet. Der Soldat hat den Schornstein wieder neu gemauert, ist trotz allem im Quartier geblieben, hat es weiter gut gehabt und hat seine Wirtin nicht verraten. Erst später, als er in eine andere Stadt kam, hat er abends beim Wein davon erzählt. Aber man weiß nicht, ob's nicht nur gewesen ist, um die Kameraden zum Lachen zu bringen.

Die Sekler retten den Mond

Die Sekler, so erzählen die Kronstädter, sind unter den Siebenbürgen ein besonderes Volk.

Einmal waren viele von ihnen auf einem hohen Herrenhof vorgeladen, vielleicht um Steuern zu bezahlen. Sie hielten auf ihren Pferdchen vorm Tor, mußten lange warten und schliefen auf ihren Wägelchen ein, ganz fest.

Der Mond zog auf, aber die Sekler schliefen. Auf einmal wachte einer von ihnen auf und sah im See vor dem Schloß den Nachthimmel widerscheinen. „Lieber Gott“, schrie er, „der Mond ist ins Wasser gefallen, helft doch, Leute!“

Und sie sprangen alle von ihren Wagen, liefen tapfer mit langen Stangen und Haken ins Wasser und versuchten den Mond zu retten. Der eine hatte dabei einen alten Baumstamm auf dem Grund des Sees gefaßt. „Ich habe ihn“, schrie er, „zieht mit an, Leute!“ Gleich sprangen viele hinzu, um ihm beizustehen.

Der Baumstamm gab nach, und sie purzelten alle hintenüber in die Flut.

Als der erste auftauchte, sah er den Mond am Himmel. „Gott sei Dank“, rief er den anderen zu, „wir haben ihn wieder nach oben gebracht!“ Und die Sekler setzten sich katzennaß auf ihre Wägelchen und fuhren davon. Nach einer solch guten Tat brauchten sie sich, so meinten sie, um ihre Steuern nicht mehr zu kümmern. Die würde der liebe Gott oder der Mond bezahlen.

Die große Baßgeige in Kronstadt

Die Kronstädter, so erzählen die Sekler wiederum, haben nicht nur die größte Kirche des Landes Siebenbürgen, sie haben sogar die mächtigste Glocke, das gewaltigste Stadttor und überhaupt lauter Außerordentliches.

Sie hatten auch einst die größte Baßgeige im ganzen Land. Die war so hoch, daß man auf einer Leiter hinaufsteigen mußte, um durch die Schallöcher auf den Boden zu lugen.

Kam da einmal ein ungläubiger Schneider von auswärts und wollte die Leiter hinaufsteigen und in die Baßgeige hineinsehen. Man warnte ihn; er sagte jedoch, er hätte schlimmere Gefahren überstanden, zu Wasser und zu Lande, und fürchtete sich nicht. Gerade ihm aber stieß es zu, daß er stolperte – bauz, fiel er kopfüber in den hohlen Raum. Einen ganzen Tag fiel der Erschrockene, dann erst saß er auf dem Grund der Baßgeige. Und er wäre gewiß verhungert, hätte er es nicht wie so viele Kronstädter verstanden, von seinem Fall Wind zu machen. Bald erhob sich viel Staub im Innern der Geige. Als auch eine Flaumfeder hochstieg, packte der Schneider zu, legte sich bald auf diese, bald auf jene Seite und ruderte sich hoch, bis er gerade am Rand des Schallochs vorbeikam und abspringen konnte.

Dann ging er fröhlich und zufrieden, wie die Schneider sind, ins Wirtshaus und erzählte, was ihm alles zugestoßen war.

Da brauchte er acht Tage nicht zu bezahlen, so eifrig waren die Kronstädter auf seine Geschichte aus. Denn sie selbst wollten natürlich wissen, wie man im Unglücksfall wieder aus der großen Baßgeige herauskäme.

Der Teufel in Kapolna

In Kapolna am Mühlbach – das ist schon am anderen Ende von Siebenbürgen – raubte der Teufel Jahr um Jahr das schönste Mädchen. Niemand im Dorf wußte, wie man sich dagegen wehren sollte.

Endlich blieb nur noch eines mit Namen Fliana übrig. Ihr Bräutigam war ein Hirt von gewaltigem Mut, der seine Herde schon oft gegen Bär und Wolf verteidigt hatte. Und die Leute am Mühlbach verließen sich auf ihn.

Nun gab auch der Teufel acht, mit dem Hirt nicht zusammenzukommen.

Eines Tages aber war das Mädchen einmal unbewacht; der Böse drang bei Fliana ein, ergriff sie und flog mit ihr zum Fenster hinaus. Just da kam der Bräutigam in die Tür. Er sah den Teufel, fürchtete sich nicht, sondern ergriff gerade noch die Beine Flianas.

Der Dunkle mußte also zwei statt eines Menschen durch die Luft schleppen. Er hoffte, der Hirt werde die Kraft verlieren und abstürzen.

Aber der hielt entschlossen fest, so daß der Teufel schließlich auf einem großen Stein niederging, um Atem zu schöpfen.

Gleich packte der Hirt zu, die beiden rangen miteinander, und der Bursche wurde der Stärkere und schleuderte den Bösen in die Tiefe der Schlucht. Noch heute sind auf der Steinplatte überm Mühlbach die Tritte des Teufels zu sehen.

Der Handstreich des Aufrührers Josua

Als Klingsors Schüler mit ihren Geschichten fortfahren wollten, begannen die Wasser der Alt von fern her aufzubrausen. Hauptmann Degerli, der gerade kommandierte, meinte, es käme wohl wieder ein Bote von König Ingold. Er ließ anhalten und befahl, das grüne Schiff zu wenden für den Fall, daß sein Herr nahe sei und die Königin zu sich riefe. Und er seufzte, denn er fürchtete sich vor dem Tag, an dem Ingold selbst den Befehl auch über die „Liebfreude" übernehmen würde. Sein Wunsch war es, recht lange in der Nähe der schönen Frau Lau zu bleiben und ihr zu dienen mit allem, was er ihr zu bieten vermochte.

Währenddessen geschah es, daß aus dem Wogenschwall einige Aufständische auftauchten, mit eisernen Kopfbändern, wie die Wasserleute sie im Kampf tragen, und gleich versuchten, sich am Bordrand zu halten und emporzuklimmen. Degerli und seine Leute zogen ihre Klingen und fielen die Fremden wütend an. Auch der alte Hauptmann Lämmle und Doktor Veylland, der eigentlich nicht mehr viel irdische Kraft besaß, sondern nur als Hofmarschall den Zug der Königin begleitete, begriffen, was vor sich ging und daß der Handstreich gefährlich war. Der Wachdienst des Königsvolks in der Donau reichte eben nicht bis in die Zuströme.

Veylland war klug, er nahm einen von Klingsors Schülern, der gerade an Deck kam, beim Kragen und schrie ihm zu, sofort seinen Meister und den Doktor Faust von dem Überfall zu benachrichtigen. Dann schwirrte er wie ein blauer Schatten zur Donau hinunter, um der Wache des Königs vom Handstreich Bescheid zu geben.

Lämmle wurden währenddessen die Waffen aus der Hand gerungen, die Aufrührer hielten ihn für den Schiffsführer, weil er wie ein Vetter oder Bruder von König Ingold aussah. Aber einer seiner Schwaben gab ihm eine neue Klinge, und alle Wassermänner kämpften tapfer für ihre

Herrin. Dabei gelang es Hauptmann Degerli und seinen sieben Knechten, den Eingang zu den Sälen der Königin frei zu fechten, so daß niemand bei ihr eindringen konnte. Es war aber zu spüren, daß das nicht lange so bleiben würde. Immer mehr Aufsässige kletterten über die Reling und machten sich zum Angriff bereit.

Als nun die wenigen Verteidiger, noch keuchend vom ersten Kampf, auf den neuen Ansturm der Aufrührer warteten, geschah es, daß Degerli den Führer des Handstreichs erkannte. Es war sein alter Feind Josua, der einmal vor dem König behauptet hatte, der Hauptmann habe sich gerühmt, die Königin sei ihm geneigt.

Den tapferen Degerli packte ein Zorn ohne Maßen. Er sprang blind zum Kampf, schrie dem Verhaßten alle bösen Worte schwäbischer Sprache entgegen, die ihm gerade einfielen, schlug dreimal gegen sein eisernes Stirnband und stach ihn, als das nichts half, in beide Achseln. Er dachte so sehr daran, wie die Königin einst unter der Lüge gelitten hatte, daß er sich selbst nicht schützte und dem anderen, als der schon taumelte, in die vorgestreckte Klinge lief. Da seufzte Degerli tief auf. Das letzte Wort war der Name, den er liebte.

Damit schien es einen Augenblick, als sei das Schiff und die Königin ohne Schutz und als würde es den Aufrührern gelingen, sich der hohen Frau zu bemächtigen. Aber noch bevor die Männer des Josua ihren verwundeten Hauptmann weggeschleppt und sich unter einem neuen geordnet hatten, kamen Klingsor und Faust in ihren Zaubermänteln. Faust erkannte blitzschnell, was sich zugetragen hatte; er gebrauchte seine Künste und spiegelte den Aufrührern nahende Scharen König Ingolds vor.

Ja, während Klingsor, der Ritterliche, sich vor die Tür der Königin stellte, vertrieb Faust die Aufständischen, indem er durch seine Spiegel und Täuschungen das ganze Schiff mit Gestalten füllte, die alle des Donaukönigs Wappen trugen. Da wurden die Männer Josuas verwirrt, und weil ihnen niemand recht befahl und ihr Anführer kein Wort mehr hervorzubringen vermochte, flohen sie, einer nach dem anderen, in den aufrauschenden Fluß und suchten sich zu retten.

Danach übernahm der wackere Lämmle den Befehl über das Schiff „Liebfreude". Es traf jedoch eine Botschaft von König Ingold ein, man möge sofort zur Insel der Argonauten fahren, wo der hohe Herr sich aufhalte.

Lämmle wußte gut in der Heiligen Schrift Bescheid, aber nichts von den Argonauten. Er hielt einfach den Boten fest und versuchte Näheres zu erfahren. „Dort, wo Jason Medeas Bruder erschlagen hat, ganz nahe der Donaumündung", ergänzte der Nöck. Auch das hatte Lämmle nicht gelernt, und nicht einmal der Doktor Veylland, der eben heimkehrte, wußte genau Bescheid.

Da richtete die Königin sich auf. Sie hatte geweint und des toten Degerli Stirn zart mit ihrer Hand bedeckt. Nun klagte sie leise vor sich hin, wie doch alles so bitter gekommen sei. Aber es wurde Zeit, sich zu entschließen. Sie erhob sich, winkte den beiden Freunden, Faust und Klingsor, und bat sie, an Bord zu bleiben und sie zum König zu begleiten.

Dann fragte Frau Lau den Boten, wie es beim Heer stehe; ihre Stimme war härter als zuvor. Der Nöck meldete, daß Ingold die letzte große Schlacht vor der Walachei gewonnen habe und daß wohl deshalb einige Verzweifelte unter Josua aufgebrochen seien, die Königin zu fangen. Und der feindliche Feldherr Argus sei gefallen.

Die Donau sei nun rein vom Unvolk, man könne beruhigt zum König fahren, erklärte Klingsor. Ja, sobald man in den großen Strom einbiege, sei auch der Wachdienst des Wasservolks aufs beste vorbereitet.

Und natürlich werde man, warf der Bote ein, wenn man ihn beurlaube und er Bescheid geben dürfe, für ein Ehrengeleit der Königin sorgen. Da schickte Frau Lau ihn wohlbelohnt zu ihrem Gemahl zurück, ließ dem hohen Herrn sagen, wie sehr sie ihn zu seinem Sieg vor der Walachei beglückwünsche und wie bitter es ihr sei, daß Hauptmann Degerli gefallen sei.

Ihre Schwägerin Mirta fügte rasch hinzu, daß es der Königin aufs beste ergehe, sie hoffe auf baldige Niederkunft. Und das Abenteuer des Angriffs von Josua habe ihr nichts geschadet.

Die Schwägerin glaubte – aber das behielt sie für sich –, daß die Fürstin sich erst jetzt ganz dem König zuwenden werde, wo der heimliche Freund von ihr gegangen war. Sie dachte es mit einem Stich Trauer im eigenen Herzen. Was hätte sie darum gegeben, wenn Degerli noch lebte und eines

Tages bei ihrem königlichen Bruder um sie, Mirta, angehalten hätte! Jetzt würde sie wohl für immer einsam sein. Auch das Leben der Wasserleute unterschied sich darin nur wenig von dem der Menschen.

Das Schiff mit der Königin fuhr die Donau hinab. Faust und Klingsor blieben an Deck, selbst als bewaffnetes Geleit eintraf und die Herrin in seinen Schutz nahm. Es bestand diesmal aus Freiwilligen vom Fluß Neckar, die König Ingold für seine Gemahlin ausgesucht hatte. Und es gab viel Schwäbisches an Bord zu besprechen.

Aber noch schöner war, daß an den Abenden der Sänger Klingsor zur Harfe griff und erst ein Totenlied auf Degerli und dann freundliche Worte auf die Liebe bei Mensch und Nöck fand. Faust wurde ausgelassen, als er vom schweren Wein der Bulgaren und Rumänen getrunken hatte. Der gefiel ihm ausnehmend gut, und schon bestellte der Gelehrte davon für seinen Keller in Prag und Frankfurt und wo er sonst noch heimlich eigne unterirdische Gewölbe besaß – Faust wußte selbst nicht einmal genau, wo all seine Vorräte lagen! Sein Famulus Wagner hatte die Liste. –

Allmählich näherte sich das Schiff „Liebfreude" dem Lippland der Donau vor dem Scharzen Meer. Eines Tages fuhr ein härterer Wind über das Deck, und viele Wassermänner grüßten in einer anderen Sprache als bisher die Herrin. Sie erfuhr, daß die Insel, auf der einst Jason und Medeas Bruder sich begegneten, nahe sei.

In der Nacht aber, bevor sie des Königs Quartier erreichten, geschah es, daß die Königin mit Hilfe ihrer klugen Schwägerin Mirta einen starken Knaben gebar. Er lebte, lachte sogar bald nach seiner Geburt und war das schönste aller Kinder des Wasservolks.

Da, wo das süße Wasser des großen Stromes sich mit der Salzflut des Schwarzen Meeres mengt, hatte König Ingold seinen Hof unter Wasser bauen lassen und wartete, die Königin zu empfangen. Man sah das Schiff, das ein grünes Spiegelbild gegen die Wolken warf, näher und näher kommen. Aber als König Ingold schon aufhorchte und sich von seinem Kanzler, dem Markgrafen von Württemberg, und dem Fürsten der Walachei, Graziano, noch rasch berichten ließ, wie sehr die Sagenerzähler der Königin bei der langen Fahrt geholfen hätten, klang auf einmal Gesang über das Wasser. Auf dem Vordeck des grünen Schiffes der Frau Lau stand Klingsor, brachte dem Donauherrn ein Lied und verkündete, daß ihm ein starker Knabe geboren sei und daß seine Gemahlin ihn an ihrem Lager erwarte.

Wie eilig da der König sich übersetzen ließ! Klingsor aber, der immer der beste aller Sänger sein wollte, rief seinem Freund Ingold lachend entgegen, ob er ihm nunmehr den Preis für die hellste Weise und die besten Worte aller Donausänger zuerkennen wollte. Herr Ingold verneigte sich und winkte dem Freund dreimal sein Ja zurück. Danach kündete der Zauberer an, daß er einen Bewunderer des Königs, den Doktor Faust, mitbringe, der sich wie er selbst freue, ins Reich des Wasservolks zu Besuch zu kommen.

Dann entrollten sich die Banner des Grünen über allen Klippen der Insel, und das Meer brauste vor Jubel. Herr Ingold stieg aus seinem Boot an Bord der „Liebfreude", um seine Gemahlin zu begrüßen, die ihm seinen Wunsch erfüllt und den Knaben geschenkt hatte, nach dem er sich so sehnte. Und die ihm den größten aller Sänger, Klingsor, brachte und den weisen Faust und – den gefallenen Degerli, den Getreuen, damit auch Leid in der Freude sei.

Es nahte sogar aus dem Schwarzen Meer der plumpe Wasserkönig Taurus, mit dem der Herr der Donau den Krieg geführt hatte. Er war bestürzt, daß einige der Seinen sich noch einmal gegen Ingold erhoben hatten, und bat erneut um Frieden. Ja, der Herr des Schwarzen Meeres kam danach selbst an Bord, um Glückwünsche zu bringen und den Knaben der schönen Lau zu bewundern. Seine Gemahlin begleitete ihn, und die Frauen küßten sich auf die Wangen.

Die schöne Lau und ihr Sohn im Blautopf

Nachdem nun viele Monate hindurch die Wasservölker der Donau ihren König Ingold und auch die Nachbarn gefeiert hatten und alle Nöcke und Nixen von Schwaben bis zur Walachei sich verbunden und alle Aufstände für immer abgesagt hatten – wenigstens solange ihr Herrscher lebte, und das konnte tausend Jahre sein –, da bekam die Königin Sehnsucht, den Blautopf wiederzusehen. Und weil auch Herr Ingold sich den Seinen mit seiner Gemahlin und seinem Sohn zeigen wollte, wurde das Schiff neu für die Westfahrt ausgerüstet.

Bei Wien verließ der Zauberer Faust die „Liebfreude" und besuchte das Haus der Fürstin Steffi. Und weil gerade eine Tagung der Silberritter war, tat der Gelehrte, als habe er nur um der Wissenschaft willen alle Grünen in der tiefen Donau studiert. Er hielt einen jener Vorträge, die ihn immer unter die berühmtesten Wissenschaftler einreihen werden, sogar nach Paracelsus' Ausgabe seines „Liber de Nymphis". Faust war auch der erste, der in einem sehr geheimen Bericht bei ihrer Kaiserlichen Majestät hinterlegt hat, was er an Glaubwürdigem und Unglaubwürdigem über die Völker der Zwischenschichten erfahren hat.

Damals führte er seinen Freund Klingsor zum Kaiser, der eigentlich nur Zeuge sein sollte, danach aber für seine Lieder bei Hofe von der Kaiserin, wie einst von der Markgräfin in Eisenach, über alle erhoben wurde.

Truhoved aus dem kimbrischen Norden der Deutschen war bei der Tagung der Silberritter in Wien. Er erzählte dem Doktor Faust warnend, der Teufel habe sich bei einem der Erzengel beschwert, daß die Männer der weißen Magie ihm das Leben schwermachten. Er habe behauptet, daß die Menschen nicht nur in der Religion, sondern jetzt auch in der Wissenschaft sich gegen seine, des Satans, Lehren auflehnten. So etwa, wenn sie Gottes Macht nicht nur aus dem Glauben, sondern aus neuen eigenen Erkenntnissen zu beweisen suchten.

Truhoved selbst war freilich nicht überzeugt. Er meinte, Gott sei keine Aufgabe der Wissenschaft; schon die Seele der Menschen sei Eigentum des Schöpfers, und alles menschliche Wissen bleibe Stückwerk und Irrtum – außer, so scherzte er, wenn es darum gehe, dem großen Widersacher einen Schabernack zu spielen.

Das zu besprechen, lud Truhoved den Freund Faust ein, zu ihm nach Schloß Grone in Holstein zu kommen. Auch über die Wahrheit oder Unwahrheit der Zwischenschichten und über vieles andere mehr müsse man diskutieren.

Faust nahm die Einladung fröhlich an, aber nur unter der Bedingung, daß man zunächst in Blaubeuren vorspreche. Er habe gehört, die schöne Lau werde ihrer früheren Wirtin, Frau Seysolffin, einen Besuch machen. Und er habe auch erfahren, daß demnächst eine andere Hochzeit stattfinde zwischen dem Markgrafen von Württemberg und der Frau Mirta, König Ingolds Schwester. Man sehe, die Schwaben heirateten in alle großen Sippen ein, dehnten sich aus und wollten gewiß einmal die Welt beherrschen.

Da schmunzelten die Herren und machten sich auf, die Verlobten zu überraschen.

Aber mit der Hochzeit war es noch lange nicht soweit. Der Markgraf hatte vorerst nur eine halbe Zusage bekommen, so rasch vermochte die Fürstin Mirta ihr Herz nicht zu wenden.

Verärgert, daß sie auf die schwäbische Heirat noch warten mußten, machten die Freunde es sich deshalb bei der Frau Seysolffin bequem und nahmen Quartier im „Nonnenhof“. Weil sie berühmte Namen hatten, erhielten sie das Zimmer, das sonst nur höchste Herrschaften aus Schwaben oder Bayern bekamen. Als sie dagegen nach der schönen Lau und dem Blautopf fragten, taten die dicke Frau Betha und ihre Tochter Jutta, als wüßten sie von nichts.

Heimlich winkte aber der Schlingel von Sohn, der Xaver, den Herren – er war immer noch Klosterkoch, zu mehr brachte er es nicht, weil er es nicht lassen konnte, den Frauen und Mädchen nachzusteigen. Xaver winkte den Herren und ging schweigend vor ihnen her, als sie ihm neugierig zum Blautopf folgten. Und er bedeutete ihnen, sich zu verstecken.

Als es bereits zu dunkeln begann, war es, als schwölle das Wasser an. Die wunderschöne Frau Lau und drei Jungfern hoben sich spielend aus dem See, zwischen ihnen tanzte und sprang ein Bürschlein, schon wie ein Hosenmatz groß, denn die Königskinder beim Wasservolk wachsen rasch. Bald platschte es mit den nackten Füßen über das Ufer, daß der Schaum weithin spritzte. Das machte den vier Frauen nichts aus, ihre Gewänder waren Nässe gewohnt. Aber den Herren in ihrem Versteck wurde unbehaglich. Denn es war, als wenn die Wasser aus dem Blautopf sich mühten, die Horcher zu verraten.

Die Frauen merkten noch nichts. Sie waren viel zu vernarrt in den kleinen Knaben. Auch hatte eine jede ihre eigene Aufgabe bei der Erziehung.

„Nun kannst bald fein schwäbisch reden“, mahnte die Aleila. „Sag mir’s rasch nach:

’s lait a Klötzle Blei glei bei Blaubeura,
Glei bei Blaubeura lait a Klötzle Blei!“

Aber so gut der Knirps es am Tag zuvor vermocht hatte, jetzt war die kleine Zunge zerbrechlich.

„Heut um Mitternacht steige ich mit ihm bei der Frau Seysolffin hoch“, verriet die schöne Lau. „Ach, wie wird die sich freuen!“

„’s ist immer beim ersten Knaben so“, erklärte Aleila altklug. „Wenn ich meinen ersten hab’, werd’ ich ihn sicher auch verziehen!“

„Verziehe ich ihn denn?“

„Den ganzen Tag, Königin! Und jeder muß ihn sehen! Und ich weiß genau, daß der Doktor Faust und der Truhoved auf dem Weg zum Blautopf sind, nur um Euer Büblein zu bewundern!“

„Das kriegen sie nicht zu sehen; wer weiß, ob die's nicht rauben wollen!"

„Die Herren sind wohl Affe und Eisbär, aber stehlen tun sie nicht! Auch ist ja der Steuermann Kurt Veylland nahe!"

In dem Augenblick machte der Knabe einen hohen Sprung und patschte, um die Frauen so recht zu erschrecken, mit beiden Füßen ins Wasser. Da fuhr dem Klosterkoch, dem Nase und Augen vollgeplanscht waren, ein Fluch aus dem Hals, und auch die Herren meinten, sich nicht anders helfen zu können. Die schöne Lau aber erkannte die drei im Busch, drohte ihnen erst mit dem Finger, gab dann nach und bat nur, nicht zu verraten, wo sie sich aufhalte.

Wenn die beiden Gelehrten jedoch Freude daran hätten, möchten sie zum Abendbrot kommen. Es gäbe nicht nur Spätzle wie bei der Frau Seysolffin. Sie hätte eine Melone aus Rumänien, die habe ihr der Statthalter geschickt, und es gäbe einen Wein aus dem Burgenland. Aber im übrigen sei alles ganz einfach. Das schönste sei, daß Klingsor sein Preislied noch einmal singen würde.

Da erhoben sich die Ertappten höflich, verneigten sich, baten um Entschuldigung und sprachen der Mutter aus Herzensgrund ihre Glückwünsche aus zu dem ungezogenen Knaben.

„Na ja", meinte die vorlaute Aleila, „das Schwesterchen werden wir einst besser erziehen!"

„Also, ihr Herren", erklärte die schöne Lau rasch, „dreimal auf das Wasser klopfen, dann öffnet sich der Gang, und ihr kommt trocken zu uns hinab!"

„Wir bleiben auch nicht lange", brummte Faust, „ich weiß schon, nachher muß ja die dicke Frau Seysolffin das Bürschlein sehen!"

„Sagt nichts gegen die Schwaben! Bei denen hab' ich das Lachen wieder gelernt!"

Worterklärungen

Alrüneken: kleine, koboldartige Helfer
Argonauten: Helden der griechischen Sage, die unter ihrem Anführer Jason auf dem Schiff Argo ausziehen, das Goldene Vlies zu rauben. Medea, die Tochter des Besitzers, hilft ihnen dabei.

Berimandl (Troadmandl): Wichtelleute, die unter und auf der Erde leben und den Menschen wohlgesonnen sind.
Burzenland: Gebiet im südöstlichen Siebenbürgen. Ehemaliges Zentrum des Siebenbürger Deutschtums

Degerli: Hauptmann, der die Rekruten der Wassermänner sammelt.

Erdmännle (Manderln): Wichtelleute, kleine Unterirdische

Faust, Doktor Johannes: vagabundierender Arzt und Gelehrter im 16. Jahrhundert, dem Zauberkunststücke und ein Pakt mit dem Teufel nachgesagt wurden.
Ferge: dichterische Bezeichnung für Fährmann
Furier: in der militärischen Sprache der für Unterkunft und Verpflegung zuständige Offizier

Gepiden: ostgermanischer Volksstamm, der im 4. Jahrhundert n. Chr. zwischen Donau, Theiß und Karpaten ein Reich errichtete und zeitweilig von den Hunnen unterworfen war.
Golaren: ein ehemaliger im Gebiet der Hohen Tatra lebender Bergbauernstamm
Grindel: Unhold im Moor

Hag, Hagen: ein nicht allzugroßes Waldstück
Halbschichtiger: im alten Volksglauben Wesen, die den Menschen ähnlich sind, aber keine Seele besitzen.
Hauptmann Lämmle: ein Nöck aus der Gegend von Stuttgart
Hauptmann Mühlwieser: Führer der bayerischen Wasserleute
Hauptmann Potz Blitz: einer der Landsknechte der Fürstin Mirta und der schönen Lau

Haurich: Fürst der Wasserleute im Main
Hörselberg oder Hörschelberg: Berg der Frau Venus oder Frau Wilge
Holden: gute hilfsbereite Geister
Holle (Frau Holle): Anführerin der Holden, die guten Menschen helfend, den bösen strafend begegnen. Als Sinnbild der Fruchtbarkeit wurde in ihr auch die „Königin des Sommers“ gesehen.
Hüssli: siehe Zauberer

Ingold: König der Donau, Gemahl der schönen Lau
Inkunabeln: Bezeichnung für alle Drucke, die vor 1500 angefertigt wurden.
Jetter: Wasserfürst aus dem Neckar
Josua: ein Aufrührer gegen König Ingold

Klingsor: sagenhafter Zauberer und Minnesänger, dessen Reich in Siebenbürgen angesiedelt wird.

Schöne Lau: Wassernixe, Gemahlin des Donaukönigs
Liebfreude: Schiff der schönen Lau

Mahr, Mahrfrau (Drude, Schrättele): geisterhaftes Wesen, das die Menschen nachts mit quälenden Träumen bedrückt. Auch Nachtmahr genannt.
Mephistopheles: Name des Teufels, mit dem Dr. Faust einen Pakt geschlossen hatte.
Mirta: Wasserfürstin, Schwester des Donaukönigs

Nixen: Wasserfrauen
Nöck, Nöcke: Wassermänner

Paracelsus (eigentlich Theophrastus von Hohenheim): bedeutender Arzt und Philosoph im 16. Jahrhundert. Wegen seiner neuartigen Lehren und Heilverfahren von seinen Zeitgenossen auch als Zauberer angesehen.
Puck, Puge: Kobolde, Wichtelleute

Ritter vom Silberschild: Ritter des Kaisers in Wien

Schlarfe: Pantoffel, bequemer Schuh
Schrättele: siehe Mahr

Taurus: Wasserkönig im Schwarzen Meer
Treuhaupt oder Truhoved: Zauberer, Freund des Dr. Faust
Troadmandl: siehe Berimandl
Tycho Brahe: bedeutender Astronom aus Dänemark, der im 16. Jahrhundert lebte und wegweisende Forschungen betrieb.

Venediger: wandernde Goldsucher
Dr. Veylland: Nachbar, dann Hofmarschall der schönen Lau

Weiße Frauen: helfende Zauberinnen
Wilen: Waldfrauen

Zagel: Schwanz
Zauberer der weißen und schwarzen Magie: im Volksglauben Menschen mit übernatürlichen Kräften, die den guten oder den bösten Geistern helfen; hier zum Beispiel Paracelsus, Hüssli, Faust, Truhoved, Klingsor, Silberritter in Wien.
Zwischenreiche: Schichten über und unter der Erde, im Volksglauben von Geistern, Zwergen und Halbwesen in vielerlei Gestalt bewohnt.